中国社会科学院
"登峰战略"优势学科"气候变化经济学"
成果

气候变化经济学系列教材

总主编 潘家华

主编 ■ 王遥 崔莹

Climate Finance

气候金融

中国社会科学出版社

图书在版编目（CIP）数据

气候金融 / 王遥，崔莹主编 .—北京：中国社会科学出版社，2021.10
ISBN 978 – 7 – 5203 – 7275 – 6

Ⅰ.①气⋯ Ⅱ.①王⋯②崔⋯ Ⅲ.①气候变化—影响—金融市场—世界—教材 Ⅳ.①F831.5

中国版本图书馆 CIP 数据核字（2020）第 179461 号

出 版 人	赵剑英
项目统筹	王 茵
责任编辑	黄 晗
责任校对	李 剑
责任印制	王 超

出　　版	中国社会科学出版社
社　　址	北京鼓楼西大街甲 158 号
邮　　编	100720
网　　址	http：//www.csspw.cn
发 行 部	010 – 84083685
门 市 部	010 – 84029450
经　　销	新华书店及其他书店

印刷装订	北京君升印刷有限公司
版　　次	2021 年 10 月第 1 版
印　　次	2021 年 10 月第 1 次印刷

开　　本	710×1000　1/16
印　　张	16.5
字　　数	288 千字
定　　价	95.00 元

凡购买中国社会科学出版社图书，如有质量问题请与本社营销中心联系调换
电话：010 – 84083683
版权所有　侵权必究

气候变化经济学系列教材
编委会

主　　　编：潘家华

副　主　编：赵忠秀　齐绍洲　庄贵阳

执行副主编：禹　湘

编委会成员：（按姓氏笔画排序）
　　　　　　王　丹　王　谋　王　遥　关大博
　　　　　　杨　庆　张　莹　张晓玲　陈　迎
　　　　　　欧训民　郑　艳　蒋旭东　解　伟

气候金融
编委会

主　　　编：王遥　崔莹

编委会成员：刘倩　刘慧心　周杰俣

总　　序

气候变化一般被认为是一种自然现象，一个科学问题。以各种自然气象灾害为表征的气候异常影响人类正常社会经济活动自古有之，虽然具有"黑天鹅"属性，但灾害防范与应对似乎也司空见惯，见怪不怪。但20世纪80年代国际社会关于人类社会经济活动排放二氧化碳引致全球长期增温态势的气候变化新认知，显然超出了"自然"范畴。这一意义上的气候变化，经过国际学术界近半个世纪的观测研究辨析，有别于自然异变，主要归咎于人类活动，尤其是工业革命以来的化石能源燃烧排放的二氧化碳和持续大规模土地利用变化致使自然界的碳减汇增源，大气中二氧化碳浓度大幅快速攀升、全球地表增温、冰川融化、海平面升高、极端天气事件频次增加强度增大、生物多样性锐减，气候安全问题严重威胁人类未来生存与发展。

"解铃还须系铃人"。既然因之于人类活动，防范、中止，抑或逆转气候变化，就需要人类改变行为，采取行动。而人类活动的指向性十分明确：趋利避害。不论是企业资产负债表编制，还是国民经济财富核算，目标函数都是当期收益的最大化，例如企业利润增加多少，经济增长率有多高。减少温室气体排放最直接有效的就是减少化石能源消费，在给定的技术及经济条件下，会负向影响工业生产和居民生活品质，企业减少盈利，经济增长降速，以货币收入计算的国民福祉不增反降。而减排的收益是未来气候风险的减少和弱化。也就是说，减排成本是当期的、确定的、具有明确行动主体的；减排的收益是未来的、不确定的、全球或全人类的。这样，工业革命后发端于功利主义伦理原则而发展、演进的常规或西方经济学理论体系，对于气候变化"病症"，头痛医头，脚痛医脚，开出一个处方，触发更多毛病。正是在这样一种情况下，欧美一些主流经济学家试图将"当期的、确定的、具有明确主体的"成本和"未来的、不确定的、全球的"收益综合一体分析，从而一门新兴的学科，即气候变化经济学也就萌生了。

由此可见，气候变化经济学所要解决的温室气体减排成本与收益在主体与时间上的错位问题是一个悖论，在工业文明功利主义的价值观下，求解显然是困难的。从 1990 年联合国气候变化谈判以来，只是部分的、有限的进展；正解在现行经济学学科体系下，可能不存在。不仅如此，温室气体排放与发展权益关联。工业革命以来的统计数据表明，收入水平高者，二氧化碳排放量也大。发达国家与发展中国家之间、发展中国家或发达国家内部富人与穷人之间，当前谁该减、减多少，成为了一个规范经济学的国际和人际公平问题。更有甚者，气候已经而且正在变化，那些历史排放多、当前排放高的发达国家由于资金充裕、技术能力强，可以有效应对气候变化的不利影响，而那些历史排放少、当前排放低的发展中国家，资金短缺、技术落后，受气候变化不利影响的损失多、损害大。这又成为一个伦理层面的气候公正问题。不论是减排，还是减少损失损害，均需要资金与技术。钱从哪儿来？如果筹到钱，又该如何用？由于比较优势的存在，国际贸易是双赢选择，但是如果产品和服务中所含的碳纳入成本核算，不仅比较优势发生改变，而且也出现隐含于产品的碳排放，呈现生产与消费的空间错位。经济学理论表明市场是最有效的。如果有限的碳排放配额能够通过市场配置，碳效率是最高的。应对气候变化的行动，涉及社会的方方面面，需要全方位的行动。如果一个社区、一座城市能够实现低碳或近零碳，其集合体国家，也就可能走向近零碳。然而，温室气体不仅仅是二氧化碳，不仅仅是化石能源燃烧。碳市场建立、零碳社会建设，碳的核算方法必须科学准确。气候安全是人类的共同挑战，在没有世界政府的情况下，全球气候治理就是一个艰巨的国际政治经济学问题，需要国际社会采取共同行动。

作为新兴交叉学科，气候变化经济学已然成为一个庞大的学科体系。欧美高校不仅在研究生而且在本科生教学中纳入了气候变化经济学的内容，但在教材建设上尚没有加以系统构建。2017 年，中国社会科学院将气候变化经济学作为学科建设登峰计划·哲学社会科学的优势学科，依托生态文明研究所

（原城市发展与环境研究所）气候变化经济学研究团队开展建设。2018 年，中国社会科学院大学经批准自主设立气候变化经济学专业，开展气候变化经济学教学。国内一些高校也开设了气候变化经济学相关课程内容的教学。学科建设需要学术创新，学术创新可构建话语体系，而话语体系需要教材体系作为载体，并加以固化和传授。为展现学科体系、学术体系和话语体系建设的成果，中国社会科学院气候变化经济学优势学科建设团队协同国内近 50 所高校和科研机构，启动《气候变化经济学系列教材》的编撰工作，开展气候变化经济学教材体系建设。此项工作，还得到了中国社会科学出版社的大力支持。经过多年的努力，最终形成了《气候变化经济学导论》《适应气候变化经济学》《减缓气候变化经济学》《全球气候治理》《碳核算方法学》《气候金融》《贸易与气候变化》《碳市场经济学》《低碳城市的理论、方法与实践》9 本 252 万字的成果，供气候变化经济学教学、研究和培训选用。

令人欣喜的是，2020 年 9 月 22 日，国家主席习近平在第七十五届联合国大会一般性辩论上的讲话中庄重宣示，中国二氧化碳排放力争于 2030 年前达到峰值，努力争取 2060 年前实现碳中和。随后又表示中国将坚定不移地履行承诺。在饱受新冠肺炎疫情困扰的 2020 年岁末的 12 月 12 日，习近平主席在联合国气候雄心峰会上的讲话中宣布中国进一步提振雄心，在 2030 年，单位 GDP 二氧化碳排放量比 2005 年水平下降 65% 以上，非化石能源占一次能源消费的比例达到 25% 左右，风电、太阳能发电总装机容量达到 12 亿千瓦以上，森林蓄积量比 2005 年增加 60 亿立方米。2021 年 9 月 21 日，习近平主席在第七十六届联合国大会一般性辩论上，再次强调积极应对气候变化，构建人与自然生命共同体。中国的担当和奉献放大和激发了国际社会的积极反响。目前，一些发达国家明确表示在 2050 年前后实现净零排放，发展中国家也纷纷提出净零排放的目标；美国也在正式退出《巴黎协定》后于 2021 年 2 月 19 日重新加入。保障气候安全，构建人类命运共同体，气候变化经济学研究步入新的境界。这些内容尽管尚未纳入第一版系列教材，但在后续的修订和再版中，必将得到充分的体现。

人类活动引致的气候变化，是工业文明的产物，随工业化进程而加剧；基于工业文明发展范式的经济学原理，可以在局部或单个问题上提供解决方案，但在根本上是不可能彻底解决气候变化问题的。这就需要在生态文明的发展范式下，开拓创新，寻求人与自然和谐的新气候变化经济学。从这一意义上讲，目前的系列教材只是一种尝试，采用的素材也多源自联合国政府间气候变化专门委员会的科学评估和国内外现有文献。教材的学术性、规范性和系统性等方面还有待进一步改进和完善。本系列教材的编撰团队，恳望学生、教师、科研人员和决策实践人员，指正错误，提出改进建议。

潘家华

2021 年 10 月

前　言

气候变化问题无疑是近期全球热点问题之一。工业革命以来科学技术的发展和生产规模的扩大，使得人类对环境和气候的影响越来越大，森林资源的过度使用和石油、煤炭等化石燃料的大量燃烧使大气中的二氧化碳浓度急剧增加，温室效应加剧，气候灾害频发。若不加以合理规划和控制，人类赖以生存的居住环境将进一步恶化，危及整体社会的发展。

应对气候变化议题一直是国际谈判的焦点，国际社会采取了一系列举措来减缓和适应气候变化对经济和社会带来的负面影响。1992年联合国政府间谈判委员会达成了《联合国气候变化框架公约》，确立了"将大气中温室气体的浓度稳定在防止气候系统受到危险的人为干扰的水平上"的终极目标，是国际社会在应对全球气候变化问题上进行国际合作的一个基本框架。1997年，具有里程碑式意义的《京都议定书》在联合国气候变化框架公约缔约方第3次大会上通过，基于"共同但有区别的责任"原则，要求发达国家采取具体措施限制温室气体的排放，而发展中国家不承担有法律约束力的温室气体限控义务。

然而，之后多年的气候变化大会并未就《京都议定书》的后续履约达成共识，"自上而下"的应对气候变化机制遭遇阻碍。2015年，在巴黎气候变化大会上通过了《巴黎协定》，确立了以"国家自主贡献"为主体的"自下而上"的全球气候变化治理体系，开创了全球气候行动的新纪元，得到了国际社会强有力的支持。截至2020年11月30日，已有194个缔约方签署了该协定。

显然，各国政府均已深刻意识到，气候变化对人类社会带来了巨大影响。应对气候变化是实现经济增长方式绿色低碳转型、推动全社会可持续发展的系统工程。要提高减缓和适应气候变化的能力，需要对全球经济领域进行生产和消费方式的变革。而金融作为优化资源配置、调剂资金缺余的重要手段和工具，将在应对气候变化领域发挥不可替代的关键作用。

本书系气候变化经济学系列教材之一，是国内第一本气候金融领域的教材，对气候金融各方面进行了比较全面的梳理和总结。全书共分为七章，第一章绪论主要介绍气候变化相关背景知识；第二章界定了气候金融的基本概念，并阐明了气候金融的理论基础；之后各章节分别介绍了气候资金的来源和使用、开展气候融资的公共机构和私人机构、气候金融市场和工具、碳资产定价方法与价格调控机制、气候金融风险和监管体系。

UNFCCC 在官网上对气候金融的定义是来自公共、私人或其他渠道的支持减缓和适应气候变化行动的地方、国家或跨国融资。"气候金融"是继"碳金融"之后产生的又一个气候经济概念，由联合国气候变化框架公约大会关于资金机制的谈判衍生而来。如果说"碳金融"在应对气候变化的减缓方面发挥了降低交易成本和提供明确的价格信号的作用，"气候金融"则是全球应对气候变化的核心环节，不仅可以支持碳金融不涉足的适应领域，还可以开发出一些尚未在碳金融领域运用的混合金融工具，实现更高层次的减缓，促使各国在减缓和适用两个方面，都获得稳定而增长的资金支持。

但是，从全球范围来看，不论是政策制定者，还是学术机构，抑或是其他利益相关方，对"气候金融"的理解远未达到其理应受重视的程度，相关的研究和著作很有限。在中国，近年来正在大力推进绿色金融的发展，对气候投融资的相关政策和行动也将付诸实践，亟需相关理论体系的构建和发展，尤其是在当前疫情后经济复苏振兴与"十四五"战略实施在即的窗口期，引导投融资流向应对气候变化领域更为重要。对气候适应与减缓相关行业而言，科学完整的理论体系可以有效促进相关行业的快速发展，同时可以为从业者指明方向。

习近平主席于 2020 年 9 月在第七十五届联合国大会一般性辩论上郑重宣布我国力争 2030 年前碳排放达峰并争取 2060 年前实现碳中和的宏伟目标，生态环境部等五部委于 2020 年 10 月发布《关于促进应对气候变化投融资的指导意见》，当前顶层设计已经具备，国家低碳发展目标已经确定，气候金融可以促进在国家应对气候变化和实现高质量发展过程中更好地运用市场化手段，从而实现资源的合理配置。在国际层面，发展气候金融有助于树立我国负责任大国的形象，利于深化国际合作，推动"一带一路"等对外开放战略的实施，增强我国在国际谈判中的话语权。

为了保证教材的科学性与权威性，本书在编纂过程中参考和引用了现有碳金融、碳市场、应对气候变化领域的其他著作，征集了学术界、实务界的意见，吸收了气候金融各领域的理论、产品和方法，较好地对各方面做了总结归纳，是一本具有较强科普性及专业性的教材。

本教材的编写团队全部来自中央财经大学绿色金融国际研究院。编写受到国家社会科学基金重点项目（18AZD013）"中国绿色金融体系构建及发展实践研究"和"全球气候融资治理格局的演化与中国应对研究"项目（项目批准号：19YJAZH058）的支持。感谢洪睿晨先生和研究助理钱青静对教材编写所做出的贡献。

虽然作者在本教材编写过程中投入了大量精力，但由于时间和资料来源有限，各章节内容的质量、数量以及全书覆盖范围还有待进一步提升。另外，由于气候金融是一个全新的概念，本身也在不断更新和发展的过程中，书中的许多观点和认识也需要不断完善，与时俱进。书中若有错误疏漏之处恳请读者不吝斧正。

目　　录

第一章　绪论 …………………………………………………………（1）
　　第一节　气候变化风险和影响 …………………………………（1）
　　第二节　国际气候协议及制度安排 ……………………………（5）
　　第三节　应对气候变化的产业优化与金融支持 ………………（20）

第二章　什么是气候金融 ……………………………………………（29）
　　第一节　与环境和气候相关的金融概念 ………………………（29）
　　第二节　认知气候金融 …………………………………………（34）

第三章　气候资金来源和使用 ………………………………………（51）
　　第一节　国际气候资金来源 ……………………………………（51）
　　第二节　国内气候资金来源 ……………………………………（56）
　　第三节　气候资金的使用：减缓和适应 ………………………（61）

第四章　气候金融机构 ………………………………………………（76）
　　第一节　公共气候金融机构 ……………………………………（76）
　　第二节　开展气候融资的私人机构 ……………………………（97）

第五章　气候金融市场和工具 ………………………………………（110）
　　第一节　碳金融市场和工具 ……………………………………（110）
　　第二节　信贷市场和工具 ………………………………………（121）

第三节　证券市场和工具 …………………………………………（125）
　　第四节　保险市场和工具 …………………………………………（134）

第六章　碳资产定价 ……………………………………………………（143）
　　第一节　价格形成与市场模拟 ……………………………………（143）
　　第二节　价格影响因素与调控机制 ………………………………（175）

第七章　气候金融风险和监管体系 ……………………………………（194）
　　第一节　碳金融风险和监管体系 …………………………………（194）
　　第二节　传统金融风险和监管体系 ………………………………（217）

附录　英文缩写对照表 …………………………………………………（245）

第 一 章

绪 论

随着当代经济的飞速发展，环境问题也越来越严重，二氧化碳等温室气体排放量增加所产生的"温室效应"使得地球气候异常，暴雨洪涝成灾，干旱和沙漠化加剧，海平面上升。全球气候变暖已经成为人类共同应对的重大挑战之一。为应对气候变化和缓解环境压力，各国政府展开广泛合作，进行了一系列国际气候谈判，并制定了相关政策。应对气候变化的资金需求巨大，金融将发挥其不可或缺的作用。

第一节 气候变化风险和影响

一 气候变化风险的内涵与特点

全球气候变化可能带来的影响对经济主体运用综合手段管理和分散气候风险提出了客观要求。在经济领域，风险是指投资的实际回报与预期不符的机会。气候变化风险则是由气候变化给经济发展、企业经营、居民生命财产安全带来的不确定性，如气候变化引发的新的疾病而导致的人类健康问题，气候对农业、能源等造成的经济影响等。气候变化的风险因素是温室气体排放而导致的全球变暖；风险事件是各类一般性天气事件（如高温、大风、干旱、大雨、大雪、浓雾、沙尘等）、灾难性气候事件（如飓风、洪涝、冰冻、冰雹、热浪等）以及生态系统恶化与退化、海平面上升等事件；风险结果是对各经济部门、生态系统和人类健康等产生的利益影响，最终导致各种损失[1]。

---

[1] 谢平、段兵：《气候变化风险溢价研究》，《金融研究》2010年第8期。

与一般的经济风险相比，气候变化风险的特点主要体现在以下几个方面[1][2][3]：

第一，巨大的不确定性。全球温室气体排放是一个包含着技术进步、多因素交互影响、复杂的非线性动态系统，气候变化对气候政策的影响是非线性的，存在着巨大的不确定性。与气候变化相关的不确定性表现形式多样，包括气候变化在测量与评估方面存在不确定性，气候变化风险的发生时间、影响范围、地域分布以及损失测度方面具有不确定性，应对气候变化所付出的减缓和适应成本具有不确定性等。

第二，外部性。气候变化和温室气体排放具有显著的负外部性，温室气体排放应该支付排放成本。

第三，影响的长期性。气候变化造成的损失具有典型的累积性、叠加性和不可逆性。由于温室气体存续时间长，当前的温室气体会在大气层中不断累积，造成持续数百年的影响。

第四，风险具有内生性。在经济分析中，风险的内生性是指发生损失的概率取决于经济主体的行为。在气候变化中，由于损失的概率取决于温室气体的存量，而温室气体的存量与人类的减排行为有关，因而气候变化风险具有内生的性质。

第五，影响的全球性与治理权利结构的分割性。气候变化问题是全球面临的重大公共问题之一，与其他全球公共事务一样，气候变化问题也面临同样的治理障碍。温室气体排放控制尽管受到一定的国际公约的约束，但最终决策很大程度由各个分割的政权自主决定。

二 气候变化风险的分类

按照气候变化风险的影响范围与程度，可将气候变化风险划分为系统性风险与非系统性风险。系统性风险是指由整体政治、经济、社会等客观环境因素变化对市场整体造成的风险，主要包括自然风险及市场风险。非系统性风险则

---

[1] Dawson and Graham, *The Economics of Climate Change: The Stern Review*, Economic Issues, 2007.
[2] Llewellyn J., Chaix C., *The Business of Climate Change II: Policy is Accelerating, with Major Implications for Companies and Investors*, Lehman Brothers, February 2007.
[3] Pindyck R. S., *Modeling the Impact of Warming in Climate Change Economics*, National Bureau of Economic Research, 2010.

是指对某个行业或个别经济单位产生影响的风险，气候变化带来的非系统性风险包括经营风险、流动性风险、诉讼风险、声誉风险和竞争风险等。根据现代投资组合理论，气候变化的系统性风险是不能通过分散化而消除的，而非系统性风险则可以随着投资的分散化而减小甚至消除，这就为运用金融手段管理气候变化风险提供了可能性。

（一）气候变化的系统性风险

气候变化带来的系统性自然风险是指气候环境变化对实体经济造成的直接影响，如高温风险、巨灾风险等，其表现形式多样，如旱灾、水灾、飓风或气候变暖导致的冰川融化、海平面上升等。气候变化带来的系统性自然风险发生的不确定性大，影响范围广，造成的损失严重，且不易预防，给人们正常生活带来不利的影响，并且造成了全球范围内的经济损失。

气候变化带来的系统性市场风险多表现为气候变化导致的基础经济变量，如政治制度、市场环境以及经济条件发生改变而催生的系统性市场风险。例如，在农业生产中，天气变化可能对农业产出造成巨大的影响，使农产品价格大幅波动，造成农产品市场较高的风险。近年来，受拉尼娜等极端天气影响，世界主要粮食产地南美洲的粮食供应量有所下降，供应源的波动造成了全球农产品价格的波动，特别是大宗商品市场通过天气投机炒作加剧了农产品价格波动，使一些农产品采购商面临更大的市场风险。气候变化还可能使政府改变政策倾向，例如，为减缓气候变化而实施限制或禁止类的产业政策，导致企业享受的财税政策发生改变，进而使实体企业面临风险，越来越多的企业已经或者将不可避免地受到更为严格的温室气体排放措施的限制，从而遭受气候变化带来的政策风险。

（二）气候变化的非系统性风险

气候变化导致的非系统性风险主要是指气候变化对某个行业或个别公司经营管理产生影响而导致的风险，这些风险可以通过在金融系统内的分散与转移来消除。气候变化可能带来的非系统性风险包括：经营风险、流动性风险、声誉风险、竞争风险和法律风险。

经营风险是指公司的决策人员和管理人员在经营管理中没有充分评估气候变化可能带来的影响，导致决策或管理失误，进而影响公司盈利水平而产生的投资者预期收益下降的风险。一方面，气候变化会导致一些生产部门的生产条件发生改变，例如，农产品价格上升使加工行业的成本增加，企业应该在充分估计价格条件变化的情况下调整成本策略，或采取预防性措施，否则会面临成本上升、收益下降的风险。另一方面，在某些监管制度下，气候变化会使监管部门对高能耗企业加强监管，例如，中国的"绿色证券"制度，对高能耗企业申请上市提出了限制，对企业经营决策造成了影响。

流动性风险是指气候变化可能导致公司经营管理条件发生改变，从而导致经营状况恶化，发生流动性风险。例如，在强制减排体制下，部分企业面临较为繁重的减排要求，不得不进行减排技术革新或产品线更新；部分被纳入碳排放交易体系下的控排企业需要购买配额以履约，会占用企业现金流，可能导致公司流动性资金不足，引发流动性风险；或是由于气候变化导致某些特定产品的投资者在卖出产品时，面临变现困难和不能在适当或期望的价格上变现的风险。

声誉风险是指由于企业不注重节能减排、可持续发展，导致社会评价降低而对行为主体造成危险和损失的风险。随着社会对气候变化的关注程度不断提升，市场和消费者对企业承担减排责任的要求也不断增强，一些被认为在低碳管理相关政策、产品、程序上有疏忽的企业，将在对气候变化敏感的市场丧失品牌价值和企业竞争力。例如，在汽车行业中，品牌忠诚度与低耗能有着密切关系，使得企业不得不注重气候变化带来的声誉风险。

竞争风险是指面对气候变化带来的新的商业机会，企业面临来自节能减排领域的新的竞争压力与风险。在总量与配额交易市场中，被强制纳入排放权交易体系的企业有如下选择：拥有先进减排技术的企业通过新技术自行减排，降低减排成本，并可将多余的减排配额出售获取额外利润；技术水平落后的企业则需要购买减排配额，甚至面临减产的要求，导致企业竞争力下降，行业格局发生改变。

法律风险是指受气候变化政策影响的公司面临的法律诉讼风险。一些公司可能因为没有履行节能减排义务，或是对气候造成恶劣的影响而面临法律诉讼或监管部门的制裁。

三　气候变化风险涉及的主要行业

在全球气候变化加剧的情况下，各行业都将面临气候变化风险带来的挑战，但是不同的行业所面临的风险种类各有不同，风险敞口的大小也有所差别。对天气情况依赖度较高的第一产业，即农业、渔业、林业，以及水供应业、旅游业等在生产经营中直接受到气候变化导致的极端天气事件影响相对严重，会面临更多的系统性风险。

以农业为例，旱涝灾害的频繁发生会导致农业减产，遭受严重损失。此外，干旱、洪水等自然灾害直接导致农业产量和质量下降，影响市场供求平衡，加剧农产品价格的波动，使得市场风险加大。

旅游业作为一个资源依存度较高的产业，其旅游资源容易受到自然灾害的破坏，在极端天气事件中，暴雨洪水、热带气旋、局部强对流天气会对景观造成较大的破坏。以海岛旅游资源为例，由于气候变化造成海平面上升、台风与风暴发生频率增加，导致海岸线侵蚀程度加重，海滨湿地、红树林和珊瑚礁等生态旅游系统遭到破坏，影响了旅游业的经营。此外，气候变化以及极端天气事件也会导致旅游行业的消费需求减少，加剧行业内的经营风险。

气候变化所带来的非系统性风险，则更多地集中于以工业生产为主的实体企业，如资源、能源企业，航空、航海运输业等。工业部门是目前消耗能源最多、排放最大的企业，因此在各国节能减排机制的设置中，也是首当其冲受到管制的行业。

此外，随着人们节能环保意识的不断增强，与居民生活息息相关的衣、食、住、行等行业也面临更高的节能减排要求。以交通运输业为例，面对巨大的减排压力，低碳交通的理念应运而生，需要采取措施提高交通运输的能源效率，改善交通运输的用能结构，优化交通运输的发展方式。因此，交通运输业的经营环境也受到了气候变化带来的直接冲击与间接政府干预，需要面对更多的非系统性气候变化风险。

第二节　国际气候协议及制度安排[①]

一　《联合国气候变化框架公约》

《联合国气候变化框架公约》（以下简称《公约》）是联合国于1992年

---

① 本节部分内容参考和引用了杨星等编著《碳金融概论》，华南理工大学出版社2014年版。

5月就应对气候变化议题达成的一项公约，1992年6月在巴西里约热内卢举行的联合国环境与发展会议上，该《公约》正式通过，并从1994年起开始生效。

《公约》是全球首个为全面限制二氧化碳等温室气体排放的国际公约，也是国际社会在应对气候变暖危机上进行国际合作的基本框架，用于规避气候变化给人类经济和社会带来不利影响。《公约》的发布是人类应对气候变化行动的巨大突破，也是国际气候合作开展的重要基础。《公约》虽然没有法律约束力，也没有具体的行动方案，但它具有国际框架所特有的权威性、普遍性和全面性。《公约》允许在其未来的国际气候协议中设定强制排放限制。截至目前，全球所达成的主要气候协议包括《京都议定书》和《巴黎协定》。

（一）《公约》的基本原则和主要内容

《公约》为人与自然的发展提出了明确的目标，包括控制温室气体排放，降低人类活动对气候系统的影响，强化生态环境对气候变化的适应能力，以及确保粮食生产和经济可持续发展。

《公约》中的关注重点在于控制大气中二氧化碳、甲烷和其他造成"温室效应"的气体的排放，稳定温室气体的浓度，以防止气候系统遭到破坏。《公约》区分了发达国家和发展中国家应对气候变化的义务以及履行义务的程序。《公约》中明确要求，发达国家作为历史上温室气体的主要排放来源，应主动采取措施控制温室气体的排放，同时应向发展中国家提供资金和技术等援助，以支持发展中国家有能力履行公约义务。发展中国家则需要承担提供温室气体源与汇的国家清单义务，制定方案以执行关于温室气体源与汇方面的措施，但不承担具有法律约束力的控制温室气体排放义务。《公约》还建立了一个资金机制，以向发展中国家提供资金和技术，便于其能够履行公约义务。

《公约》的内容中包含序言、正文和附件三部分，主要阐述了目标、原则、缔约方承诺及运作机制。《公约》的最终目标是"将大气中温室气体的浓度稳定在防止气候系统受到危险的人为干扰的水平上"。为落实这一目标，《公约》中规定，"附件Ⅰ所列的发达国家缔约方要采取减排措施，于十年内将二氧化碳排放量恢复到1990年的水平"。然而《公约》并没有明确各缔约方所需承担的具体减排目标。

《公约》中制定了五项基本原则：第一，"共同但有区别的责任"原则，即发达国家与发展中国家共同但有区别的责任，要求发达国家率先采取应对气候变化措施；第二，"统筹兼顾"原则，要考虑发展中国家的具体需要和国情；第三，效率原则，各缔约方需要采取必要措施，预测、防止和减少引发气候变化的因素；第四，适应性原则，尊重各缔约方可持续发展的权力，减排行动应当适应各国经济社会发展规划；第五，合作原则，加强减排行动的国际合作，避免应对气候变化措施成为国际贸易壁垒，同时防止歧视性措施。

缔约方承诺分为针对所有缔约方的一般性承诺和针对发达国家的特殊性承诺。一般性承诺共有十项，包括"制定和定期更新国家清单和减排计划，在相关部门应用和传播减排技术，可持续管理温室气体的汇和库，合作制定沿海地区综合性计划，评估减排措施对经济社会的影响，加强气候变化的科学研究，促进相关信息交流，提高气候变化教育水平和公众参与度"等内容。特殊性承诺特别针对附件Ⅰ和附件Ⅱ的发达国家，为附件Ⅰ发达国家设定了共同的减排目标，要求其制定政策措施，定期评审和报告实施情况；同时要求附件Ⅱ发达国家向发展中国家提供资金及技术援助。发展中国家的履约行为取决于发达国家资金和技术相关支持是否有效履行。

《公约》的运行主体主要包括缔约方大会、秘书处、附属履行机构、附属科技咨询机构以及资金管理实体。缔约方大会是最高权力机构，负责制定和改进评估方法，定期审查缔约方义务的履行情况，设立附属机构并评审其报告，评估措施的影响及减排进展，制定议事规则等。秘书处负责日常事务，包括安排缔约方会议，编写和提交报告，形成行政和合同安排，开展国际协调等。附属履行机构对缔约方采取的措施和进展进行评估，协助缔约方大会评价缔约方提供的资料。附属科技咨询机构主要负责气候变化影响的评估以及履约措施、技术发展等方面的评估。《公约》还提出要建立资金管理机制，由缔约方大会决定规则、优先顺序与标准，并交由一个国际实体具体负责。

《公约》将缔约方分为三类，分别为附件Ⅰ缔约方、附件Ⅱ缔约方以及发展中国家缔约方。附件Ⅰ国家由24个OECD国家、欧洲共同体国家以及11个向市场经济过渡中的国家组成，附件Ⅱ由24个OECD国家及欧洲共同体国家组成（具体见表1-1）。

表1-1　　　　　　　《联合国气候变化框架公约》缔约方国家

附件Ⅰ国家	澳大利亚、欧洲共同体、奥地利、爱沙尼亚、白俄罗斯、芬兰、比利时、法国、保加利亚、德国、加拿大、希腊、捷克斯洛伐克、匈牙利、丹麦、冰岛、爱尔兰、罗马尼亚、意大利、俄罗斯联邦、日本、西班牙、拉脱维亚、瑞典、立陶宛、瑞士、卢森堡、土耳其、荷兰、乌克兰、新西兰、大不列颠及北爱尔兰联合王国、挪威、美利坚合众国、波兰、葡萄牙
附件Ⅱ国家	澳大利亚、意大利、奥地利、日本、比利时、卢森堡、加拿大、荷兰、丹麦、新西兰、欧洲共同体、挪威、芬兰、葡萄牙、法国、西班牙、德国、瑞士、希腊、土耳其、瑞典、冰岛、大不列颠北爱尔兰联合王国、爱尔兰、美利坚合众国

资料来源：《联合国气候变化框架公约》。

附件Ⅰ的缔约方，是指已经实现工业化和正在朝市场经济过渡的国家。据《公约》中的要求，这些缔约方"应制定国家政策和采取相应的措施，通过限制其人为的温室气体排放以及保护和增强其温室气体库和汇，减缓气候变化。"其中签署了《京都议定书》的缔约方要以1990年的排放量为基础承担降低排放温室气体的义务。如果如约不能完成减排任务，还可从其他国家购买排放指标。

附件Ⅱ缔约方另外承担为发展中国家提供资金、技术等援助的义务，还需向特别易受气候变化影响的发展中国家支付费用，以协助适应这些不利影响。

发展中国家的缔约方考虑到经济发展的需要，可以不承担减排义务，同时可以接受来自发达国家的资金和技术援助。发展中国家缔约方能在多大程度上切实履行其在《公约》下的承诺，将取决于发达国家缔约方对其在《公约》下所承担的有关资金和技术转让承诺的履行情况，并将充分考虑到发展中国家缔约方的实际情况，将其经济和社会发展及消除贫困作为首要和压倒一切的优先事项。

除此之外，《公约》还明确了其他事项上的具体安排，对争端解决、公约内容修订、议定书的采纳、投票权、委托、签署、退约等操作问题做出了规定。

（二）气候谈判进程开始

《联合国气候变化框架公约》由联合国秘书处负责支持实施，而具体会议和有关各项战略的安排需通过政府间气候变化专门委员会（Intergovernmental Panel on Climate Change，IPCC）协助达成。为具体落实《公约》提出的目标并寻求相应的应对方案，自1995年的首次缔约方大会起，各方开展了漫长而困难的气候谈判（见表1-2）。虽然谈判进程步履维艰，但谈判取得了众多成果，历届会议先后达成了《京都议定书》《哥本哈根协议》《巴黎协定》等重要国际共识。

表 1-2　　　　　　　　《联合国气候变化框架公约》谈判进程

时间	会议	地点	成果
1992年6月	联合国环境与发展会议	巴西里约热内卢	通过《联合国气候变化框架公约》，于1994年3月21日正式生效
1995年4月	COP1	德国柏林	通过《柏林授权书》，要求各缔约方进行谈判，以通过量化目标和规定时限进行减排，以期最迟于1997年签订一项议定书
1996年7月	COP2	瑞士日内瓦	通过《日内瓦部长宣言》，但会议并未能就《柏林授权书》所涉及的"议定书"达成一致意见，决定由全体缔约方参加的"特设小组"继续讨论
1997年12月	COP3	日本东京	通过《京都议定书》，规定2008—2012年主要发达国家的温室气体排放量要在1990年的水平上平均减少5.2%，并为履约国设立3种灵活机制；其生效条件为55个《公约》缔约方批准，其中的附件I国家缔约方1990年温室气体排放量之和占全部附件I国家缔约方1990年温室气体排放总量的55%以上
1998年11月	COP4	阿根廷布宜诺斯艾利斯	通过《布宜诺斯艾利斯行动计划》，通过一个具体实施《京都议定书》时间表，把2000年订为最后期限，要求国际社会必须在此之前解决有关减少温室气体排放的机制问题
1999年10月	COP5	德国波恩	通过《公约》附件——所列缔约方国家信息通过编制指南、温室气体清单技术审查指南、全球气候观测系统报告编写指南，并通过"技术的开发与转让""发展中国家的能力建设""经济转型国家的能力建设"等决定
2000年11月	COP6	荷兰海牙	各国无法就碳汇、国内减量计划的补充性、遵约机制等关键议题取得共识；美国坚持大幅度折扣其减排指标，使会议陷入僵局，会议被迫延期至2001年7月继续举行
2001年7月	COP6-2	德国波恩	2001年3月美国宣布退出《京都议定书》，因而在没有美国的参与下，大会通过了《波恩协议》，使得《京都议定书》得以继续实施；协议规定建立三个积极，允许发达国家在第一承诺期使用碳汇作为履约工具
2001年10月	COP7	摩洛哥马拉喀什	通过《马拉喀什协定》，确定清洁发展机制的具体规则，允许2000年1月1日之后实施的CDM项目获得核证减排量，并成立清洁发展机制执行理事会（EB）制定具体的运作程序
2002年10月	COP8	印度新德里	通过《德里宣言》，删除发达国家所提出的在《京都议定书》生效前与发展中国家就后者履行承诺问题进行进一步对话的要求

续表

时间	会议	地点	成果
2003年12月	COP9	意大利米兰	达成森林碳汇标准,并通过了约20条具有法律约束力的环保决议
2004年12月	COP10	阿根廷布宜诺斯艾利斯	2004年11月俄罗斯正式批准《京都议定书》,满足《京都议定书》正式生效条件;会议讨论了如何落实将于2005年2月生效的《京都议定书》及资金机制、技术转让问题
2005年11月	COP11	加拿大蒙特利尔	2005年2月16日,《京都议定书》正式生效,已有156个国家和地区批准了该项协议;召开了首次《京都议定书》缔约国大会,大会设定了《控制气候变化的蒙特利尔路线图》,并启动《京都议定书》第二阶段温室气体减排谈判,达成了40多项重要决定
2006年11月	COP12	肯尼亚内罗毕	达成"内罗毕工作计划",就"适应基金"问题达成一致意见,以帮助发展中国家提高应对气候变化的能力
2007年12月	COP13	印度尼西亚巴厘岛	通过《巴厘岛路线图》,启动加盟《公约》和《京都议定书》全面实施的"双轨制"谈判进程,以期在两年内达成新协议
2008年12月	COP14	波兰波兹南	启动"适应基金",通过2009年工作计划,推动谈判进程
2009年12月	COP15	丹麦哥本哈根	达成不具法律约束力的《哥本哈根协议》,提出20世纪内将全球气温升幅控制在2℃以下的目标,坚持"共同但有区别的责任"原则;设立绿色气候基金,发达国家承诺在2020年以前每年筹集1000亿美元资金用于解决发展中国家的减排需求;附录Ⅰ各缔约方需在2010年1月31日之前提交经济层面量化的2020年排放目标,并承诺单独或者联合执行这些目标
2010年11月	COP16	墨西哥坎昆	通过了《坎昆协议》,一项是《京都议定书》附件Ⅰ缔约方进一步承诺特设工作组决议,另一项为《公约》长期合作行动特设工作组决议
2011年11月	COP17	南非德班	通过了四个决议,包括批准《京都议定书》工作组和《公约》下"长期合作行动特设工作组"、实施《京都议定书》第二承诺期、启动绿色气候基金、建立德班增强行动平台特设工作组
2012年11月	COP18	卡塔尔多哈	通过了《京都议定书》修正案,确保2013年1月1日开始实施第二承诺期,承诺期延长到2020年12月31日;通过了长期气候资金、《公约》长期合作行动特设工作组成果、德班增强行动平台以及损失损害补偿机制等方面的4项决议;俄罗斯、日本和加拿大退出《京都议定书》
2013年11月	COP19	波兰华沙	达成三项成果:德班增强行动平台基本体现"共同但有区别的责任"原则;发达国家再次承认应出资支持发展中国家应对气候变化;就损失损害补偿机制问题达成初步协议,同意开启有关谈判;日本、澳大利亚减排目标出现严重倒退

续表

时间	会议	地点	成果
2014年12月	COP20	秘鲁利马	决定德班增强行动平台问题特设工作组将加紧工作，以求在2015年5月之前出台一份《公约》之下对所有缔约方适用的议定书、另一法律文书或某种有法律约束力的议定结果的谈判案文；强调致力于在2015年达成一项有力度的协定，在顾及国情差异的情况下反映"共同但有区别的责任"和"各自能力"的原则
2015年12月	COP21	法国巴黎	通过《巴黎协定》，该协定共29条，包括目标、减缓、适应、损失损害、资金、技术、能力建设、透明度、全球盘点等内容；达成关于2020年后加强应对气候变化的协作；根据协定，各方将以"自主贡献"的方式参与全球应对气候变化行动；发达国家承诺到2020年前每年为发展中国家提供1000亿美元的资金支持，并建立技术转让机制；从2023年开始，每5年将对全球行动总体进展进行一次盘点，以帮助各国提高力度、加强国际合作，实现全球应对气候变化长期目标
2016年11月	COP22	摩洛哥马拉喀什	通过决议对2018年促进性对话的召开做出筹备安排；强调了《京都议定书》多哈修正案的重要性；呼吁尚未批准多哈修正案的《京都议定书》缔约方需加速批准进程
2017年11月	COP23	德国波恩	落实《巴黎协定》规定的各项义务，为2018年完成《巴黎协定》实施细则的谈判奠定基础
2018年12月	COP24	波兰卡托维兹	通过《巴黎协定》中大部分内容的实施细则，包括透明度框架的实施、设立2025年后的气候资金新目标相关进程、实施2023年全球盘点机制的细则、如何评估技术发展和转移的进展等
2019年12月	COP25	西班牙马德里	通过"智利·马德里行动时刻"的决议，在性别与气候变化、损失与损害华沙国际机制的程序性成果、海洋与气候变化以及长期全球目标的阶段性评估等方面取得了一定进展；各国广泛认同采取气候行动的紧迫性，但未能在一些重要领域达成共识；多数细节问题被搁置，留待后面的气候大会继续讨论

注：COP为《联合国气候变化框架公约》缔约方大会，后面的数字表示《联合国气候变化框架公约》第几次缔约方会议。

资料来源：笔者结合杨星等编著的《碳金融概论》和各届气候变化大会的公开资料整理。

二 《京都议定书》

《京都议定书》是人类第一部限制各国温室气体排放的国际法案，1997年12月，《公约》第3次缔约方大会在日本京都召开。149个国家和地区的代表通过了旨在限制发达国家温室气体排放量以抑制全球变暖的《京都议定书》。

《京都议定书》的主要目标是将大气中的温室气体含量稳定在一个适当的水

平，进而防止剧烈的气候改变对人类造成伤害。为了人类免受气候变暖的威胁，《京都议定书》规定，到 2010 年，所有发达国家的二氧化碳（CO_2）、甲烷（CH_4）、氧化亚氮（N_2O）、氢氟碳化物（HFCs）、全氟化碳（PFCs）和六氟化硫（SF_6）六种温室气体的排放量，要比 1990 年减少 5.2%。各发达国家 2008—2012 年必须完成的削减目标是：与 1990 年相比，欧盟削减 8%、美国削减 7%、日本削减 6%、加拿大削减 6%、东欧各国削减 5%—8%。新西兰、俄罗斯和乌克兰可将排放量稳定在 1990 年的水平上。《京都议定书》同时允许爱尔兰、澳大利亚和挪威的排放量比 1990 年分别增加 10%、8% 和 1%。而对于发展中国家，《京都议定书》遵循《公约》制定的"共同但有区别的责任"原则，要求作为温室气体排放大户的发达国家采取具体措施限制温室气体的排放，而发展中国家不承担有法律约束力的温室气体限控义务；要求发达国家缔约国通过资金支持或者技术援助等形式，帮助发展中国家开展减少温室气体项目的开发与合作。

《京都议定书》在人类历史上首次以法规的形式限制温室气体排放。为了促进各国完成温室气体减排目标，议定书允许采取以下四种减排方式。

第一，发达国家之间可以进行排放额度买卖的"排放权交易"，难以完成削减任务的国家，可以花钱从超额完成任务的国家买进超出的额度。

第二，以"净排放量"计算温室气体排放量，即从本国实际排放量中扣除森林所吸收的二氧化碳的数量。

第三，可以采用绿色开发机制，促使发达国家和发展中国家共同减排温室气体。

第四，可以采用"集团方式"，如欧盟内部的许多国家可视为一个整体，采取有的国家削减，有的国家增加的方法，在总体上完成减排任务。

《京都议定书》建立了旨在落实减排目标的三种灵活履约合作机制，这些机制允许发达国家通过碳交易市场等灵活完成减排任务，而发展中国家可以从发达国家获得相关技术和资金支持，合作实现减排目标。

《京都议定书》中的三种灵活履约合作机制包括：联合履约机制（JI）、清洁发展机制（CDM）和碳排放权交易机制（ET），建立了碳排放权的市场交易机制，并实现了 AAUs（ET 下的配额）、ERUs（JI 下的配额）以及 CERs（核证减排量）的交易。AAUs 可通过免费发放、拍卖等方式获得，而 ERUs 和 CERs 需要经过核证程序。

JI 是指附件Ⅰ的缔约国之间交易和转让由合作项目产生的减排单位 ERUs，

使超额排放国家实现履约义务的机制（如图1-1所示）。具体做法是投资国向东道国提供资金技术支持或双方合作开发东道国的项目，从而获得基于项目的ERUs。由东道国转让给投资国，同时在东道国的配额上扣减相应额度。一般情况下投资国的减排成本较高，通过与减排成本较低的东道国合作开发低成本的减排信用，实现互惠双赢。JI属于基线减排与信用交易型（Baseline-and-Trade），针对不同项目运用适当方法设定减排基准，该基准线是在没有实施该项目时的合理估计排放量，当企业减排后的排放量低于基准线，则可通过核证获得减排信用用于履约。

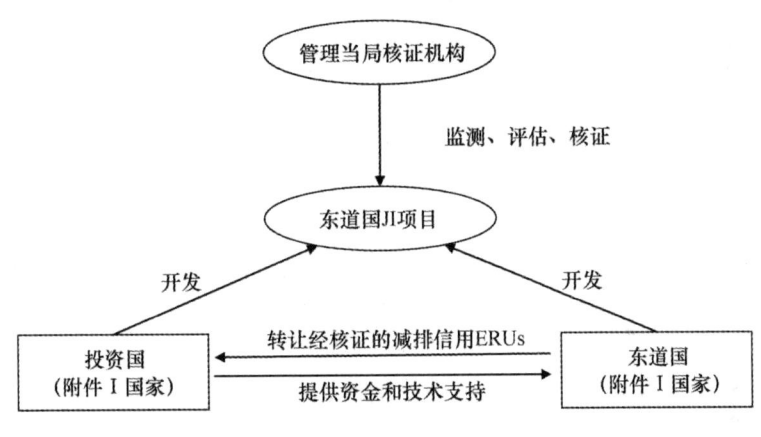

图1-1　联合履约机制（JI）

资料来源：杨星等编著：《碳金融概论》，华南理工大学出版社2014年版。

CDM是附件Ⅰ的缔约国通过资金支持或者技术援助等形式，与发展中国家开展减少温室气体项目的开发与合作，取得经核证的减排单位CERs，用于附件Ⅰ的缔约国履约的机制（如图1-2所示）。CDM也属于基线减排与信用交易型，但与JI不同的是，其东道主为非附件Ⅰ国家。CDM是唯一一个涉及发展中国家的交易机制，不仅为发展中国家开发新能源提供技术支持，还能以低成本开发CERs，降低履约成本。根据《京都议定书》，CDM的目的在于协助未列入附件Ⅰ的发展中国家实现可持续发展和达成《公约》的最终目标，同时协助附件Ⅰ的发达国家履行承诺。《京都议定书》还规定，CDM各方需自愿参加，并证明CDM可获得与气候相关的实际可测量的长期效益，同时还要求减排具有额外性，即CDM项目活动所带来的减排量相对于基准线是额外的，这种项目及其减排量在没有外来 CDM 支持的情况下，存在一些障碍因素，靠国内条件难以实现。

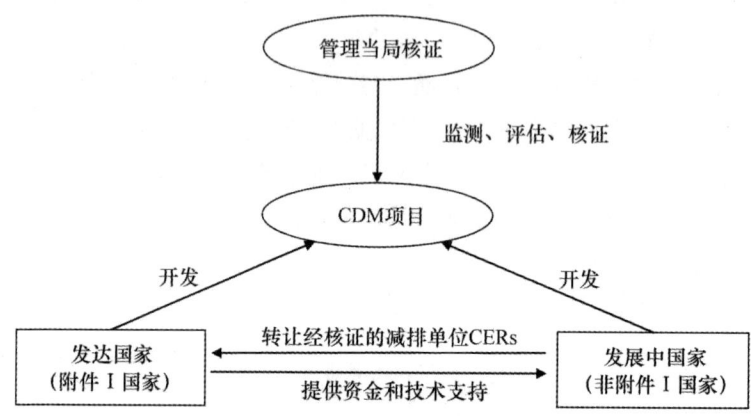

图 1-2　清洁发展机制（CDM）

资料来源：杨星等编著：《碳金融概论》，华南理工大学出版社 2014 年版。

ET 是指附件 I 的缔约国相互间交易转让配额 AAUs，以使超额排放国家通过购买节余排放国家的多余配额，完成减排义务的机制（如图 1-3 所示）。

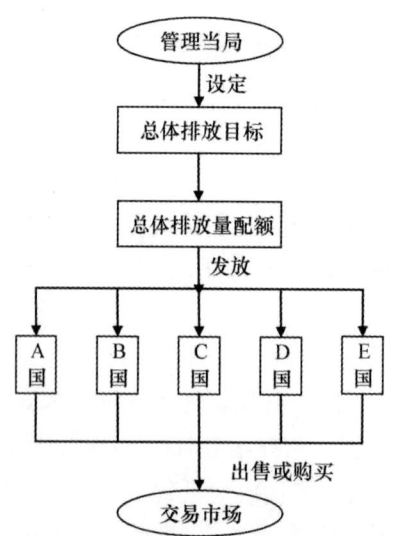

图 1-3　碳排放权交易机制（ET）

资料来源：杨星等编著：《碳金融概论》，华南理工大学出版社 2014 年版。

这是国际碳排放权交易市场的制度基础。ET 属于总量控制与交易型（Cap-and-Trade），即事前设定一个总体排放量上限，转化为一定量配额，再根据成员情况的不同对配额进行分配。它主要利用了不同国家的边际减排成本差异，边际减排成本低的国家可实现超额减排，从而将多余配额出售获益，而边际减排成本高的国家通过购买配额节约减排成本，因为配额交易可实现减排成本的最小化。

三 《哥本哈根协议》

2009 年 12 月 7 日至 19 日，《公约》第十五次缔约方会议暨《京都议定书》第五次缔约方会议在丹麦首都哥本哈根召开，会议目标是为《京都议定书》2012 年第一期承诺到期后的全球温室气体减排达成新的协议。如果不能达成一个新的协议，那么在 2012 年《京都议定书》第一承诺期到期之后，全球将没有一个共同文件来约束温室气体的排放，因此世界各国都对本次哥本哈根气候峰会给予了高度重视。来自 193 个缔约方的大约 4 万名各界代表，包括 119 名国家领导人和国际机构负责人出席了本次大会，其规模在气候变化的谈判中史无前例。

会议的谈判过程非常艰难，发达国家和发展中国家两大阵营的激烈交锋一直持续始终。整个谈判真正进入"哥本哈根时间"是会议最后两天举行的联合国气候变化大会高级别会议。会议期间，包括联合国秘书长潘基文、中国总理温家宝和美国总统奥巴马在内的大多数国家领导人都参加了会谈，这也让以往鲜有政府领导人出席的联合国例行谈判大会，在会议的最后阶段升级为全球领导人峰会。在会期延长一天后，会议以附加文件的方式通过了经激烈谈判和磋商而达成的《哥本哈根协议》（以下简称《协议》），此协议不是强制性减排协议，也不具有法律约束力。

《协议》全文 12 条，主要内容包括以下五个方面[①]。

第一，明确了全球 2℃ 的升温上限。全球气温升幅究竟应控制在多少摄氏度以内？是否应该设定一个排放峰值年限？对这些问题，科学界有不同的观点，哥本哈根会议上各方也出现了立场分歧。欧盟国家主张与工业化开始前相比，全球平均气温上升幅度应控制在 2℃ 以内，否则将带来严重的环境灾难。

---

① 曾文革：《〈哥本哈根协议〉的国际法解析》，《重庆大学学报》2010 年第 1 期。

而一些非洲国家和小岛屿国家因受气候变化影响严重，在会上提出应将全球气温升幅控制在1.5℃以内，并希望全球温室气体排放能在2015年前达到峰值。

经过激烈的争论之后，《协议》在这一问题上明确了以下内容：首先，《协议》首次正式确认了将全球温度控制到较工业革命前不超过2℃的水平，同时表示在2015年前对协议及其执行情况实施进行一次评估，包括考虑将每年全球平均升温控制在1.5℃以内的问题。其次，《协议》在提出全球和各国的排放应"尽快"达到峰值的同时，承认发展中国家达到排放峰值所需要的时间应该"更长一些"，强调"实现经济社会发展和消除贫困是发展中国家首要和压倒一切的优先任务"，并指出"低碳排放发展战略对于可持续发展而言是必不可少的"。《协议》的上述规定兼顾了不同国家、不同发展阶段、不同减排目标的特点，最大限度地反映了世界各国尤其是发展中国家的意愿，维护了发展中国家的发展权，阐明了发展中国家应该走"发展优先、发展与减排统筹安排和相互促进"的道路。

第二，明确了量化的和可预期的资金机制。在资金方面，经过发展中国家的坚持和争取，《协议》就资金问题取得了重要进展。首先，《协议》要求发达国家根据《公约》的规定，向发展中国家提供"更多的、新的、额外的以及可预测的和充足的"资金，帮助和支持发展中国家的进一步减缓行动，以加强《公约》的实施。其次，在资金的数量上，要求发达国家集体承诺在2010—2012年提供300亿美元"新的额外资金"。在采取实质性减缓行动和保证实施透明度的情况下，发达国家承诺到2020年每年向发展中国家提供1000亿美元，以帮助发展中国家应对气候变化，尤其是最不发达或最受影响的国家。再次，《协议》规定将建立具有发达国家和发展中国家公平代表性管理机构的多边资金，并通过建立"绿色气候基金（Green Climate Fund）"来发放。最后，《协议》决定建立一个高水准的工作小组来研究潜在资金资源的贡献度。尽管《协议》中发达国家提供资金的数量距非洲等发展中国家的要求仍有一定差距，资金来源的表述也没有如发展中国家要求的应主要来自发达国家的公共资金，但在联合国气候变化谈判中发达国家首次给出明确的资金支持数额，这还是第一次。

第三，明确了技术机制。在技术援助方面，《协议》规定发达国家应当提供"充足的、可预测的和持续的"技术以及能力建设，以支持发展中国家，尤其是最不发达国家和位于小岛屿的发展中国家以及非洲国家，实行对抗气候变化的举措。在技术开发与转让行动方面,《协议》决定设立一个"技术机制(Technology Mechanism)",以加快技术研发和转让,支持适应和减缓行动。同时,《协议》希望通过利用"碳交易市场"来提高减排措施的成本效益,并促使发展中国家实现低碳排放的发展战略。这些措施将为推动碳减排技术的大规模应用提供机制和制度上的保障。

第四,明确了缔约方减排行动的透明度机制。《协议》还对"透明度"问题,即"可测量、可报告、可核查"的"三可"问题做出了明确且合理的界定。依照规定,发达国家的减排目标应接受《公约》下"严格的、充分的、透明的"审查。而作为《公约》非附件 I 国家的发展中国家,只有获得国际支持的国内减缓行动才需要根据缔约方大会通过的指导方针,接受国际的测量、报告和核实。自主采取的减缓行动只接受国内的测量、报告和核实,有关结果每两年一次以国家通报的方式予以通报。这些规定既符合《巴厘行动计划》对"三可"做出的规定,又表现出包括中国在内的广大发展中国家增加透明度的诚意,有效地维护了发展中国家的经济、政治利益和国家主权。

第五,创设了强化森林保护的 REDD 机制。《协议》的一大亮点是达成了一项对保护森林的国家进行经济补偿的规定,即在肯定"减少滥伐森林和森林退化引起的碳排放是至关重要的"的同时,决定建立一项"REDD-plus(REDD+)"机制,以"提高森林对温室气体的清除量"。这个被称为"REDD+"的机制源于与会各国在哥本哈根会议期间通过的一项名为《减少因森林砍伐和森林退化引起的排放》(Reducing Emissions from Deforestation and Forest Degradation,REDD)的协议,旨在通过发达国家出钱、发展中国家护林的机制,达到减少森林砍伐和退化的目标。这是《京都议定书》中没有的,是《协议》中的一项突破性成果。

四 《巴黎协定》

2015 年 12 月 12 日,举世瞩目的巴黎气候变化大会结束,会议完成了 2011 年启动的德班平台谈判进程,达成以《巴黎协定》为核心的一系列成果,标志着全球气候治理进入了新的阶段。

《巴黎协定》共 29 条,涵盖了长期目标、减缓、适应、损失损害、资金、技术、能力建设、透明度及全球盘点等主要内容。《巴黎协定》被认为是确立了以"国家自主贡献"为主体的全球气候变化治理体系，是全球应对气候变化努力的里程碑和转折点。

《巴黎协定》的内容要点包括六个方面的内容[①]：

第一，确立了全球长期目标。《巴黎协定》确立的一个大目标是将全球平均升温控制在工业革命前的2℃以内，争取控制在1.5℃。为实现该目标，提出了要"尽快达到温室气体排放的全球峰值"，并且"在本世纪下半叶实现温室气体源的人为排放与清除之间的平衡"，也就是到21世纪下半叶实现全球温室气体净零排放。

第二，国家自主决定贡献（INDC）。国家自主决定贡献，就是各国根据各自经济和政治状况自愿做出的减排承诺，并随时间推移而逐渐增加；同时要求在核算INDC排放量时，"应促进环境完整性、透明、精确、完整、可比和一致性"，以增强透明度，保障国家自主决定贡献的准确性。

第三，每5年进行一次全球盘点的升级更新机制。《巴黎协定》引入"以全球盘点为核心，以5年为周期"的升级更新机制。2023年起，每5年对全球行动总体进行一次盘点，总结全球减排进展及各国INDC目标与实现全球长期目标排放情景间的差距，以进一步促使各方更新和加强其INDC目标及行动和支助力度，加强国际合作，实现全球应对气候变化长期目标。

第四，重申"共同但有区别的责任"原则。"共同但有区别的责任"原则一直是《公约》的指导原则之一，直接体现在减排责任和出资义务方面。《巴黎协定》明确规定，"发达国家缔约方应当继续带头，努力实现全经济绝对减排目标。发展中国家缔约方应当继续加强自身的减缓努力，鼓励根据各自国情，逐渐实现全经济绝对减排目标"。在资金问题上，《巴黎协定》还规定，"发达国家缔约方应为协助发展中国家缔约方减缓和适应两方面提供资金，以便继续履行《公约》下的现有义务"，并"鼓励其他缔约方自愿提供或继续提供这种支助"，明确了发达国家为发展中国家适应和减缓气候变化出资的义务。

第五，强调经济发展的低碳转型。《巴黎协定》"强调气候变化行动、应对和影响与平等获得可持续发展和消除贫困有着内在的关系"，实现"气候适

[①] 《巴黎协定》评估与对策研究课题组：《〈研究报告〉2016年第82期〈巴黎协定〉主要内容解读与评估》，http://www.cciee.org.cn/Detail.aspx? newsId=13353&TId=489。

宜型的发展路径",把应对气候变化与保障粮食安全、消除贫困和可持续发展密切结合起来,实现多方共赢的目标。

第六,采用"阳光条款"。《巴黎协定》的一个亮点是被非政府组织(NGO)称为"阳光条款"的有关透明度的协议,各国根据各自经济和政治状况自愿提出"国家自主决定的贡献"减排承诺,接受社会监督,各国都要遵循"衡量、报告和核实"的同一体系(该体系会根据发展中国家的能力给予一定灵活性),定期提供温室气体清单报告等信息,并接受第三方技术专家审评。增强体系透明度,帮助发展中国家提高透明度,鼓励各国自愿行动,夯实互信基础。

与1997年签署的仅要求发达国家减排的《京都议定书》和2009年由部分国家提出的《哥本哈根协议》相比较,《巴黎协定》是国际社会采用多边机制,在全球气候治理方面迈出的重要一步,主要有四个方面的标志性进步。

第一,建立了一套"自下而上"设定行动目标与"自上而下"的核算、透明度、遵约规则相结合的体系。《巴黎协定》在促进包容性和实现全面参与上取得的成功是空前的。"自下而上"设定行动目标有利于激发各国积极性,根据国家发展阶段、国家能力和历史责任,自主确定行动目标,有助于实现应对气候变化行动的全球覆盖;"自上而下"的核算、透明度、遵约规则,确保各国有一个通用对话、行动进展跟踪平台,有助于各国交流行动经验,开展评估与自我评估,提高行动力度,综合评估全球行动力度与进展。

第二,引入"以全球盘点为核心,以5年为周期"的升级更新机制,确保行动与目标的一致性。缺乏动态升级更新机制是全球气候治理体系过去面临的重要问题,《巴黎协定》一个重要成果就是为解决各国"自主贡献"力度不足、难以实现温控目标的问题专门建立盘点机制,即从2023年开始,每5年对全球行动总体进展进行一次"促进性"盘点。这一机制又被气候专家形象地称为"齿轮"机制。

第三,将"1.5℃温控目标"引入全球气候治理的目标中,体现了空前的气候治理力度。《巴黎协定》在《公约》和《巴厘行动计划》基础上,进一步将"2℃温控目标"升级为"1.5℃温控目标",表示要"把全球平均气温升幅控制在工业化前水平以上低于2℃之内,并努力将气温升幅限制在工业化前水平以上1.5℃之内"。这是"1.5℃温控目标"首次成为全球共识,展现了国际社会对加强全球气候治理的期待。同时,首次明确要"使资金流动符合温室气体低排放和气候适应型发展的路径",这为实现全球减缓与适应目标指明了努力方向。

第四,气候变化资金内涵和范围发生变化,成为《巴黎协定》三大目标之一。资金问题在《巴黎协定》中取得重大进步,被放在关键位置。资金目标——"使资金流动符合温室气体低排放和气候适应型发展的路径"成为与减缓目标和适应目标并列的《巴黎协定》三大目标之一。《巴黎协定》将《公约》《京都议定书》《巴厘行动计划》中发达国家向发展中国家提供资金支持,演变成了所有国家都要考虑应对气候变化的资金流动,模糊了资金支持对象,也考虑了各国国内资金流动。同时,《巴黎协定》还将资金支持的提供主体扩展到了所有发达国家,而不仅是《公约》附件Ⅰ所列的发达国家;并且规定鼓励其他缔约方自愿或继续向发展中国家提供资金支持。

《巴黎协定》也存在着一些不足,如发达国家减排责任相对弱化、出资义务难以落实。《巴黎协定》所构建的全球气候治理体系以政治不确定性为特征,它能否有效执行取决于各国领导人的政治意愿,不具有法律强制力,影响减排目标实现的效果;在资金上,也未对发达国家设定量化出资目标。另外,《巴黎协定》仍未解决应对气候变化的全球协同行动问题。

第三节　应对气候变化的产业优化与金融支持

一　应对气候变化的产业优化

(一) 传统产业的转型升级[①]

所谓产业转型升级就是从低附加值产业向高附加值产业升级,从高污染高能耗产业向低污染低能耗产业升级,从粗放型产业向集约型产业升级。在产业转型升级的过程中,关键是技术进步。不仅是引进先进技术,而且需要在此基础上消化吸收,对其进行改进,并实施技术创新从而建立起属于自己的技术体系。

传统支柱产业需要向创新化转型、向集群化转型、向服务化转型,也需要

---

① 中经汇成(北京)城乡规划设计研究:《新常态背景下中国传统产业转型升级的路径选择》,http://www.chanyeguihua.com/2472.html。

向绿色化转型。新型工业化更多地强调了生态建设和环境保护，更多的是要实现经济发展与人口、资源及环境之间的协调发展，逐渐降低资源消耗，不断减少环境污染，最终实现经济与社会的可持续发展。通过绿色化增长模式，不仅能够摆脱资源瓶颈的制约，而且还能够实现经济发展与环境保护的良性互动。传统支柱产业向绿色化的转型升级需要实现设计开发生态化、生产过程清洁化、资源利用高效化、环境影响最小化，大力发展循环经济和再制造产业，加快淘汰落后产能，构建资源节约、环境友好、本质安全型的产业体系。

转型升级的过程中，需要寻求有效的循环经济发展模式，需要企业着力推进清洁生产、节能减耗、提高资源及能源的利用效率；需要在产业集群内部构建企业之间的循环经济链，实现废弃资源的再利用；需要在产业层次上重点实现共赢经济发展方式的转变，实现工业结构的快速优化调整；需要集中力量在火电、有色金属、食品等劳动力密集、资源与能源消耗较大、废弃物和污染物排放较多的产业优先推进循环经济的发展。

（二）新兴低碳经济的发展

低碳经济是低碳发展、低碳产业、低碳技术、低碳生活等一类经济形态的总称。它以低能耗、低排放、低污染为基本特征，以应对气候变化影响为基本要求，以实现经济社会的可持续发展为基本目的。低碳经济的实质在于提升能源的高效利用、推行区域的清洁发展、促进产品的低碳开发和维持全球的生态平衡。这是从高碳能源时代向低碳能源时代演化的一种经济发展模式。[1]

低碳经济是在人类温室效应及由此产生的全球气候变化问题日趋严重的背景下提出的。"低碳经济"的概念最早出现，是在 2003 年的英国能源白皮书《我们能源的未来：创建低碳经济》中。"低碳"是一个相对的概念，与国家的发展现状及发展过程中所面对的各种问题密切相关，针对不同的国家，低碳具有不同的标准。

低碳经济的核心内容是低碳技术。为实现低消耗、低排放、低污染等排放目标，必须直接或间接地采用和依赖低碳技术。而低碳技术的实施需要相应运行机制、政策体系、制度框架的辅佐。通过在市场运行机制、政策法规体系以及制度框架上的创新，推动低碳技术的发展，改善能源框架体系，降低对煤

---

[1] 冯之浚、周荣：《低碳经济：中国实现绿色发展的根本途径》，《中国人口·资源与环境》2010 年第 4 期。

炭、石油等传统化石能源的依赖，推动新能源技术的开发和应用，减少碳排放，改善人类赖以生存的自然环境，改变传统的经济发展方式和人们的生活方式。低碳理念和低碳发展是人类的又一次重大进步，提高能源利用效率、开发利用清洁能源、减少碳排放、实现绿色发展是社会和经济发展的必然要求，是能源技术领域的重大创新和发展，是经济产业结构的重大变革，是人类生存和发展理念的重大转变。[①]

（三）应对气候变化的国际产业合作

发展中国家在旧的经济发展方式之下形成了一系列产业格局，其中的高排放企业要完成转型升级，需要大量的改造成本，并不能一蹴而就，尤其像中国这种地区差异巨大的国家，推进产业转型升级，构建节能减排的新体系，需要一定的时间。各国致力于应对气候变化的全球合作，主要的症结在于如何在环保与产业升级转型等技术领域更有效地形成全球分享的机制，使那些仍然需要工业化的发展中国家能够以较低成本获得高效的环保技术。[②]

清洁技术的开发和部署是应对气候变化的核心部分。由于发展中国家对清洁技术的需求，以及发达国家拥有大多数现有清洁技术，清洁技术从发达国家向发展中国家的转移一直是全球努力利用清洁技术应对气候变化的重点，IPCC 和 UNFCCC 等强调将清洁技术从发达国家向发展中国家转移。然而，目前清洁技术的国际转移仍然不畅通，发达国家和发展中国家对清洁技术的知识产权保护存在争议。在这种情况下，国内创新、国际援助和国际技术合作成为重点，以促进通过清洁技术有效应对气候变化。[③]

二　应对气候变化的资金需求

应对气候变化这一系统工程，需要全球所有经济领域进行生产和消费方式的变革，无论是公共投资还是私人投资，均需从传统的能源供给来源和技术向更加可持续的气候友好型方式转变，因此，气候资金需求巨大。

[①] 刘书英：《我国低碳经济发展研究》，博士学位论文，天津大学，2012 年。

[②] 陈思：《应对气候变化需要更有力的国际合作交流》，http：//epaper.21jingji.com/html/2017-06/09/content_63979.htm。

[③] Joy Y., Xiang, "Addressing Climate Change: Domestic Innovation, International Aid and Collaboration", Social Science Electronic Publishing, JIPEL Vol. 5, No. 1 (2016), https://jipel.law.nyu.edu/vol-5-no-1-5-xiang/.

根据国际能源署（International Energy Agency，IEA）的预测，为实现《巴黎协定》目标，2015—2030年仅能源领域就需要16.5万亿美元。另外，根据Sam Fankhauser等人的估算方法，未来10年额外新增的气候减缓和适应资金需求总额将达到6300亿美元/年，其中中国的气候资金需求将达2050亿美元/年。根据联合国政府间气候变化专家小组（Intergovernmental Panel on Climate Change，IPCC）的统计，2010—2050年发展中国家适应资金需求规模为700亿—1000亿美元/年。而联合国环境规划署（United Nations Environment Program，UNEP）估算，到2030年，适应资金的年需求规模将达到1400亿—3000亿美元，到2050年，适应资金需求将达到2800亿—5000亿美元。麦肯锡测算，2015—2030年可持续性基础设施的资金缺口达到39亿—51万亿美元，其中中等收入国家的资金缺口占比达65%。尽管各机构的预测口径不尽相同，但预测结果都显示气候资金需求巨大，而且资金缺口十分明显。

三 金融在应对气候变化中的作用

面对如此庞大的资金需求，仅仅依靠公共资金是远远不够的，如何带动社会资本成为关键。发挥金融在应对气候变化中的作用，是满足气候资金需求的根本途径。

现代金融是一个十分广泛的范畴，凡是涉及货币及信用的所有经济关系和交易行为的集合都可以称之为金融。在金融的发展过程中，伴随着货币与信用的相互渗透，金融的范畴不断扩展与完善，逐渐向投资、保险、信托、租赁等领域覆盖。现代金融体系主要包括货币与货币制度、金融机构、金融市场、金融工具、调控与监管等主要组成部分。在现代经济生活中，金融作为一个庞大的系统渗透到社会发展的方方面面，既是经济体系的核心组成部分，又对社会经济活动产生重要的影响。

在经济发展过程中，金融起到了核心的推动作用，其功能主要包括：第一，在时间和空间上转移资源；第二，提供分散、转移和管理风险的途径；第三，提供清算和结算的途径以及完结商品、服务和各种资产的交易；第四，提供集中资本和股份分割的机制；第五，提供价格信息；第六，提供解决"激励"问题的方法。

随着经济社会节能减排、可持续发展趋势的不断加强，金融与低碳经济的联系越发紧密，并在应对气候变化、发展绿色经济领域发挥更加重要的作用，金融的各项功能也在该领域逐步显现，并对气候资金的融通、气候变化风险的管理、减排和低碳投资的价格发现、气候资源的合理配置以及促进经济低碳增长和就业方面起到十分积极与重要的作用。

（一）实现气候资金的融通

在应对气候变化的过程中，需要大量的资金支持，同时还要有效地将资源集中于最需要发展和融资的部门与企业。金融运用其自身功能为应对气候变化提供了资金融通的解决办法：一是提供资金的聚集功能，即通过金融市场与金融机构将资金盈余部门与资金短缺部门相结合，并使用一定的金融工具，将社会资金汇集并运用到气候领域；二是通过金融系统自身的优化机制、竞争机制实现资源在各部门之间的流动与转化，让气候资金使用最优化、效益最大化。

1. 资金的聚集功能

金融体系通过实现资源在时间与空间上的转移，为气候融资提供了可能。同其他领域的资金集聚方式相同，应对气候变化领域的融资行为可以通过金融机构的间接途径以及金融市场的直接途径实现，如图1-4所示。

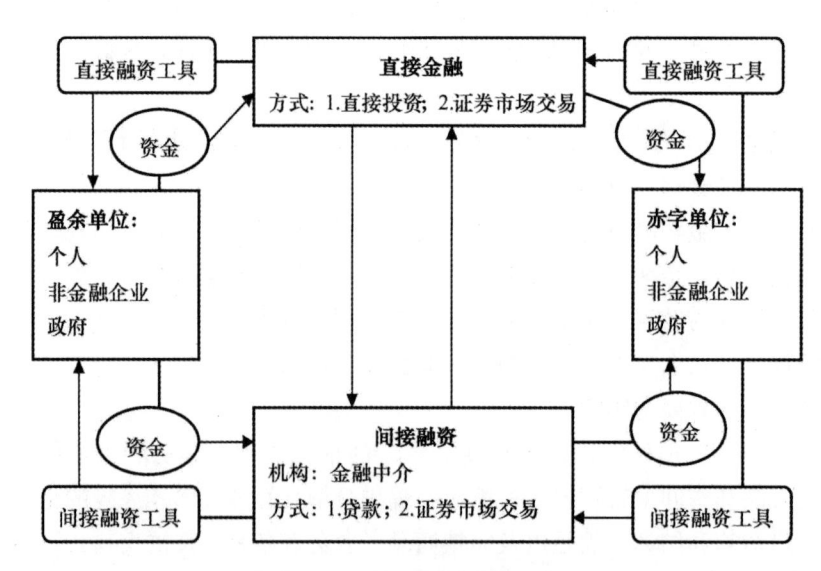

图1-4 资金融通过程示意

资料来源：黄达、金融学：《货币银行学》，中国人民大学出版社2009年版。

间接融资方式是通过银行等各类金融中介机构充当专业的资金融通媒介，

促进各种社会闲置资金在应对气候变化领域得到有效利用。资金融通是各类金融机构的基本功能,但其实现方式却有所不同。例如,存款类金融机构一方面作为债务人吸收社会居民、企业与政府的存款,集中社会闲散资金;另一方面作为债权人向个人、企业、政府发放贷款,达到资金的融通作用。保险类金融机构吸收保费,并将不用支付的保费收入用于金融资产或其他领域。而基金类金融机构作为受托人接受客户资产,并将其投入产业或资本市场。

可以看出,尽管各类金融机构的经营对象、经营内容、委托代理关系各不相同,但是都作为中介方起到了将盈余部门资金聚集并投资于赤字部门的资金聚敛与转移的功能。在这个过程中,资金的供给方与需求方并不产生直接联系,而是通过第三方中介机构进行交易。在应对气候变化领域中,金融中介机构作为重要的市场组成部分发挥着积极的作用,气候资金有很大一部分都是通过间接方式进行融资。

直接融资方式是资金的需求者与资金提供者直接在金融市场上进行联系,并通过多样化的金融契约及金融工具实现自己的转移。相较于金融中介的间接融资方式,金融市场在发挥资金筹集功能的过程中更加灵活。例如,股票、债券市场能将短期流动性资金转化为长期投资资金,证券的转让及出售又能让长期资金转变为现金。

由于市场根据不同的期限、收益和风险要求,为投资者提供了多样化的金融工具,使得不同的资金供应者可以根据自身风险偏好和流动性要求选择满意的金融工具。而对于一些由于自身资质不能满足机构贷款要求的资金需求者,市场也可以为其提供多样化的融资渠道,让其获得资金。金融市场是一种十分有效的融资手段。

金融市场作为一种直接融资手段在应对气候变化行动中同样起到了重要的作用。例如,碳金融市场作为新兴的市场,为促进节能减排和发展可再生能源的融资提供了机制和工具。一些绿色主题的产业投资基金也为新型环保企业与项目提供了有利的金融支持。绿色证券也是通过金融市场来为环保企业融资提供更加便利的平台与渠道。

2. 资金的配置功能

资金的聚集功能是指资金通过中介或市场由资金的供给方流向需求方,强调了金融系统将分散的、小额的资金聚集到一起,进行共同投资的作用。而资金的配置功能则更强调了资金在分配过程中的有效性,即将资金分配给最需要资金的部门，实现资金利用的效益最大化，是一种导向性功能。

在经济运行中，非专业的投资者很难发现效益最大化的投资机会，而金融机构与金融市场则可通过内部机制的运作，实现资源从低效部门向高效部门的转移。在应对气候变化领域中，这些规则同样发挥作用，使资金在不同的地区、产业、部门之间合理流动，实现资源的优化配置。

具体来看，金融系统实现资源配置的机制分为商业性的市场机制与政策性的干预机制。市场机制是指金融机构、投资者由于追求利益最大化，会投资于收益性、安全性、流动性较好的企业，使得气候资金流向最具发展潜力、能够为投资者带来最大利益的部门、企业和项目，使资源得到有效与合理的利用。

政策干预机制则是政府应对市场失灵时采取的必要手段。由于在应对气候变化行动中，许多项目资金需求量大、收益期长，导致私人部门不愿介入。这时，政策性金融机构会代表政府对金融体系进行干预，从全社会效益最大化、正外部效益最大化的角度进行投资，实现气候资金的优化配置。

（二）管理气候变化风险

现代金融体系的重要功能之一就是分散、转移和管理风险。无论是金融市场、金融中介还是形形色色的金融工具，都为化解气候变化风险提供了可能的方法与途径。应对气候变化所催生的节能环保行业与绿色产业是一种高新技术较为集中的新兴产业，金融体系通过自身运作机制达到信息揭示的作用，对风险进行集中、再分配，最终达到分散、转移和管理风险的作用。值得注意的是，金融体系对气候变化的风险管理并不是完全地消除风险，事实上任何风险都不能从总体上完全消失，而是从市场的某个局部转移分散到另一部分，例如，由低风险偏好者转移到高风险偏好者手中，从而达到市场整体的风险最优配置。

金融系统为管理气候风险提供了多样化的手段。一方面，众多的金融机构为管理气候风险起到重要作用，以金融机构中最典型的组织形态—商业银行为代表，面对气候变化带来的风险、经济从"高碳"向"低碳"转型的机遇、利益相关者温室气体减排的要求，越来越多的金融机构在加速实现总体商业目标的同时，积极从经营理念、管理体系、银行业务、银行产品、报告制度等多个方面进行创新，成为经济向"低碳"转型的"推进器"，引导企业以积极主动的姿态应对气候变化所带来的风险。保险公司作为一类重要的金融中介，在管理气候变化风险领域的作用则更加直观。许多巨灾保险产品为直接应对气候变化所导致的自然风险提供了工具,而应对市场中各种传统风险的保险产品也可直接使用于由于气候变化所导致的风险类型中。

另一方面,金融市场特别是多样化的衍生品市场,在管理气候风险中发挥了越来越重要的作用。在各行各业加强天气风险管理需求不断加强的环境下,对各类天气风险进行分割、重组、交易的新型金融衍生品开始出现,将金融衍生品的功能从转移和管理传统的市场风险、信用风险扩展到了转移和管理天气风险。这类新型金融衍生品具有转移一般天气风险的功能。为规避天气变化风险所衍生出的金融工具创新中,最典型的例子就是天气衍生品。

(三) 发现减排和低碳投资的价格

提供价格信息是金融的又一重大功能,传统金融领域的价格信息包括利率、汇率、股市行情等,这些信息对维护市场运行、形成经营投资决策起到了重要作用。由于应对气候变化是一种具有社会广泛性的活动,不能单独依靠政府行政力量,更需要借助市场的广泛参与。因此,通过市场化的运行机制决定气候变化领域的相关价格信息,对于促进节能减排和发展可再生能源投资显得极为重要。气候金融市场不仅能够提供相关产品定价机制,具有价格发现与价格示范的作用,其产品价格对于资源性产品价格也将产生影响,乃至推进环境保护、污染治理的市场化定价机制。此外,气候金融市场能够通过价格传导机制,影响企业的生产和投资决策,连接商品贸易市场和能源市场。

金融的价格发现功能主要是依靠金融市场来完成的,市场化的运作机制可以使产品价格通过供求双方的力量变化而形成,这些价格是所有参与市场交易的经济主体对产品未来收益期望的体现。当前,传统金融市场已开发出大量气候金融产品,如天气衍生品、气候债券、气候指数,在有效的市场中,买卖双方根据自身所掌握的信息,对气候金融产品价格进行判断,并最终做出买卖决定。在此过程中,市场即可完成其价格发现功能。随着信息技术的不断发展,计算机撮合公开竞价机制使得价格的形成更加迅速,而遍布全球的信息通信设备则使价格在世界范围内有效传递,促使全球范围内的市场价格趋同。

(四) 促进经济低碳增长和增加就业

金融是现代经济的核心组成部分,金融活动与经济发展相互渗透,不可分割。一方面,经济的稳定发展为金融的产生与发展创造了条件,经济的发展水平最终决定金融的发展程度。另一方面,金融体系对促进经济发展起到日益重要的作用,地位也不断提高。金融不仅承担了连接市场经济主体的纽带作用,也起到了调解、配置经济资源、财富与风险的杠杆作用。

金融对经济的影响是通过其各项功能共同作用而实现的。第一，金融为经济活动提供了清算、结算途径，润滑了经济体系的运行，为经济发展提供了基础的保证。第二，金融通过调动社会储蓄，实现资源在空间和时间上的转移，从而达到聚集资金的作用，同时通过金融体系内部机制实现这些资源的有效配置，为社会发展提供必要资金。第三，金融活动可以有效地分散、转移、管理风险，降低经济运行的或有损失，减少系统性冲击的可能，为微观主体规避风险提供保障。第四，金融活动解决了社会交易成本，通过有效的资源、财富、风险分配达到提高经济发展效率的作用。第五，金融业作为第三产业，同样是现代经济的重要组成部分，其自身的发展可以达到增加社会经济总产量、增加就业等作用，从而为社会经济发展做出有利贡献。

延伸阅读

1. 刘倩、王遥、林宇威：《支撑中国低碳经济发展的碳金融机制研究》，东北财经大学出版社 2017 年版。

2. 杨星等编著：《碳金融概论》，华南理工大学出版社 2014 年版。

3. UNFCCC Process-and-meetings，https：//unfccc.int/process-and-meetings/dGhlLXBhcm/dGhlLXBhcm%26from%3D.

4. 丁一汇：《气候变化》，气象出版社 2010 年版。

练习题

1. 与一般的经济风险相比，气候变化风险有哪些主要特点？
2. 《联合国气候变化框架公约》的五项原则是什么？
3. 简述《京都议定书》中的三种灵活履约合作机制。
4. 概述《巴黎协定》的内容要点。
5. 应对气候变化的产业优化包括哪几方面的内容？
6. 金融在应对气候变化中可以发挥哪些作用？

第二章

什么是气候金融

金融在应对气候变化中的运用，产生了一个全新的概念："气候金融"。认知气候金融的含义对于政府管理、机构创新、学术研究和能力建设等都至关重要。

第一节 与环境和气候相关的金融概念

与环境保护和应对气候变化相关的金融概念包括环境金融、可持续金融、绿色金融、碳金融和气候金融等。

一 环境金融、可持续金融和绿色金融

环境金融（Environmental Finance）、可持续金融（Sustainable Finance）和绿色金融（Green Finance），可视为在环境保护范畴下的金融概念，有些学者将三者等同，《美国传统词典》（2000）也将三者收录为同一个词条。在实际运用中，可持续金融是个模糊通俗的概念，是可持续发展的派生，国内外均没有明确的定义。绿色金融的概念在我国使用率很高，相关政府及监管部门出台了系列"绿色金融"政策，但并没有统一权威的学术概念界定。只有环境金融作为环境经济学的分支，具有明确统一的学术定义。

环境金融是新兴学科环境经济的派生，产生于20世纪90年代。工业革命特别是近50年以来，环境问题成为困扰人类可持续发展的主要问题之一。因此部分学者开始用现代经济理论和经济分析方法对环境问题进行重新思考，探讨环境与经济的相互关系、环境问题产生的根源以及解决环境问题的经济途径

等议题，由此形成了环境经济学。由于金融是现代经济调节和配置的核心，如何利用"金融"手段来提高环境质量、转移环境风险成为研究者关注的重点，环境金融也逐渐发展成为一门分支学科。

最早提出"环境金融"概念的是美国经济学家和企业家 Richard L. Sandor 博士，他于 1992 年在美国哥伦比亚大学开设环境金融课程。他指出，环境金融是指通过运用多样的金融工具（最著名的是土地信托和排放权交易）以保护环境，是环境经济和环境保护运动的一部分。《美国传统词典》（2000）的定义是：环境金融是环境经济的一部分，研究如何使用多样化的金融工具来保护环境，保护生物多样性。

可持续金融源自"可持续发展"概念的提出。20 世纪以来，环境问题在规模和数量方面都发生了巨大变化，荒漠化、森林砍伐，因使用化石燃料造成的气候变化、臭氧层的破坏以及化学物质在食物链和部分地下水的积累等问题趋于严重。在此背景下，各国逐渐意识到，环境恶化、经济增长、人口增长和贫困问题在国际框架内是相互关联的。1987 年，世界环境与发展委员会发表题为"我们共同的未来"的报告，提出"可持续发展"的概念，为在可持续发展方面的政策制定和实施奠定了基础。该报告提出："可持续发展是指在满足当代人的需求的同时，不损害子孙后代满足其需要的发展模式"，这已成为"可持续发展"最普遍接受的定义，并成为许多国家制定环境政策的基础。

随着环保意识的增强，学者们开始思考：金融如何推动可持续发展？Marcel Jeucken（2001）指出，在一个经济体系中，金融发挥了重要作用，为实现社会的可持续发展，金融所具备的分散和管理风险的作用尤其重要。他以银行业为例，提出"可持续金融"的说法，他认为，借款人及放债人之间通常存在着信息不对称，包括环境方面的信息。而银行有广泛、高效的贷款业务，并在信息收集上有相对优势，通过对环境和金融风险的全局认识，银行能减少市场实体之间的信息不对称。

之后，"可持续金融"一直作为通俗笼统的概念被使用，但越来越受到金融机构重视，联合国环境规划署还专门成立了"可持续金融行动"（UNEP FI）部门，全球很多家金融机构加入行动计划中。Karen Clarke-Whistler（2008）指出，企业已越来越认识到管理环境、社会和治理（ESG）风险的重要性，它在某种程度上甚至是可持续发展的衡量标准。而可持续金融，现在已成为影响投资决策、企业融资和项目贷款的主流。

绿色金融也是一个新生事物，对于绿色金融的内涵，大部分学者都认同绿色金融是指金融部门把环境保护作为一项基本政策，在投融资的决策过程中要考虑潜在的环境影响，把与环境条件相关的潜在回报、风险和成本都融入日常业务中，在金融经营活动中注重对生态环境的保护及环境污染的治理，通过对社会经济资源的引导，促进社会的可持续发展。《美国传统词典》（2000）则将绿色金融等同于"环境金融"或"可持续金融"。

2016年8月31日，中国人民银行、财政部、国家发展改革委、环境保护部、银监会、证监会、保监会印发《关于构建绿色金融体系的指导意见》。该意见提出："绿色金融是指为支持环境改善、应对气候变化和资源节约高效利用的经济活动，即对环保、节能、清洁能源、绿色交通、绿色建筑等领域的项目投融资、项目运营、风险管理等所提供的金融服务"，这是中国在政府文件中对绿色金融所做出的界定。

二 碳金融

碳金融（Carbon Finance）和气候金融（Climate Finance），是应对气候变化范畴的金融概念。二者都是从联合国气候变化大会关于资金机制的谈判衍生而来，"碳金融"源自《京都议定书》，"气候金融"源自《哥本哈根协议》。

"碳金融"直接产生于《京都议定书》下的三类市场交易机制，也就是碳市场的产生，带动了相关碳金融产品的创新、碳金融机构的成立和碳金融市场交易主体的介入，并衍生出"碳金融"的概念。

碳金融指所有服务于减少温室气体排放的各种金融制度安排和金融交易活动，包括低碳项目开发的投融资、碳排放权及其衍生品的交易和投资，以及其他相关的金融中介活动。

（一）碳金融的特征

碳金融主要有三个特征[①]：

第一，以碳排放权为标的的金融交易。碳金融是以碳排放权和碳配额为标的的交易活动，碳排放权具有准金融属性，碳排放权首先作为商品买卖，而后进一步衍生为具有投资价值和流动性的金融衍生工具（如碳排放期货、期权、掉期等），其"准金融属性"日益凸显。从对碳金融的内涵界定可知，碳金融

---

① 杨星等编著：《碳金融概论》，华南理工大学出版社2014年版。

本质上是"碳交易 + 金融属性",碳交易衍生为具有投资价值的金融资产,通过对碳资产收益的追逐带来产业结构的升级和经济增长方式的转变。

第二,特殊价值取向的金融行为。碳金融并不完全以经济效益为导向,而以执行国家特定政策和人类共同生存、发展环境为宗旨。碳金融不以眼前利润为终极目标,而以良好的生态效益和环境效益为己任,支持低碳产业的长远发展,弥补传统金融忽视环境和社会功能的缺陷。

第三,社会科学与自然科学的交融性。碳金融将环境学、经济学、社会学紧密相连。将气候变换、环境污染、经济可持续发展与人类生存条件综合考虑,以市场机制来解决科学、技术、经济、社会发展的综合问题。首先,气候变暖的影响是全球性的,决定了碳金融具有全球跨度特征;其次,降低碳排放和经济发展之间存在某种程度的替代关系,意味着各国经济可持续发展的基本条件是采用低碳发展模式;最后,碳金融的发展对环境治理的作用关乎着人类生存与灭亡的社会性问题,恶劣的气候和环境变化将给人类带来毁灭性的灾难。

(二)碳金融的功能

碳金融的功能包括以下五个方面[①]:

第一,碳价格发现功能。成熟的碳金融市场例如碳期货交易,可以发现碳价格。一方面,碳期货具有价格发现和价格示范作用;另一方面,碳金融中的套期保值产品有利于不同碳市场之间的价格统一。影响碳排放权交易的因素繁多,诸如碳排放权的稀缺程度、供求双方的交易意愿、交易风险和污染治理成本等,碳价格是否能够及时、准确并全面地反映以上信息,直接关系着资金的迅速、合理流动,以及其他资源的优化配置。此外,碳价格对于减排企业的生产成本和相关投资决策都具有重要意义。

第二,降低交易摩擦功能。碳金融是金融业的一部分,具有金融业作为中介服务行业所共有的特征,具体表现为,给碳排放权供需双方构建交易的桥梁,提高碳交易的效率。在清洁发展机制下,跨国减排项目的专业技术性强,供需双方具有分散性和资本小的特点,导致交易双方的搜寻成本和谈判成本都比较高。碳金融提供的交易媒介,能有效减少交易摩擦,降低供需双方的交易成本,促进市场的启动和发展。以欧盟排放交易体系(European Union Emission Trading Scheme, EU ETS)为例,自 2005 年建立后,很快产生了具有高流

---

① 杨星等编著:《碳金融概论》,华南理工大学出版社 2014 年版。

动性的期货、期权等金融衍生品,使得碳交易变得更加标准化、透明化,加快了碳市场演化的速度。碳金融强大的中介能力和信息优势,一方面推动了全球碳交易市场的价值链分工,有效降低了交易成本;另一方面,带动了相关金融机构、中介组织和其他公司进入碳市场,扩大了碳市场的容量,提高了流动性。

第三,气候风险转移功能。碳排放权成为一种有价值的稀缺资源,意味着具有排放需求的实体增加了气候风险,这种风险来源于碳市场的价格波动。由于与能源市场高度相关,碳市场的价格波动显著,同时,政治事件和极端天气也将增加碳价格的不确定性,加剧碳市场价格的波动。不同实体对气候风险的适应能力与抗风险能力不同,碳金融提供了一个转移和分散风险的载体,可以实现不同实体所承受的风险与其承受能力相匹配。

第四,减排成本转移功能。碳排放权的出现,使排放成本由最初的外部社会承担,转变为企业的内部生产成本。由于不同企业间的减排成本存在较大差异,需要考虑碳价格因素进行碳交易或减排投资。碳金融能提供企业跨国、跨行业和跨期交易的途径,通过碳金融市场购买碳金融产品,企业可以将减排成本转移,实现社会减排总成本的最小化。

第五,加速低碳技术扩散功能。温室气体排放主要来源于能源消费,不同国家、不同地区的能源效率差异巨大。改变一国经济对化石能源过度依赖的根本方法是,加快清洁能源、减排技术的研发和产业化,促使高碳经济转型为低碳经济。发展碳金融,可以降低减排项目的交易成本,缩短项目的谈判周期,能有效地促进低碳技术的扩散。

三 绿色金融、碳金融与气候金融的关系

绿色金融服务于环境保护,气候金融和碳金融服务于应对气候变化,为此,我们需要了解环境保护和应对气候变化的关系。

环境问题的恶性发展是一个递进过程,首先表现在地方层级,如当地空气和水污染;之后表现在区域和河流层级,如水体富营养化,和大陆层级,如酸化;最后,表现在全球层级,如气候变化。显然,气候变化问题是环境问题的高级表现形式。因此,应对气候变化是环境保护的高级形态,属于环境保护的范畴。

同时,应对气候变化具有其特殊属性。首先,"全球公共品"属性。气候变化的影响具有全球性,因此应对气候变化是全球公共品,具有非竞争性和非

排他性。所谓非竞争性，是指所有消费者都可以实现对某一物品和服务的消费，不会出现一个消费者消费了而其他消费者无法消费的情况。所谓非排他性，是指一个消费者对某一物品和服务进行消费时，并不排斥其他消费者同时对该物品和服务的消费；或者即使排斥，排斥成本也会过高。其次，"区别责任"特性。由于发达国家对人类历史的排放承担主要责任，且拥有较强的应对气候变化的经济和技术实力，发达国家应当率先减排，并支持发展中国家采取适当的国家减排行动。最后，兼具国际性、国家性和地区性特点。各国因为所处发展阶段、资源结构、地形特点、人口规模、政治体制等方面的不同，以及各国内部地区发展的不平衡，应对气候变化不仅需要国际视野，还需要国家及地区战略。

根据服务目标之间的关系及特性，可以得出以下结论：

第一，碳金融、气候金融和绿色金融都是环境金融范畴内的概念。

第二，从概念的产生和演进来看，碳金融和气候金融是环境金融的高级发展形态；而碳金融是气候金融的早期发展形态，归属于气候金融的范畴。

第三，广义的绿色金融等同于环境金融，狭义的绿色金融是解决地区层级、区域和河流层级以及国家层级的环境问题的金融服务和手段。

第四，虽然气候金融与狭义的绿色金融在服务目标上有明确区分，但应对气候变化兼具国际性、国家性和地区性特点，在实际应用中，气候金融与绿色金融仍有大量交集。

第二节 认知气候金融

一 气候金融的内涵

首先，应在气候经济学的范式下界定气候金融。当前很多学者开始用现代经济理论和经济分析方法对气候变化问题进行审慎思考，并在环境经济学基础上，探讨气候变化与经济的相互关系、气候变化问题的经济途径等议题，以期推动社会的低碳和气候适应能力的发展。随着研究的系统深入及学科建设的推动，气候经济学将成为环境经济学的一个重要分支。由于金融是现代经济调节和配置的核心，如何利用金融手段来应对气候变化成为研究者关注的重点，气候金融也将逐渐发展成为气候经济学的一门分支学科。因此，应在气候经济学的范式下界定气候金融。

其次，正确理解"气候"的含义。气候金融中的"气候"是指有效应对气候变化，包括两个方面：一是减缓，即减少和限制温室气体排放的各种努力，如提高能源效率，发展可再生能源以及减少林业、农业和交通部门的排放，工业废物再利用等；二是适应，即提高应对气候变化的适应能力和韧性，以减少气候变化所带来的影响及各种风险，如水资源管理、环境卫生、农林业、渔业、健康、预防和阻止灾害及适应能力建设。所以，"气候"的行动目标应该界定在减缓和适应这两大领域。

最后，正确理解"金融"的含义。"金融"是资金流通、信用活动及与之相关的经济行为的总称。金融具有六大功能，即在时间和空间上转移资源、管理风险、清算和支付结算、储备资源和分割股份、提供信息和解决激励问题。金融的创新主要体现在金融政策、金融市场、金融工具和金融机构等方面。因此，气候金融中的"金融"指的是一种创新金融模式，兼具金融的各项功能。

综上所述，气候金融是与应对气候变化相关的创新金融。UNFCCC在官网上对气候金融的定义是来自公共、私人或其他渠道的支持减缓和适应气候变化行动的地方、国家或跨国融资。其内涵应该包括以下四个方面：

第一，利用创新金融模式来解决气候变化问题，促进全球低碳发展，增强人类社会应对气候变化的韧性。

第二，设计创新金融机制引导气候资金的流动，实现资源的优化配置，创造盈利模式，提高社会福利。

第三，开发创新金融工具对气候风险进行有效管理。

第四，实施有效的气候金融监管，减少信息不对称现象，使气候变化管理更有效率；同时解决气候变化领域中存在的道德风险和逆向选择问题，为应对气候变化行为提供激励。

2020年10月，生态环境部、国家发改委、中国人民银行、银保监会、证监会五部委联合发布《关于促进气候变化投融资的指导意见》，在国内首次明确了气候投融资的定义与支持范围，指出气候投融资是为实现国家自主贡献目标和低碳发展目标，引导和促进更多资金投向应对气候变化领域的投资和融资活动，支持范围包括减缓和适应气候变化两个方面。同时，定义中强调了气候投融资是绿色金融的重要组成部分，在概念层面为气候投融资与绿色金融的协同发展奠定了基础。

二 气候金融发展的理论基础①

(一) 外部性理论与公地悲剧

1. 外部性理论

外部性 (Externality) 又称为溢出效应、外部影响或外差效应,是环境经济学中最基础的概念,通常指一个人或一群人的行动和决策给另一个人或另一群人带来的损失或利益的情况。外部经济效应是一个经济主体的行为对另一个经济主体的福利所产生的影响,但这种影响并没有从货币或市场交易中反映出来。

经济外部性是经济主体(包括厂商或个人)的经济活动对他们和社会造成的非市场化的影响,分为正外部性 (Positive Externality) 和负外部性 (Negative Externality)。正外部性是某个经济行为主体的活动使他人或社会收益,而受益者无须花费代价;负外部性是某个经济行为主体的活动使他人或社会受损,而造成外部不经济的人却没有为此承担成本。任何一种经济活动都会对外部产生影响。外部性扭曲了市场主体成本与收益的关系,会导致市场无效率甚至失灵。负外部性如果不能够得到遏制,经济发展所赖以存在的环境将持续恶化,最终将使经济失去发展的动力。

学术界一般认为,剑桥学派经济学家阿尔弗雷德·马歇尔 (Alfred Marshall) 最早提出"外部性"这一概念。马歇尔将任何一种货物由于生产规模的扩大而产生的经济性分为两类:一类是有赖于该产业的一般发展所带来的经济性;另一类是有赖于某产业中具体企业自身资源、组织和经营效率带来的经济性。前者称作"外部经济"(External Economies),后者称作"内部经济"(Internal Economies)。具体而言,外部经济是指受益于其他企业而导致的效率的提高;内部经济是指企业由于规模扩大而带来的更细的分工和专业化、管理的改善等因素导致的生产效率的提高。

在马歇尔的基础上,英国现代经济学家、福利经济学创始人阿瑟·庇古 (Arthur Cecil Pigou) 在《福利经济学》一书中进一步对外部性问题进行了深化和完善。如果私人成本(私人边际净生产)与社会成本(社会边际净生产)相等,则资源实现最优配置;但如果两者不相等,且前者小于后者时,即产生

---

① 本节部分内容参考和引用了杨星等编著《碳金融概论》,华南理工大学出版社2014年版。

了"负的外部性"。一个简单直观的例子可以用"外部不经济"来解释：在两条道路中，质量较好的道路被过度利用，并造成拥挤的原因就在于"外部不经济"，由于使用优质道路产生的个人边际净生产与社会边际净生产之间的差异大于使用较差道路，而司机们却不用考虑道路成本，从而导致优质道路被过度利用，造成"道路拥挤"现象。

2. 公共物品与公地悲剧

公地悲剧揭示的是公共资源的悲剧，通常指由于公共物品的产权不明而导致资源被过度使用和破坏的情况。在产权模糊的情况下，每个人都有无偿消费大气资源的权利，并且由于对利益最大化的追逐而造成资源的滥用和毁灭性的开发，最终导致"公地悲剧"。

1968年，美国学者哈丁在《科学》杂志上发表了一篇题为"公地的悲剧"的文章，阐述了对所有人开放的公共牧场必然造成过度放牧而牧场受到损害的现象。哈丁认为这是每个人为追求个人利益最大化而给他人带来的灾难。这种情况最容易出现在公共物品上。公共物品是指那些被社会共同使用的产品。纯公共物品具有非排他性和非竞争性。

气候环境具有显著的公共物品属性，有明显的非排他性和非竞争性。大气环境是人类共享的自然资源，人们可以使用大气环境而不用支付任何费用，碳排放与气候环境密切相关，是典型的公共物品。它具有产权模糊、非排他性和非竞争性的典型特征，是一种拥有环境纳污容量的公共物品。

首先，碳排放没有明确的产权特征。作为大气环境资源的一部分，碳排放具有占据空间的无限性、状态的连续性以及流动性等特点，无法像土地一样分割并实现分割分配。大气环境纳污容量的总量界定是一件很难的事情，将污染排放的容量资源进行分割、分配以界定产权也十分不易。大气环境为人类共同所有，没有明确的归属和产权特征。

其次，碳排放是非排他性的。某个个体或生产者可以使用和消费，其他个体或生产者同样可以使用和消费，而不像私人物品那样具有排他性的特征，在被A消费的同时排斥了B对该件物品的消费。对碳排放而言，某个体或企业碳排放者，通过使用高能耗装备、非节能环保装备等对大气环境造成了污染，其他碳排放者也同样可以效仿这种污染行为，也就是说，碳排放者间的污染行为不是互相排斥的。

最后，碳排放与碳减排具有非竞争性。某生产企业对碳排放的使用或消费并不会减少其他生产企业对碳排放的使用或消费。例如，甲过度排放了二氧化碳，并不会造成乙排放二氧化碳的成本上升或减排量的降低；或者因为甲已经排放了二氧化碳，所以乙不能再排放二氧化碳或者排放的二氧化碳必须减少，因此，碳排放者的二氧化碳排放行为对大气环境纳污容量使用是非竞争性的。碳排放者完全可以根据自己的生产经营情况和意愿，不受限制地排放污染气体和消费大气环境资源，追逐实现自己利益最大化。

按照相关要素具体分析碳排放的外部性，可以分为公共外部性、生产或消费外部性以及代际外部性三个方面。

第一，公共外部性。公共外部性是碳排放外部性最本质和最基本的特征。世界上所有国家和地区最终都难逃环境恶化的惩罚，保护环境、防止气候恶化也是全球面临的共同挑战，低碳经济的公共外部性特点显而易见。从经济利益角度来看，气候的外部性问题不仅涉及国内不同生产者和消费者的利益，还关系到主权国家之间在国际贸易、投资以及公共资源分配等领域中的利益。碳排放的外部性既来源于市场本身，也来自政策和制度因素。例如，发达国家为加大减排力度，提高环境标准并征收高额的环境税，国内相关企业就会因无法承担高额成本而向新兴经济体和发展中国家转移高能耗、高污染型产业，这一过程就是一个典型的减排外部性传导途径。因此，那些历史累计碳排放居于较高水平的发达国家，有责任通过向新兴经济体和发展中国家转移低碳技术和资金，协助其实现低碳经济转型。

第二，生产或消费的外部性。低碳经济发展既面对生产的外部性又面对消费的外部性。碳排放的生产外部性是指从事碳排放公共品生产的企业从消费者获得的报酬难以弥补其生产成本，从而导致其缺乏生产积极性和有效供给。碳排放的消费外部性，主要表现为伴随工业文明带来的产品供给不断丰富，人类高消费需求容易得到满足并不断膨胀，由此带来的能耗、污染和排放水平也会不断提高。因此，发展低碳经济须着力于供求两端，实现低碳供给和低碳消费的有机结合。

第三，代际外部性。气候变化不仅影响当代，更是殃及子孙后代。经济发展不仅要着眼于当代，更要考虑未来发展的可持续性。采用低碳经济模式才能真正地实现可持续发展。

(二) 环境税

环境税（Environmental Taxation），也称生态税（Ecological Taxation），是

20世纪末国际税收学界兴起的概念,是把环境污染和生态破坏的社会成本内化到生产成本和市场价格中去,再通过市场机制来分配环境资源的一种经济手段。

环境税作为环境经济政策的重要内容,其主要目的就是用经济手段调控企业环境行为,使企业为排污造成的环境污染损害承担相应成本,降低污染对环境的破坏。当排污企业被征税之后,税收负担将使其改变成本收益比,重新评估自身的资源配置效率,同时环境税也会对企业的经济决策和行为选择产生影响。

由于环境污染物主要包括废气、废水、固体废弃物、噪声、生态破坏五类,因而环境(污染)税也相应地分为以下五类:

第一,废气和大气污染税。对废气征税较常见的有对二氧化硫排放征收的二氧化硫税、对二氧化碳排放征收的碳税。以二氧化硫税为例,美国已在20世纪70年代就开征了二氧化硫税。根据其《二氧化硫税法案》的规定,二氧化硫的浓度达到一级标准的地区,每排放一磅硫征税15美分;达到二级标准的地区按每磅硫10美分征税;二级以上地区则免征。德国、日本、挪威、荷兰、瑞典、法国等同样征收了二氧化硫税。

第二,废水和水污染税。废水包括工业废水、农业废水和生活废水。许多国家都对废水排放征收水污染税。如德国从1981年开征此税,以废水的"污染单位"(相当于一个居民一年的污染负荷)为基准,实行全国统一税率。又如荷兰按"人口当量"(相当于每人每年排入水域的污染物数量)征收的水污染排放费也属水污染税性质。

第三,固体废弃物税。固体废弃物按来源可分为工业废弃物、商业废弃物、农业废弃物、生活废弃物。各国开征的固体废弃物税包括一次性餐具税、饮料容器税、旧轮胎税、润滑油税等。意大利于1984年开征废物垃圾处置税,对所有人都征收,作为地方政府处置废物垃圾的资金来源。

第四,噪声污染和噪声税。噪声污染是指排放的音量超过人和动物的承受能力,从而妨碍人或动物的正常生活的一种现象。噪声税有两种:一是固定征收,如美国规定,对使用洛杉矶等机场的每位旅客和每吨货物征收1美元的治理噪声税,税款用于支付机场周围居民区的隔离费用;二是根据噪声排放量对排放单位征收,如日本、荷兰的机场噪声税就是按飞机着陆次数对航空公司征收。

第五,生态破坏税。主要包括森林砍伐税等,法国在1969年开征此税,规定为城市规划或工业建设目的而砍伐森林的，每公顷缴 6000 法郎的税；其他情况每公顷缴 3000 法郎的税。比利时于 1993 年通过的"生态税法"中规定了一系列生态税，适用于饮料包装、可处理的剃刀和照相机、农药、纸张及电池等产品。

中国从 2018 年 1 月 1 日起开始实施《中华人民共和国环境保护税法》，对直接向环境排放应税污染物的企业事业单位和其他生产经营者征税，应税污染物包括大气污染物、水污染物、固体废物和噪声。

一般认为，英国现代经济学家、福利经济学创始人阿瑟·庇古（Arthur Cecil Pigou）是最早开始系统研究环境与税收的理论问题的创始人。1920 年，庇古在其著作《福利经济学》中，提出了社会资源适度配置的理论，认为如果每一种生产要素在生产中的边际私人纯产值与边际社会纯产值相等，那么该种生产要素在各生产用途中的边际社会纯产值都相等，而当产品的价格等于生产该产品所使用生产要素耗费的边际成本时，整个社会的资源利用达到了最适宜的程度。但是，在现实生活中，很难单纯依靠市场机制来达到资源利用的最优状态，因此政府就应该采取征税或补贴等措施加以调节。按照庇古的观点，导致市场配置资源失效的原因是经济主体的私人成本与社会成本不一致，从而私人的最优导致社会的非最优。这两种成本之间存在的差异可能非常大，靠市场本身是无法解决的，只能由政府通过征税或者补贴来矫正经济当事人的私人成本。

（三）产权理论

产权是指财产所有权和与财产所有权有关的财产权，即财产所有权人依法对自己的财产享有占有、使用、收益处分的权利。产权的本质属性包括：首先，产权是排他性的，它是在一系列可选择的排他性行为中做出选择的权利。其次，产权不是指人与物之间的关系，是由物的存在及它们的使用所引起的人们之间相互认可的行为关系。最后，产权具有经济实体性。学界认为：决定一个物品的价值，尤其是经济价值，最核心的因素是该物品所附带权利的数量与强度；同时产权也被视为社会制度。

产权包括对财产的所有权、使用权、收益权和转让权等四种基本权利。所有权表明了产权所有人对该财产的占有关系；使用权是指产权主体使用财产的权利；收益权是指获得资产收益的权利；转让权是指将所有或部分财产权利转让给其他人的行为。转让权是体现产权完整性的最为重要的组成部分，它确定了产权主体承担资产价值的变化的权利。

按产权占有主体性质的不同可以将产权分为三种类型。其一，私有产权（Private Property Rights）。私有产权是指财产权利完全界定给个人行使，个人完全拥有对经济物品多种用途进行选择的排他性权利。但是，私有产权并非是指各种权利永远不可分地完全掌握在个人手中，私有产权具有可分割性、可分离性和可让渡性，正是由于这一特性，私有产权制度推动了市场经济的发展。其二，共有产权（Common Property Rights）。共有产权指任何人都有权分享同样的权利，为使用共有的财产而没有障碍地进行竞争。共有产权不具有排他性，因此，共有产权不具有可分割性、可分离性和可让渡性。某个人对一种资源行使某项权利时，并不排斥他人对该资源行使同样的权利。例如，大气环境是公有的，结果是个人造成污染却不对排放有害气体负责，往往会给资源利用带来外部效应。其三，政府产权（Government Property Rights）。政府产权是指依照一定的法律程序所赋予或规定的各级政府的职能、职责及相应的权利结构和政府行为的权利边界。政府产权主要体现在：政府对其掌控的大量"公共资源""社会资源"和"政策资源"的支配权。米尔哈普托·卡提斯（2002）研究了"产权在政府与民众之间的分配"，他指出任何国家、政府对企业都拥有相当的支配权。政府对国有资产直接行使支配权，对民间企业通过规则、课税、补助金，间接地行使支配权。

著名的诺贝尔经济学奖得主科斯（R. H. Coase）是现代产权理论的奠基者和主要代表，被认为是产权理论的创始人。科斯产权理论的核心是：一切经济交往活动的前提是制度安排，这种制度实质上是一种人们之间行使一定行为的权利。因此，经济分析的首要任务是界定产权，明确规定当事人可以做什么，然后通过权利的交易达到社会总产品的最大化。

科斯产权理论的形成与发展大致可分为两个阶段：第一个阶段是在 20 世纪 30 年代对正统微观经济学进行批判性思考。1937 年，科斯在伦敦经济学院学报《经济学家》上发表了著名的论文《企业的性质》，指出市场机制运行中存在摩擦，克服这种摩擦的关键在于制度创新。第二个阶段是在 20 世纪 50 年代末至 60 年代中期。1960 年，科斯发表了《社会成本问题》，论述了产权的经济作用，指出产权的经济功能在于克服外部性，降低社会成本，从而在制度上保证资源配置的有效性。

1966 年，经济学家乔治·史提格勒（George Stigler）将科斯理论命名为

"科斯定理"。科斯定理通常分为：科斯第一定理、科斯第二定理和科斯第三定理。

科斯第一定理假定交易费用为零，在此情况下，不管产权初始如何安排，当事人之间的谈判都会导致财富最大化的安排，市场机制会自动达到"帕累托最优"。"帕累托最优"是指资源分配的一种理想状态，假定固有的一群人和可分配的资源，从一种分配状态到另一种状态的变化中，在没有使任何人境况变坏的前提下，使得至少一个人变得更好。科斯第一定理所揭示的经济现象是：任何经济活动的效益总是最好的，任何工作的效率都是最高的，任何原始形成的产权制度安排总是最有效的。因为如果交易费用为零，人们自然会在内在利益的驱动下，自动实现经济资源的最优配置。此时产权制度没有必要存在，产权制度的优劣无从谈起。这种情况在现实生活中几乎是不存在的，在经济社会一切领域和一切活动中，交易费用总是以各种各样的方式存在；因而，科斯第一定理是建立在绝对虚构的世界中，但它的出现为科斯第二定理做了一个重要的铺垫。

科斯第二定理通常被称为科斯定理的反定理，其基本含义是：在交易费用大于零的世界里，不同的权利界定，会带来不同效率的资源配置。即交易是有成本的，在不同的产权制度下，交易成本是不同的，故资源配置的效率也不同，此时，为了优化资源配置，产权制度的选择是必要的。科斯第二定理中的交易成本是指不同的产权制度下的交易费用。交易费用成为选择或衡量产权制度效率高低的唯一标准，根据交易费用可以选择产权制度。

科斯第三定理描述了产权制度的选择方法。它包括四个方面的内容：第一，如果不同产权制度下的交易成本相等，那么，产权制度的选择就取决于制度本身成本的高低；第二，某一种产权制度如果非建不可，那么，设计和实施该项制度时就应该考虑交易成本；第三，如果设计和实施某项制度所花费的成本大于实施该制度所获得的收益，这项制度没有必要建立；第四，如果建立一项新制度的成本无穷大，或新制度的建立所带来的收益小于其成本，则一项制度的变革就没有必要。

（四）庇古的外部性解决方案：碳税

1. 庇古理论

碳排放外部性的存在，引发了解决问题的广泛激烈讨论。经济学家在提出外部性问题的同时，一直在探寻外部性问题的解决办法。外部性问题的产生，其根源是私人成本和社会成本的不一致。外部性问题的有效解决，取决于能否通过某种方法使经济活动行为的私人成本和社会成本趋于一致。新古典经济学认为，在完全竞争市场条件下，边际私人成本与边际社会成本相等，从而实现资源的最优配置；当两者不相等时，政府可以通过采取干预措施，如征税和补贴等手段，使边际税率或边际补贴等于边际外部成本或边际外部收益，实现外部性的内部化。

按照这个思路，阿瑟·庇古首先提出了针对外部性的治理措施，即通过征收一种矫正税（即碳税）使个人成本与社会成本等同，借以纠正负外部性的影响。这类税收被命名为"庇古税"，以纪念他对经济学理论的贡献。

环境问题是外部性在环境方面的表现，即某种生产或消费活动对他人造成的无补偿的单方面影响，由于这些影响没有体现在市场交易的成本和价格中，因此导致了市场失灵。如果外部性给他人带来福利收益，则称为正外部性；否则称为负外部性。庇古税对外部性的治理措施是外部性的内部化，即对污染排放征收一定数量的税收以达到控制污染的目的。

庇古税的设计原则为污染者付费原则（Polluter Pays Principle，PPP），政府通过征税的方式将外部成本纳入生产者成本当中，再通过生产者自身的调节达到私人边际成本与社会边际成本相等，实现社会福利最大化。在征收庇古税下，企业的利润最大化条件为：

$$\max\ [p \times q_i - c_i(q_i, a_i) - t \times e(q_i, a_i)]\ q_i > 0,\ e(q_i, a_i) > 0$$
（式2-1）

（式2-1）中，p 为产品价格；q_i 为产量；c_i 为产品生产成本；a_i 为污染削减量；e 为污染物排放量；t 为每单位污染物征收的庇古税。

企业利润最大化的一阶充要条件为（分别对 a_i、q_i 求一阶导）：

$$\begin{cases} t = \dfrac{c_a'}{e_a'} \\ p = c_q' + t \cdot e_q' \end{cases}$$
（式2-2）

可见，庇古税的税率应为最后一个污染单位所引起的外部边际社会损失；最终的产品价格由两部分组成，一部分是产品本身的生产成本，另一部分则是为污染物排放所付出的庇古税，税收与污染量成正比。

庇古税的内容可以做这样的假设：有 A、B 两个企业，A 企业的经济活动向大气中排放了污染物，给 B 企业造成损失，为了给 B 企业补偿，A 企业应当承担税赋，使其私人成本等于社会成本，B 企业的损失因而得到补偿。庇古税对环境污染的观点是非常明确的，即通过税收方式给污染定价。庇古税的作用原理如图 2-1 所示。

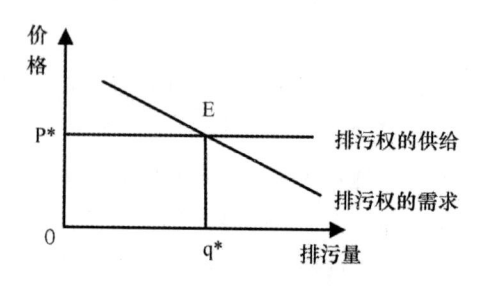

图 2-1 庇古税供需曲线

资料来源：杨星等编著：《碳金融概论》，华南理工大学出版社 2014 年版。

图 2-1 的负斜率曲线代表污染权的需求曲线，负斜率表明污染的价格与企业排污量之间的负相关关系。这种情况下政府设定的庇古税就是污染的供给曲线，庇古税多采用定额税率，污染的价格由此确定。此时，需求曲线的作用在于确定既定价格条件下的污染需求量或均衡污染量。通过确定合理的税收水平，从而达到政府想要的理想水平，结果是税收越高，减少的污染也越多。

2. 碳税

碳税是市场导向激励型减排政策的一种重要形式。税收减排政策主要具有以下优点：第一，税收政策能够为排放的外部性提供明确的价格信号，以纠正排放的外部性造成的市场失灵；第二，税率一般比较稳定，可以为社会提供较稳定的价格信号，有利于企业的长期投资决策，同时，税率可以根据执行效果以及经济形势进行必要的调整，保障了政策灵活性；第三，对碳排放征税可能获得"双重红利"，一方面，征税促使排放物减少，带来环境福利的增加；另一方面，可以增加整体税收收入，获得经济福利的增加；第四，可以为企业的减排行为提供税收优惠，从而激励企业进行减排投资，财政收入也可以补贴新能源的研发，促进低碳技术进步以及对低收入群体的补贴；第五，与可交易许可证政策实施相比，征税无须创设新的行政机构，实施成本较小；第六，由于税收覆盖全，可以避免国内排放泄露问题。

当然，税收减排政策不能确保一个确定的环境效果，也存在如下不足：第一，税负过于集中在能源密集型行业，至少在短期内会对这些行业的产出和竞争力造成影响，引起排放企业对税收政策实施的抵制；第二，如果没有相应配套措施，会对经济欠发达地区发展产生不利的影响，会产生减排公平问题。此外，还存在碳税税率、税收的运用等问题。

欧洲在碳税改革运动中处于领导地位，因此碳税的"欧洲经验"也成为各国制定碳税政策前必须认真学习研究的对象。从总体来看，欧洲碳税政策包括以下四个基本特征：首先，欧洲国家的碳税都是在对已有环境税进行修改的基础上实现的，主要通过在已有环境税的基础上根据能源消费和二氧化碳排放量对环境税负进行相应的提高；其次，征收得到的碳税主要用于减少劳动要素成本，主要通过减轻个人所得税和社会保障税来实现；再次，一部分国家的碳税政策也包含了对厂商的补贴，例如鼓励企业进行提高能源效率的投资，降低资本要素的税负；最后，税收优惠政策在居民与厂商之间，以及不同产业之间存在着非对称性。

（五）科斯的外部性解决方案：碳排放权交易

1. 科斯方案

作为解决负外部性的一种方式，"庇古税"简洁明了，但是也存在不可避免的缺陷。一是如果只惩罚 A 企业，势必给 A 企业造成损害，不利于公平竞争；二是惩罚 A 企业造成的损失很可能大于给 B 企业造成的损失，不利于社会总产值最大化和损失最小化的原则。那么还有什么其他解决负外部性的方式呢？与庇古不同，科斯解决这一问题的思路是，通过界定清晰明确的初始产权，在当事人可以自由进行谈判交易的条件下，市场机制能够自动自发地实现资源的有效配置或社会福利最大化的安排。

1960 年，科斯在《社会成本问题》一文中提出"交易费用"的概念，从产权和交易成本关系的角度提出了解决外部性问题的完整思路，这一思路为通过碳排放权交易解决碳排放外部性问题奠定了理论基础。

科斯认为，交易费用是通过价格机制组织生产的最明显的成本，即所有发现相对价格的成本。传统的庇古税通常把税收和补贴作为解决外部性的两大法宝，科斯对此提出了异议，提出必须解决的真正问题是避免较严重的损害，这实际上是强调了产权界定的重要性。此外，科斯强调交易费用是十分重要的变量。在交易费用为零时，只要产权是明确界定的，交易双方就可以通过自由协商来实现最优化的资源配置，从而有效地解决外部性问题，庇古税就没有必要征收。

在科斯定理下，企业成本最小化的条件为：

$$\min \left[C_{Ti} - C_i(r_i) + p(e_i - r_i - q_i) \right] \quad C_i(r_i) > 0, \; e_i > 0$$

（式2-3）

（式2-3）中，C_{Ti}为企业排污总成本；C_i为治理成本；p为排污企业要得到单位排污权愿意支付的价格；e_i为未进行任何污染治理时的排污量；r_i为选择的治理量；q_i为排污初始授权。令$dC_{Ti}/dr_i = 0$，则：

$$p = dC_i(r_i)/dr_i$$

（式2-4）

（式2-4）说明，排污权定价的微观原理是使所有污染企业的边际治理成本相等，从而达到社会排污总费用的最小化，此时排污权市场价格等于边际治理费用。

对科斯第一定理在碳排放权中的应用解释如下：如果最初的产权界定给B企业，即A企业无权排放污染物。在这种产权安排下，A企业必须对B企业做出赔偿，实际上就是A企业向B企业购买污染权，或B企业把污染权交易给A企业。在这种情况下，只要A企业在生产后有足够的利润，使得在补偿解决污染问题的成本之后还有利可图，即使要做出污染赔偿，A企业的生产经营活动还会继续下去。反之，如果最初的产权界定给A企业，即A企业有权排放污染。在这种产权安排下，B企业要想避免污染损害必须向A企业购买污染权，例如B企业花钱为A企业安装一套净化污染装置。在这种情况下，无论B企业是否愿意花钱去向A企业购买污染权，A企业的生产经营活动都可以照常进行。

科斯第一定理有一个非常强的假设前提，即"交易费用为零"，但在现实世界中交易费用几乎总是大于零，任何交易都是要付出代价、耗费资源的。

在交易费用大于零的情况下，市场的交易成本不再是一个可以忽略不计的问题。科斯第二定理对交易费用的研究重点在于把交易费用因素引入经济学的分析，借以强调如何界定初始产权和产权初始界定合法性的重要意义。延续上面的例子，在 A 企业排放污染物对 B 企业造成负外部性和实际损害的条件下，污染权的初始界定是否恰当、合法、清晰，污染权的界定是给 A 企业还是 B 企业，都会产生截然不同的社会福利或效率水平。最优的产权配置应当是交易费用最低的产权制度安排，这便是科斯第二定理的基本含义。在交易费用大于零的世界里，不同的权利界定，会带来不同效率的资源配置，最优的产权配置应当是交易费用最低的产权制度安排。

接下来就是碳治理中的交易制度的选择，制度选择的关键在于制度本身成本的高低，如果选择建立的制度成本过高或者收益远远小于成本，则不必建立新制度，而应该选择制度之外的其他政策工具。

2. 碳排放权交易

碳排放权交易是市场导向激励型减排政策的另一种重要形式，是一种数量控制型激励政策。可交易排放许可证政策的基本原理是，由政府设定污染物所允许的排放上限，这个排放上限以排放配额的形式分配给或出售给排放者，用以表示排放一定量的特定排放物的权利。要求企业的排放与所持排放配额数量一致，企业排放总量不能超过所拥有的排放配额总量，需要更多排放配额的企业必须从那些需要较少的企业手中购买。排放配额的转移通过市场交易的形式完成，企业通过减排活动可以形成富余的排放配额，并将其出售可以获得一定的收益，这相当于排放者为了排放要支付一定的费用。由于只有那些减排成本最低的企业能出售排放配额，因此，该政策在理论上可以实现既定减排目标的成本最小化。

碳排放交易机制是该政策的核心实施机制。1968 年，美国经济学家戴尔斯（Dales）率先提出了排放权交易（Emissions-Trading Program）的设计，他认为：碳排放权是权利人在符合法律规定的条件下向环境排放污染物的权利。如果允许这项权利在特定条件下进行交易，便成为可交易的排放权（Tradable Permits）。蒙哥马利（Montgomery）（1972）进一步对这一问题进行了深入的研究，用严格的理论模型解释了用市场化方式去有效解决各种污染负外部性成本的问题，增强了用产权措施解决污染问题的影响力。碳排放权交易的实质是把碳排放权视为一种商品，采用市场机制进行管理的一种污染治理手段。从本质上说，它是一种基于产权的交易，其产生、发展以及应用都以产权交易理论为根本，着重通过外部性的内部化来解决公共资源的成本收益不对称问题，可以有效地解决由于外部性的存在，一些具有公共资源性质的商品无法有效界定产权，社会外溢成本无人承担，资源往往过度使用的外部性问题。

国际社会中碳排放权交易的一般做法是：管理当局根据减排要求设定一个总体减排目标，并将该目标分割，按照不同国家、区域、企业的排放量情况层层下放，如果企业、国家或地区无法完成减排目标，则会受到处罚。管理当局根据减排目标设定一个总体排放量，并转化为碳排放配额分配到企业，分配方式可以采用免费发放、拍卖、许可证等方式。由于各企业的减排成本有差异，减排成本高的企业将会购买配额，减排成本低的企业将会出售配额，从而形成自发的交易市场，实现整体减排成本的最小化。为配合碳排放权交易市场的有效运作，国际社会还设计了项目减排方案，即通过开发新能源项目，从而产生核证减排量并转换为配额，为碳排放权交易市场提供了更低成本的配额来源。

碳排放权交易可以通过市场发现社会平均减排成本，具有信息成本低、政治实施阻力小以及减排目标确定等优点。但该政策仍存在以下主要不足：首先，配额市场交易价格容易过度波动，不利于企业的长期减排投资决策。由于配额供给量在短期内是固定的，缺乏弹性，而排放配额需求涉及能源替代，能源替代在短期内是有限的，因此短期内排放配额需求也高度缺乏弹性。当经济发展的不确定性增加，经济波动很容易导致配额供需失衡，造成配额的市场价格容易过度波动。其次，排放配额一般根据过去某个基年的排放量在履约期前设定，排放目标无法根据经济增长、能源结构调整、科学技术的发展变化进行灵活调整以反映新的减排形势。再次，由于排放配额的稀缺性是人为制造的，当市场监管不严和竞争不充分时，将引发大量的寻租行为，降低市场的有效性。最后，排放交易市场体系的建立和正常运转很大程度上依赖于良好的市场经济环境和健全的法规体系，同时，持续、准确的排放核查技术、设备以及有效的行政主管机构也是排放交易市场建立和正常运转必不可少的条件。此外，该机制还存在交易体系覆盖范围不全、初始配额分配有效性不高以及配额拍卖收入再分配等问题。

专栏2-1 科斯案例——产权明晰，资源配置效率才能实现最优

这是一个著名的科斯案例：当火车驶过一片种有树木和庄稼的土地时，火车排出的烟火经常引燃周围的树木、庄稼，这是一种外部性。如何克服它呢？科斯认为关键在于明确产权。如果这片土地是属于树木、庄稼的农场主的，农场主就有权禁止火车排放烟火，火车若要排放烟火，火车的所有者就必须向土地的主人赔偿一定的费用；反之，如果赋予火车主人具有自由排放烟火而又不负责任的权利，那么农场主若想避免由于火车排放烟火所导致的火灾而造成的损害，进而要求火车不排放烟火，就必须向火车主人支付一笔费用，以使火车主人愿意并能够不排放烟火，甚至停止运行。科斯认为，更有效地消除外部性，用市场交易的方式实现赔偿，前提就在于明确产权。

假定一个工厂周围有5户居民，工厂烟囱排放的烟尘使居民晒在户外的衣物受到污染而使每户损失75美元，5户居民总共损失375美元。解决此问题的办法有三种：一是在工厂的烟囱上安装一个防尘罩，费用为150美元；二是每户有一台除尘机，除尘机价格为50美元，总费用是250美元；三是每户居民有75美元的损失补偿，补偿方是工厂或者是居民自身。假定5户居民之间，以及居民与工厂之间达到某种约定的成本为零，即交易成本为零，在这种情况下：如果法律规定工厂享有排污权（这就是一种产权规定），那么，居民会选择每户出资30美元去共同购买一个防尘罩安装在工厂的烟囱上，因为相对于每户拿出50美元买除尘机，或者自认75美元的损失来说，这是一种最经济的办法。如果法律规定居民享有清洁权（这也是一种产权规定），那么，工厂也会选择出资150美元购买一个防尘罩安装在工厂的烟囱上，因为相对于出资250美元给每户居民配备一个除尘机，或者拿出375美元给每户居民赔偿损失，购买防尘罩也是最经济的办法。因此，在交易成本为零时，无论法律是规定工厂享有排污权，还是居民享有清洁权，最后解决烟尘污染衣物导致375美元损失的最低成本都是购买防尘罩费用，即150美元，这样的解决办法效率最高。这个例子说明，在交易成本为零时，无论产权如何规定，资源配置的效率总能达到最优，这就是"科斯第一定理"。

延伸阅读

1. 理查德·S.J. 托尔：《气候经济学》，东北财经大学出版社 2016 年版。
2. 杨星等编著：《碳金融概论》，华南理工大学出版社 2014 年版。
3. 中国证监会期货监管部：《中国碳市场发展初探 碳交易市场国际借鉴及中国的实践》，中信出版社 2014 年版。
4. 王遥：《碳金融全球视野与中国布局》，中国经济出版社 2010 年版。

练习题

1. 简述碳金融的主要特征和功能。
2. 简述绿色金融、气候金融与碳金融之间的关系。
3. 简述气候金融发展理论基础中的外部性理论。
4. 根据外部性理论，解释碳排放的外部性。
5. 简述科斯第一定理、科斯第二定理和科斯第三定理的主要内容。
6. 概述碳税和碳排放权交易的优点和不足。

第 三 章

气候资金来源和使用

资金融通是金融的重要功能。气候金融的关键是解决资金从何而来,并运用到哪些领域。气候资金是全球用于应对气候变化的资金,根据筹资主体不同,有广义和狭义之分,如表 3-1 所示。在实际运用和研究中,以讨论狭义的资金为主。

表 3-1 气候资金的界定

范畴界定	筹资主体	资金流动方向
广义	发达国家和发展中国家	(1) 发达国家之间的资金流动;(2) 发达国家向发展中国家的资金流动;(3) 发展中国家之间的资金流动;(4) 各国内部的资金流动
狭义/实际运用	发展中国家	(1) 发达国家向发展中国家的资金流动,即国际气候资金,且资金是从 2010 年开始,新的、额外的、可预计的、可靠的资金;(2) 发展中国家内部的资金流动,即国内气候资金;(3) 先进发展中国家向落后发展中国家的资金流动

资料来源:笔者整理。

从发展中国家的角度来看,气候资金应来自国际公共和私人部门,以及国内的公共和私人部门。气候资金的使用已达成全球一致共识:减缓气候变化和适应气候变化,以及其他与应对气候变化相关的特殊使用。

第一节 国际气候资金来源

《联合国气候变化框架公约》确定了"共同但有区别的责任",指出发达国家具有支持发展中国家减排的责任。在《巴黎协定》中，发达国家承诺到2020年前每年为发展中国家提供1000亿美元的资金支持来应对气候变化。从《哥本哈根协议》提出"1000亿美元"开始，其内涵就成为热点讨论问题，发达国家和发展中国家对此产生了明显分歧，主要集中在资金的来源，即来自公共还是私人部门；资金的范畴，即如何区分"与气候相关的资金"和"气候专用资金"，如何区分和理顺用于"发展支出"和"气候支出"的资金，以及资金的基线标准，即"额外性"问题，例如一个国家的官方发展援助（ODA）承诺没有兑现，其气候资金是否还具有额外性。

发达国家十分关注私人融资渠道，普遍认为碳市场和私人资金应成为主要的融资手段，但碳市场可以发挥的作用与政府政策息息相关，国际协议的目标降低，碳市场的融资作用就减小。且私人部门的资金投入有赖于碳价格、东道国投资环境等条件，具有很大的不确定性。所以，考虑到援助资金的稳定性，发展中国家始终主张以公共融资为主，而不应过度依赖易受经济形势影响的碳市场收入。相反地，发达国家出于减少公共支出的考虑，更倾向于依靠市场力量。

我们基于发展中国家筹措资金的角度，讨论国际气候资金的可能来源。

一　来自公共渠道的资金

（一）直接财政拨款

应对气候变化行动意味着大量的新增资金需求，政府可以开拓创新融资渠道，也可以利用原有的公共融资渠道提供气候资金。由于执行及时性的问题，相对于创新融资渠道来说，政府会更加倾向于现有的资金来源，而财政拨款是现有最主要的公共融资渠道。例如2010—2012年，发达国家承诺提供给发展中国家300亿美元的快速启动资金，其中大部分来源于直接的财政拨款。

直接财政拨款在本质上跟其他资金来源有所不同，它并不依靠任何金融工具，而是直接来自国内税收。从长期来看，这种资金来源的政治可接受性取决于国家的财政经济状况和所贡献资金的多少，因此具有高度的政策依赖性。2008年国际金融危机和2010年欧盟主权财富危机使发达国家经济遭受重创，由于国内预算政策的约束，一些政府在扩大现有税基方面受到限制，不佳的财政状况给发达国家的公共融资施加了巨大的压力，而额外增加的气候资金也面临巨大的预算约束。

尽管如此，长期内直接财政拨款仍将是最可靠而关键的气候资金来源，这是由全球共同应对气候变化的责任以及低碳转型的根本要求所决定的。

(二) 国际碳市场的收入

国际碳排放权交易市场的收入主要包括配额拍卖收入和收益分成。

碳市场的配额有免费发放和拍卖两种形式，通常都是以免费发放开始，逐步增加拍卖比例，例如京都市场的分配数量单位（Assigned Amount Unit，AAU）和欧盟碳交易市场的排放权配额（European Union Allowance，EUA）的分配，均是由免费发放到部分拍卖的方式。公共渠道的碳排放配额拍卖收入潜力取决于碳市场的交易量、碳价格、拍卖的排放配额比例及由此所产生的国际气候融资的收入。如果收入是来源于国内的拍卖，还需要加强排放额拍卖的监管，并且建立相应的机制将所得收入应用于国际气候融资范畴，以确保其成为可靠的资金来源。

根据《京都议定书》，清洁发展机制（CDM）项目签发的核证减排量（Certified Emission Reductions，CERs）的2%份额归属"适应基金"（Adaptation Fund），该2%份额所获收益用于适应气候变化项目，这笔资金由适应基金的董事会来管理，发展中国家占了董事会的多数席位，世界银行集团下的国际复兴开发银行为基金受托人。在《京都议定书》的第一承诺期，共有80多个国家的5200个CDM项目注册登记，超过10亿吨二氧化碳当量的核证减排量被签发，带动超过2150亿美元的投资。截至2012年12月8日，适应基金已累计收到3.01亿美元的资金，累计支持的适应项目达到1.67亿美元。但因对《京都议定书》第二承诺期的谈判进展困难，2012年以后CDM项目开发减少，通过这一渠道的"适应基金"数额增加明显放缓。

(三) 公共金融资金

除了发达国家预算内资金、碳市场资金外，还有一些预算外的公共金融资金渠道不容忽视，如主权财富基金、公共养老基金管理的资金，其特点是资金规模大、运作市场化，其投资方向也具有"羊群效应"，可以带动私人资本投向气候领域。

主权财富基金（Sovereign Wealth Funds，SWFs）是一些国家（或地区）的政府组建的外汇投资机构或基金。截至2018年8月，全球主权财富基金管理了 8.11 万亿美元的资产①。养老基金（Public Pension Funds，PPFs）是指提供退休收入的计划、基金或机制。全球最大的 300 家养老基金在 2017 年管理了大约 18.1 万亿美元的资产②。

如果发达国家的主权财富基金和养老基金能够拿出部分比例的资金为减缓和适应气候变化活动建立基金，并运用适当的组合投资，该投资将能够在保持原有投资价值的基础上获取少量回报。同时，主权财富基金和养老基金也可以直接投资于应对气候变化领域。

二 来自私人渠道的资金

应对气候变化并过渡到低碳经济的资金需求量巨大，远远超出了公共部门的能力，尤其是考虑到当前发达国家政府并不如意的财政资金状况。因此，虽然国际间政府尚在辩论私人资本应在多大程度上发挥重要的作用，但是在客观上，新增的应对气候变化投资需要比以前规模大得多的私人资本的投入，包括新的现金流和重新引导已有资本。具体地说，这些私人资本来自国际资本市场、国际碳金融市场、外商直接投资以及慈善资本。

（一）国际资本市场资金

国际资本市场是发展中国家利用外资的重要组成部分，包括国外银行及其他金融机构贷款、买方信贷、对外发行债券、国际金融租赁、境外发债和境外上市等多种融资方式。

国际资本市场的资金本质上来自机构和私人投资者，包括商业银行、投资银行、对冲基金、保险公司等。资金通过各种不同的金融工具，流向政府、多边机构、双边机构以及跨国企业。传统国际金融市场中投向减缓和适应项目的，例如能效和可再生能源、可持续林业和农业等的部分，可以被视为气候融资的来源。从规模上来看，资本投资是国际气候融资中适应和减缓行动的主要资金来源。

---

① SWF Institute, "Top 91 Largest Sovereign Wealth Fund Rankings by Total Assets", Sovereign Wealth Fund Ranking, https://www.swfinstitute.org/sovereign-wealth-fund-rankings/.

② Willis Towers Watson, "The world's 300 largest pension funds-year ended 2017" (September 19, 2018), https://www.willistowerswatson.com/en/insights/2018/09/the-worlds-300-largest-pension-funds-year-ended-2017.

（二）国际碳金融市场资金

在由 CDM 和 JI 两种灵活的减排机制所创造的市场中，各类不同的投资主体纷纷设立碳基金，连接项目市场上的供求双方。其中，私人资金是碳基金的重要来源之一。

自愿性碳市场（Voluntary Carbon Market，VCM）指的是一种碳排放交易市场，由不受《京都议定书》约束的企业、个人或活动，自发性出资抵偿其产生的碳足迹，缓解其活动造成的温室效应，这一市场的规模比较小。据统计，2016 年国际自愿减排市场规模达到 1.91 亿美元，亚洲的资金规模为 3500 万美元[1]。

（三）外商直接投资资金

外商直接投资（Foreign Direct Investment，FDI）指外国企业和经济组织或个人按东道国有关政策、法规，用现汇、实物、技术等在东道国境内开办外商独资企业、与东道国境内的企业或经济组织共同举办合资经营企业、合作经营企业或合作开发资源的投资（包括外商投资收益的再投资），以及项目投资中企业从境外借入的资金。一般来说，FDI 所带来的资金流直接投入项目或用于获取企业的股权，对东道国形成了资金净流入。FDI 为私营部门提供了自愿参与应对气候变化行动的机会，其对东道国企业的投资将在国际气候融资中起着至关重要的作用。在全球范围内，外商直接投资的总规模比较大，2017 年全球外商直接投资规模为 1.43 万亿美元，其中，投向发展中国家的规模为 6710 亿美元[2]。外商直接投资在带来资金的同时，也能够将环境友好的技术和知识转移到发展中国家，从而对应对气候变化产生重要作用。

（四）慈善机构资金

虽然私人慈善机构不可能提供与外商直接投资相同规模的资金，但是它可以用于低收益率或者无收益的投资活动。大的慈善组织，如戈登和贝蒂摩尔基金会（Gordon and Betty Moore Foundation）、大卫和露西尔帕卡德基金会（David and Lucille Packard Foundation）、比尔和梅琳达盖茨基金会（Bill and Melinda Gates Foundation）以及洛克菲勒基金会（the Rockefeller Foundation），都是通过对首次捐赠进行永久管理的方式筹集资金。可用于慈善事业的资金直接取

---

[1] Forest Trend, *State of the Voluntary Carbon Markets 2017*, May 2017.
[2] UNCTAD, *World Investment Report 2018*, http://unctad.org/en/PublicationsLibrary/wir2018_en.pdf.

决于基金会商业性投资的绩效，因为慈善捐款来自于这些商业性投资的收益。

慈善机构的捐款规模不会太大，涵盖了来自国家和国际的资金，它们不仅被用于气候变化，也被广泛地用于其他优先事项；这些资金的一小部分会用于解决发展中国家与气候变化相关的活动。

显然，国际上潜在私人投资是巨大的，大量的私人资本对发展中国家应对气候变化和低碳转型非常重要，但只有通过足够的公共融资、有吸引力的碳定价和国际、国内政策的扶持才能吸引私人资本的进入。另外，发展中国家投资环境的改善也能促进私人资本的转移。私人资本数量是由投资者需求决定的，而投资者需求跟现有投资机会、资本可用性和政策环境等因素相关。

第二节　国内气候资金来源

发展中国家气候资金的需求巨大，仅依赖国际气候资金是远远不够的，各国必须充分开拓国内的气候资金来源，以满足应对气候变化行动的资金需要。目前，发展中国家国内气候资金来源主要以公共财政投入为主，碳金融市场资金是新增的资金流，而传统金融市场的资金却是潜在的最大资金来源。本节以中国为例，详细分析国内气候资金来源。

一　政府一般公共收支预算资金

各国国内投向气候变化领域的公共资金目前主要来自政府一般公共收支预算。政府一般公共收支预算资金主要来自税收收入，在大多数情况下，税收收入在纳入公共预算后，统一按照特定的目标分配到诸如应对气候变化等具体的领域，这也保证了预算的分配具有较大的灵活性。

在中国，政府公共预算资金通过财政补贴、税收减免、政府采购等形式，支持了早期应对气候变化的行动，并带动了更多社会资金的投入。在 2017 年全国一般公共预算支出中，节能环保的总投入达到 5617.33 亿元，其中能源节约利用的支出为 668.28 亿元，发展可再生能源的支出为 52.99 亿元[①]。

[①] 中华人民共和国财政部网站：《2017 年全国一般公共预算支出决算表》，http://yss.mof.gov.cn/qgczjs/201807/t20180712_2959592.html。

（一）财政补贴

财政补贴是国家财政向企业或个人提供的一种补偿，在应对气候变化领域中，中国财政主要以专项补贴资金、以奖代补、价格补贴、贴息、担保等方式在淘汰落后产能、促进节能减排、发展可再生能源、推动绿色建筑和低碳交通等方面加大财政投入。

（二）税收优惠和限制

中国积极调整和完善与应对气候变化相关的税收政策，主要包括节能减排的税收优惠政策和限制性税收政策，通过相关税收措施支持应对气候变化行动，并限制高耗能、高排放、高污染企业。

（三）政府采购

政府采购是指国家各级政府为从事日常的政务活动或为了满足公共服务的目的，利用国家财政性资金和政府借款购买货物、工程和服务的行为。完善、合理的政府采购对社会资源的有效利用、财政资金利用效果的提升起到很大的作用，因而也是应对气候变化财政支出管理的一个重要环节。

二 政府基金预算资金

除政府一般公共收支预算资金外，中国还有一些可用于应对气候变化的政府基金预算资金，例如清洁发展机制项目国家收入、可再生能源电价附加、政府性基金收入，此外碳市场配额拍卖收入也将成为收入来源。

（一）清洁发展机制（CDM）项目国家收入

2011年8月，中国颁布了《清洁发展机制运行管理办法（修订）》，其中规定了 CDM 项目国家收入收取的比例。中国 CDM 项目的业主在获得联合国 CDM Executive Board（EB）签发的每一批次 CER 转让收入后，需要支付国家收入，其中，氢氟碳化物（HFC）项目、己二酸生产过程中的氧化亚氮（N_2O）项目、硝酸生产过程中的氧化亚氮（N_2O）项目、全氢氟化物（PFC）类项目和其他类型项目的征收比例分别为 65%、30%、10%、5% 和 2%。截至 2012 年年底，国家收入累计达 121.5 亿元[①]。在该项收入的支持下，中国于 2006 年

---

① 清洁发展机制基金：《2012 年年报》，http：//124.202.164.4/download/47102025/69915440/4/pdf/26/185/1371178283802_ 697/% E6% B8% 85% E6% B4% 81% E5% 9F% BA% E9% 87% 91% E5% B9% B4% E6% 8A% A55_ 22ZZ_ ai. pdf。

8 月成立了政府性基金——中国清洁发展机制基金（CDMF），支持应对气候变化相关工作，基金的其他资金来源包括财政拨款、基金运营收入及国内外机构、组织和个人捐赠。基金的使用方式包括赠款和有偿使用，用于支持中国应对气候变化工作，促进经济社会可持续发展。

由于国际气候谈判对《京都议定书》第二承诺期没有达成共识，以及核证减排量（CERs）的供应严重过剩等原因，CERs 的价格在 2012 年以后大幅度下降，新注册和申请签发的项目数锐减，清洁发展机制（CDM）项目的国家收入受到重大影响。

（二）可再生能源电价附加

政府为了促进新能源的发展与应用而依法向电力用户征收可再生能源电价附加，是另一部分直接可用于气候变化事业的收入。从 2016 年开始，可再生能源电价附加征收标准由以前的每千瓦时 1.5 分增加至 1.9 分，2017 年可再生能源附加收费约为 690 亿元。

（三）碳市场配额拍卖收入

在地方碳交易试点的基础上，中国于 2017 年 12 月 19 日宣布启动全国碳市场。按照计划，全国碳市场建设将分三个阶段进行，第一阶段为基础建设期；第二阶段为模拟运行期；第三阶段开展以履约为目的的发电行业配额现货交易，并逐步扩大覆盖范围、丰富交易品种，为深化完善期。

碳排放配额可以以免费的形式发放，也可以采用拍卖的形式，让排放者公开竞拍。前者不在配额初始分配阶段产生相应收入，而后者通过拍卖配额产生的收入可用于气候变化领域，是公共气候资金的重要来源之一。由于碳市场建设周期较长，且根据国际经验，早期碳市场的排放配额一般免费分配，在市场比较成熟以后才引入拍卖机制，因此，在中国碳市场配额拍卖收入成为主要公共气候资金的来源还须较长时间。

三 国内碳交易市场资金

碳交易市场将主要发挥"价格发现"和"资金融通"作用。碳交易市场的价格是企业实施减排措施的成本，也是投资于节能减排和清洁能源技术和产品的收益，通过碳市场交易，资金配置到减缓气候变化领域。从国际经验来看，国际碳金融市场的参与主体包括减排企业、碳基金、商业银行和投资银行、对冲基金等各类参与主体，参与市场交易的目的主要是履约和获取财务收益两类,其中,以获取财务收益为目的的投机者大大增加了市场流动性。

国内碳市场作为一种市场化手段,对于中国形成长效减排机制、鼓励企业参与碳减排有着重要的意义。2011年10月底,国家发改委下发了《关于开展碳排放权交易试点工作的通知》,批准北京、天津、上海、重庆、湖北、广东、深圳开展碳排放权交易试点工作。7个试点交易市场在2013年到2014年陆续启动。2016年12月,四川和福建也启动了碳排放权交易试点工作。在这些试点交易的基础上,全国统一碳排放权交易市场于2017年12月19日宣布启动。

四 国内传统金融市场资金

传统金融市场是指传统的直接融资和间接融资市场,资金来自银行、证券公司、基金公司、保险公司等机构投资者和私人投资者,随着国内节能减排和应对气候变化相关的支持政策不断出台,气候变化相关的企业和项目逐渐能够吸引更多的资本投入,传统金融市场正成为一个越来越重要的气候融资来源。

银行贷款目前依然是中国企业主要的融资渠道,截至2017年年底,中国银行业金融机构各项贷款为129万亿元[1]。在信贷市场上,银行积极加强对节能环保和低碳经济领域的信贷支持。截至2017年6月30日,21家主要银行[2]的节能环保及服务贷款余额达到65312.63亿元,战略性新兴产业贷款余额达到17644.00亿元,银监会统计的绿色信贷数据是这两部分的加总;同2013年6月相比,节能环保及服务贷款余额增长90.5%,战略新兴产业贷款余额增长24%,总的绿色信贷余额增长71%[3]。虽然节能环保领域贷款增速较快,但与传统行业相比,节能环保项目和低碳产业所获贷款占总贷款金额的比重仍然较小,一般不到10%。

---

[1] 银监会:《银监会发布2017年四季度主要监管指标数据》,http://www.cbrc.gov.cn/chinese/home/docView/D4B5FFABD3024CBF8CB99E0ACFF67F46.html。

[2] 21家主要银行包括:国家开发银行、中国进出口银行、中国农业发展银行、中国工商银行、中国农业银行、中国银行、中国建设银行、交通银行、中信银行、中国光大银行、华夏银行、广东发展银行、平安银行、招商银行、浦东发展银行、兴业银行、民生银行、恒丰银行、浙商银行、渤海银行、中国邮政储蓄银行。

[3] 银监会:《2013年至2017年6月国内21家主要银行绿色信贷数据》,http://www.cbrc.gov.cn/chinese/home/docView/96389F3E18E949D3A5B034A3F665F34E.html。

企业（公司）债券市场也逐渐成为气候融资的来源之一。2017年中国境内外发行贴标绿色债券共计2483.14亿元，相比2016年的2314.18亿元增长了7.3%。2017年全球发行绿色债券1555亿美元（折合人民币1.01万亿元），中国贴标绿色债券发行金额约占全球的24.59%。①

中国的创业投资和私募股权投资（VC/PE）市场在近年来发展非常迅速，由于气候变化和低碳技术相关企业往往是创业型或中小企业，因此VC/PE市场也是非常关键的气候资金来源。

目前中国金融行业仍处于发展的初级阶段，信贷市场是企业最主要的资金来源。但是在气候金融领域，传统金融市场的作用尚未得到完全发挥，气候相关项目并不是投资热门领域。虽然中国银行保险监督管理委员会大力推动绿色信贷，但绿色贷款占贷款总量的比重仍然不高；债券融资和股权融资市场虽发展迅速，但规模仍相对较小。气候相关的项目和企业在很多时候仍面临融资困难的情况。未来推动传统金融市场提供更大规模的气候资金，必须依赖投资信号的明确、政策的完善、各类金融媒介活力的提高以及金融工具的创新。

五 企业直接投资

国内企业投向节能改造、新能源项目以及提供低碳设备、产品或服务的资金，也是低碳资金流的一部分。企业投资的同时往往会伴随来自金融市场的资金支持。目前尚未有中国国内企业直接投资于气候变化领域的统计数据，以下两个方面的数据可以从一定程度上反映出企业低碳投资的规模。首先，2017年，中国各类清洁能源技术的投资总量达到破纪录的1326亿美元，较上年增长24%，位居世界第一②。其次，《"十三五"节能减排综合工作方案》提出，到2020年，战略性新兴产业增加值和服务业增加值占国内生产总值比重分别提高到15%和56%，节能环保、新能源装备、新能源汽车等绿色低碳产业总产值突破10万亿元，成为支柱产业。

节能减排政策日益严格，政府大力发展战略性新兴产业，未来气候领域（尤其是在节能减排、新兴能源、电动汽车等产业）的企业直接投资规模将进一步增加。

---

① 史英哲：《中国绿色债券市场发展报告2018》，金融出版社2018年版。
② 史英哲：《中国绿色债券市场发展报告2018》，金融出版社2018年版。

六 来源于慈善事业的资金

慈善事业和相关的非政府机构也参与提供了一部分气候资金,这些资金来源于私人捐赠者和企业,具体包括慈善基金会捐赠、企业社会责任行动以及非政府机构活动等形式。

发达国家的慈善事业发展得较为健全,慈善捐赠规模较大且机构数量众多,不乏关注气候变化领域的机构。而中国与气候变化相关的慈善事业刚刚起步,资金主要来自企业和社会团体捐资以及个人捐资,通过绿色公募基金、企业社会责任行动等形式,投入气候变化领域。中国绿色公募基金包括中国绿化基金会和中国绿色碳汇基金会等,基金会的资金主要来源是国内外自然人、法人或其他组织的捐赠、政府资助以及基金增值。2017年中国接收国内外款物捐赠再创新高,共计1499.86亿元,其中有1.38%流向生态环境领域。捐赠的主要来源是企业和个人,其中,个人的捐赠占捐赠总额的23.28%,来自企业的捐赠占64.23%。[①]

第三节 气候资金的使用:减缓和适应

应对气候变化的资金主要运用于减缓和适应两大领域,根据联合国气候变化框架公约(UNFCCC)的条款,经合组织发展援助委员会(OECD DAC)将减缓气候变化的支持活动定义为,出于将大气温室气体浓度控制在一定水平之内以避免严重的危及全人类的气候灾害的目的,所做出的减少和限制温室气体排放或加强温室气体隔离(sequestration)的各种努力,如提高能源效率,发展可再生能源以及减少林业、农业和交通部门的排放,工业废物再利用等方面。适应气候变化的活动主要是致力于保持和提高人类和自然界应对气候变化的适应能力和韧性,以减少气候变化所带来的影响及与气候相关的各类风险,如水资源管理、环境卫生、农林业、渔业、健康、预防和阻止灾害及适应能力建设等。

关于气候资金投向减缓和适应领域以及投向不同经济部门的具体比例,各

---

① 中国慈善联合会:《2017年度中国慈善捐助报告》,http://gongyi.sina.com.cn/gyzx/2018-09-21/doc-ihkhfqnt4628559.shtml。

个机构还没有形成一致的统计标准,因而统计结果不尽相同。

由于适应行动项目周期长、经济利润小,导致世界范围内应对气候变化资金向减缓领域倾斜,使得适应领域的资金难以满足发展中国家的发展需求。尽管各机构统计数据不尽相同,气候资金投向减缓和适应领域的比例失衡已成为普遍共识,投向适应领域的资金急需增加。为此,提供资金支持的发达国家刻意提高了应用于适应领域的资金支持比例,使得大量资金投入支持适应和能力建设当中,例如国家信息披露、灾难预防与应急能力提升、生态系统能力提高等适应气候变化的行动。

在中国,气候资金也主要投向可再生能源电力生产、能效以及低碳装备生产等减缓领域。近年来,在适应领域、能力建设和国际合作领域的投入已经开始加强。

在减缓领域,政府和私营部门的投资非常活跃。投资的主要流向是新能源电力生产(尤其是风电和光伏发电)、新能源和节能装备制造、工业能效等投资收益较为明显的领域。2017 年全球可再生能源总投资达到 2798 亿美元(不包括大型水电),这一数字相较于 2016 年的 2416 亿美元,增加了 15.8%。2017 年中国在这一领域的投资额比 2016 年增长 31%,达到创纪录的 1266 亿美元[1]。

中国的气候变化适应的资金主要投向农业、水资源、海洋、卫生健康和气象等领域,用以管理气候变化灾害风险,提高对各种潜在极端事件不利影响的应变能力。公共资金在适应领域发挥了重要作用。

一 减缓气候变化

减缓气候变化是人类通过削减温室气体的排放源或增加温室气体的吸收汇而对气候系统实施的干预。为了减缓气候变化,人类社会可以选取相应的手段或措施,控制或减少温室气体排放,或通过绿色植物吸收大气中的二氧化碳,从而降低大气温室气体浓度[2]。全球减缓行动包括各国的中长期减排计划,资金主要按部门流向各行业(见表 3-2)。

---

[1] United Nations Environment Programme, *Global Renewable Energy Investment Trend 2018*, Frankfurt University of Finance and Economics, Bloomberg New Energy Finance, June 18, 2019.

[2] Bert, Metz, O. Davidson, R. Swart and J. Pan, *Climate Change 2001: Mitigation*, Cambridge University Press, 2001.

表 3-2　　　　　　　　　　　部门重大减缓措施①

部门	重大减缓措施
能源供应	核电取代煤电，可再生能源［风能、光伏发电（PV）、聚光太阳能发电（CSP）、水电、地热、生物能］取代煤，安装碳捕捉与封存（CCS）的化石能源取代煤，甲烷（CH_4）泄漏预防、捕集或处理
交通	降低燃料的碳强度，降低能源强度，紧凑城市形式和完善交通基础设施方式转变，缩短行程距离和避免出行
建筑	降低温室气体排放强度［例如转换燃料、纳入可再生能源系统（RES）、绿色屋顶］，改造老旧建筑、建设示范性新建筑、采用高效设备，减少能源需求的行为改变
工业	降低CO_2、非CO_2温室气体排放强度，通过新流程/技术提高技术能效，改善商品的材料效率和回收利用率
农业、林业和其他土地利用（AFOLU）	供方：林业，基于土地的农业、牲畜、综合系统和生物能源 需方：降低食物供应链的损失，个人饮食结构变化以及木材和林业产品需求的变化
人类居住地和基础设施	紧凑开发和基础设施，增加可及性，土地综合利用

资料来源：IPCC Fifth Assessment Report：Climate Change 2014，https：//www.ipcc.ch/site/assets/uploads/2018/02/SYR_ AR5_ FINAL_ full. pdf。

（一）能源供应

工业化国家能源基础设施的升级、发展中国家对新能源基础设施的投资，以及各国提高能效、发展可再生能源、开发碳捕捉与封存（CCS）技术等促进能源安全的措施，能够实现温室气体减排，是资金投向减缓气候变化领域的重要部分。

第一，能源基础设施的投资具有长期性，也将对温室气体的排放产生长期影响。因此，投向能源及其相关基础设施的资金必须具有长期性。低碳技术的普遍推广也需要多年时间。到 2100 年可将大气浓度稳定在 430—530 ppm CO_2 当量区间的减缓情景要求 2010—2029 年的年度能源投资流向与基线情景相比发生重大变化。根据情景，在 2010—2029 年，预估对电力供应相关的传统化石燃料技术的年度投资会下降大约 300 亿美元（预估最低值为 20 亿美元，最高值为 1660 亿美元），预估对低碳电力供应（即可再生能源、核能和采用 CCS 技术的发电）的年度投资会增加大约 1470 亿美元（预估最低值为 310 亿

---

① IPCC，*Fifth Assessment Report：Climate Change 2014*，2015.

美元，最高值为 3600 亿美元）。①

第二，发展可再生能源能够对能源安全、就业和空气质量产生积极的影响。虽然与其他能源方案相比，可再生能源的发电成本仍然偏高，但考虑到碳价因素，并随着未来技术的进步，可再生能源的吸引力会逐步提高。2016 年，可再生能源发电量已占世界总发电量的 23.8%②。

第三，充分利用碳捕捉与封存技术。碳捕捉与封存，是指通过技术手段捕捉释放到大气中的二氧化碳，压缩之后，压回到枯竭的油田和天然气领域或者其他安全的地下场所。目前，由于技术瓶颈仍然存在，大规模发展的成本很高，其技术开发仍在过程之中。

（二）交通

交通业包括公路、铁路、航空和航海等领域，是排放较大且较受关注的行业。目前，交通业各领域均有多种减排方案，交通业的减排往往还会带来解决交通堵塞、提高空气质量和增加能源安全等共生效益。因此，交通业是减缓气候变化的重要投资领域。但是，由于经济发展、消费者的消费倾向和缺乏政策框架等原因，交通业减排成效容易被该行业的增长抵消。

以航空业为例，民航业的中期减排潜力在于提高燃油效率，可通过一系列手段予以实现，其中包括技术、运营和空中交通管理等。然而，预计这类改进仅部分抵消民航排放的增长。此外，投资改进车辆效率的措施可以节省汽车燃油。作为汽油和柴油的添加剂或替代品，生物燃料可以在交通业减排发挥重要的作用，但这取决于未来的油价、碳价和车辆的效率，并将取决于利用纤维素生物燃料的技术成熟与否。从公路向铁路、内陆河运和沿海海运转变，从低载量向高载量客运转变的模式，以及土地利用、城市规划和非机动车交通运输为温室气体减排提供了机遇，但这将取决于当地的条件和政策。

（三）建筑

全世界普遍存在建筑行业实现温室气体减排的机遇，例如提高新的和现有建筑物能效，可以减少大量二氧化碳排放。此外，能效高的建筑还可以提高室内和室外的空气质量，并提高能源安全。然而，目前要实现建筑业减排，还存在多种障碍，包括技术掌握程度低、财政困难、可靠信息的高额成本、建筑物

---

① IPCC, *Fifth Assessment Report: Climate Change 2014*, 2015.
② International Energy Agency, *Renewables 2018 Analysis and forecasts to 2023*, October 2018.

设计中内在的局限性,需要采取一套政策和计划组合方案。在发展中国家,上述障碍的阻力更大。

(四) 工业

工业行业的减排潜力主要是在能源密集型产业。当前发达国家或发展中国家均尚未充分利用已有的各类减排方案,尽管发展中国家的许多工业设施是新建的,并采用了单位能耗低的先进技术。但是,在发达国家和发展中国家仍然存在大量低能效的旧设施,对这些设施进行投资改造能够显著地减少排放。当前,实际资本周转速率慢、缺乏财政和技术资源,以及企业尤其是中小企业获取并吸收技术信息的能力有限,这些都成为充分利用现有减排方案的关键障碍。

(五) 农业、林业和其他土地利用

农业耕作作为一个整体,能够以低成本方式为增加土壤碳汇、减少温室气体排放以及提供能源使用的生物质原料做出显著贡献,尤其对于发展中国家来说应是重点投资的部门。

由于土地管理变化和气候变化,土壤中储存的碳可能会流失。农业减缓潜力有很大一部分源于土壤碳的固化,它具有很强的可持续农业的协同作用,并能普遍降低对气候变化的脆弱性。在某些农业耕作体系中,减少甲烷和氮氧化物排放也有相当大的减缓潜力。

与林业相关的减缓活动能够以低成本的碳汇大幅度减少源排放并增加碳清除,而且这类减缓活动能够与适应措施和可持续发展一并发挥协同作用。

此外,通过设计和实施与林业有关的减缓方案,可以与适应措施相配套,并能够在就业、产生收入、消除贫困、生物多样性和水源保护等方面带来相当可观的共生效益。

(六) 人类居住地和基础设施

城市化是全球趋势,到2050年,城市人口预计增加到56亿—71亿人,占世界人口的64%—69%。未来二十年是世界大部分城市区域的建设期,因此也是城市区域减缓气候变化的机遇期。鉴于人口密度的下降趋势以及持续的经济和人口增长,2000—2030年,城市土地面积预计会扩大56%—310%[1]。

---

[1] IPCC, *Fifth Assessment Report: Climate Change 2014*, 2015.

城市化路径不同，因而城市区域减缓方案各异，而且预计当多种政策手段相结合时最为有效。基础设施和城市形态密切相关，对土地利用模式、交通方式选择、住房和行为具有锁定效应。有效的减缓战略包括一揽子相互促进的政策，包括高密度居住与就业的共地分布、实现土地利用高度多样性和整合、提高可达性、投资公共交通和其他需求管理措施。

人类住区最大的减缓机遇是在快速城市化地区，因这些地区的城市形态和基础设施尚未定型，但其管理、技术、资金和制度能力又往往有限。预计大部分的城市化是发生在发展中国家的中小城市。减缓气候变化的空间规划措施可行与否尤其取决于城市的财政能力和管理能力。

数以千计的城市正在实施气候行动方案，但其对城市碳排放的总体影响并不确定。目前的气候行动计划主要侧重于能源效率，全球每年对能源系统的总投资额约为1.2万亿美元，每年对交通、建筑和工业的增加能效投资预估约为3360亿美元（预估最低值为10亿美元，最高值为6410亿美元），包括对现有设备的现代化。土地利用规划战略、减少城市无序扩张和促进公交式发展等跨行业措施也有减缓气候变化的效应。

成功实施城市的气候变化减缓战略能够带来协同效益。世界各地的城市和地区继续在应对挑战，包括确保获得能源、限制空气和水污染，以及保持就业机会和竞争力。城市的减缓行动通常取决于将减缓气候变化努力与地方协同效益相结合的能力。

二 适应气候变化

适应气候变化是生态、社会或经济系统回应实际或者预期的气候变化及其影响而做出的调整，包括过程、行动或结构的改变，以减轻或者抵消潜在损害或者开发与气候变化有关的有利机会。适应包括为减少社区、区域或者行为（对气候变化影响的）脆弱性而做出的调整。适应行动是以提高防御和恢复能力为目标的，短期而言主要是减少气候风险，长期而言则与可持续发展相一致。可以说，适应的范围比减缓更为广泛，且与人类社会和谐发展，经济、社会、生态、环境、科技等各领域都息息相关。

相较于减缓领域，适应作为应对气候变化的另一条基本制度路径发展时间短，由于《联合国气候变化框架公约》及《京都议定书》以减缓气候变化、温室气体减排为主要内容，而长期以来《联合国气候变化框架公约》缔约方之间的气候谈判也主要聚焦于减缓方面,导致适应方面的理论研究及实践经验相对缺乏。然而,诸多气候变化的影响与损害仍在不断增加,单一的减缓行为无法改变已有的温室气体排放,也无法逆转气候变化的发生。在此基础之上,人类只有积极面对已发生或即将发生的环境变化,做好积极的准备工作,才能减少气候变化可能带来的损失,适应也因此引发人们更多的思考与关注。适应需投资的主要领域和适应方案如表3-3所示:

表3-3　　　　　　　　　　　各领域关键适应措施[①]

领域	适应方案	具体适应方案
淡水资源	适应性水管理技术,例如情景规划、基于学习的方法、灵活的解决方法,可有助于调整因气候变化及其影响导致的不确定水文变化	采用综合水管理、增加供水、降低水供应和需求的错配、减少非气候应力因子、加强机构能力和采用更为节水的技术和节水策略
陆地和淡水生态系统	管理行动可以减少但不能完全消除气候变化对陆地和淡水生态系统所构成影响的风险	维持遗传多样性、辅助物种迁移和传播、控制干扰系统(例如火灾、洪水)和减少其他压力因子、栖息地改造、提高生态系统的固有能力及其物种对气候变化的适应能力、改进早期预警系统和相关的响应系统、加强脆弱生态系统的连接性
海岸系统和低洼地区	海岸适应方案越来越多地包括基于沿海地区的综合管理、当地社区参与、基于生态系统的方法和减少灾害风险的方案,并且越来越多地纳入相关的战略和管理规划	了解当地社区应对灾害的传统措施,合理采纳其传统做法,在此基础上把基于生态系统的适应气候变化和减少灾害风险的方案纳入国家和地区的政策、目标、规划和预算中
海上系统和海洋	海洋预报和早期预警系统以及减少非气候压力因子都具有降低某些渔业和水产养殖业风险的潜力,但是针对诸如珊瑚礁这类独特生态系统的方案比较有限	渔业和采用高科技和/或进行了大规模投资的水产养殖业的适应方案:大规模迁移工业捕鱼活动和能应对变率和变化的灵活管理;较小规模的渔业和适应能力有限的国家的适应方案:建立社会恢复能力、替代性生计和职业的灵活性;珊瑚系统的适应方案:提高水质,限制旅游和对渔业施加的压力
粮食生产系统/农村地区	农业的适应方案包括技术响应、加强小农户获得信贷和其他关键生产资源的渠道、加强地方和区域层面的体制以及通过贸易改革提高市场准入	对粮食减产和质量下降可做出的响应包括:开发适应CO_2、温度和干旱变化的作物新品种,加强气候风险管理能力,以及抵消土地利用变化造成的经济影响;改善为小规模农户生产提供的资金支持和投资;扩大农业市场和完善世界贸易体系的可预测性和可靠性可降低市场波动,可帮助管理气候变化造成的粮食供应短缺

---

① IPCC, *Fifth Assessment Report*: *Climate Change 2014*, 2015.

续表

领域	适应方案	具体适应方案
城市地区/主要经济部门和服务	城市适应受益于有效的多级治理、协调的政策与激励、强化的地方政府和社区适应能力、与私营部门的协同效应以及适当的融资和体制发展	加强低收入人群和脆弱社区的能力以及它们与地方政府的伙伴关系是一项有效的城市气候适应策略，适应机制的示例包括：大规模公－私风险减缓行动和经济多样化以及政府对无法多样化部分的风险保险；在某些地方，尤其是在达到预估气候变化的高限时，应对方案还可要求转型性变化，例如有管理的撤退
人类健康、安全和生计	以加强现有服务系统和体制以及保险和社会保障策略为重点的适应方案能够改善近期的健康、安全和生计	卫生领域的适应方案：提供清洁水和卫生设施、保证包括接种和儿童健康服务的基本卫生保健、增强备灾和灾害应对能力以及减少贫困；应对高温相关死亡的适应方案：与应对策略结合的健康预警系统、城市规划和旨在降低高温压力的建成环境的改良；稳固的机制能够管理很多跨国界的气候变化影响，从而减少因共享自然资源而造成冲突的风险；保险项目、社会保障措施和灾害风险管理可加强贫困人口和边缘化人群的长期生活能力

资料来源：IPCC, *Fifth Assessment Report*: *Climate Change 2014*, https://www.ipcc.ch/site/assets/uploads/2018/02/SYR_AR5_FINAL_full.pdf。

（一）淡水资源

当前，全世界都面临淡水资源稀缺的问题，全球 70% 的取水量用于农业。到 2050 年，要养活 90 亿人口，农业生产需要增加 60%，取水量增加 15%。世界上一半以上的人口居住在城市地区，人口增长迅速，人口增长、收入增加和城市扩张的综合影响将使水需求呈指数上升，而供水变得更加不稳定和不确定。地下水的消耗速度快于补给的速度。到 2025 年，大约 18 亿人将生活在绝对缺水的地区或国家。[①]

水利部资料显示，我国人均水资源量仅为世界人均水平的 1/4，全国年平均缺水量高达 500 多亿立方米。北方缺水尤为严重，淮河流域及其以北地区的国土面积占全国的 63.5%，但水资源仅占全国的 19%。同时全国农村还有 2.98 亿人以及 11.4 万所农村学校饮水不安全问题需要解决。

采用综合水管理、增加供水、降低水供应和需求的错配、加强机构能力和

---

① The World Bank, *Water Overview*, Apr 09, 2020, http://www.worldbank.org/en/topic/water/overview#1.

采用更为节水的技术和节水策略等,都是适应领域的关键措施,需要大量资金的投入。

(二) 陆地和淡水生态系统

21 世纪及之后,在预估的气候变化情况下,很大一部分陆地和淡水物种面临更高的灭绝风险,特别是由于气候变化与其他外力的相互作用,例如:栖息地改造、过度开采、污染和物种入侵,风险随着气候变化幅度和速率的增加而增加。在 21 世纪,中到高排放情景下,气候变化的程度和速率可能造成陆地和淡水生态系统(包括湿地)的结构和功能面临发生突然和不可逆转的区域尺度变化的高风险。由于气候变化、毁林和生态系统退化,储存在陆地生物圈(例如:泥炭地、多年冻土层和森林)中的碳很容易释放到大气中。由于温度升高和干旱增多,预计很多地区树木死亡和相关的森林枯死情况都会增加。而森林枯死将会对碳储存、生物多样性、木材生产、水质、市容和经济活动造成风险。

有必要采取维持遗传多样性、辅助物种迁移和传播、控制干扰系统(例如火灾、洪水)和减少其他压力因子、栖息地改造、提高生态系统的固有能力及其物种对气候变化的适应能力、改进早期预警系统和相关的响应系统、加强脆弱生态系统的连接性等适应措施。

(三) 海岸系统和低洼地区

由于 21 世纪以及之后的海平面上升,海岸系统和低洼地区将越来越多地遭受不利影响,如淹没、沿海洪灾和海岸侵蚀。由于人口增长、经济发展和城市化,在未来几十年,遭受海岸风险的人群和财产以及人类对海岸生态系统造成的压力将显著增加。21 世纪的适应所需相对成本在各区域和国家内以及之间存在很大差距。一些低洼发展中国家和小岛屿国家将面临非常高的影响,在某些情况下还会产生相关损失,其适应成本相当于国内生产总值的几个百分点①。这部分需要公共资金的支持以及保险工具的运用。

(四) 海上系统和海洋

由于 21 世纪中期及之后预期的气候变化,全球海洋物种再分配和敏感地区海洋生物多样性的减少会给渔业生产力和其他生态系统服务的持续提供带来

---

① IPCC, *Fifth Assessment Report: Climate Change 2014*, 2015.

挑战。由于预期的气候变暖造成的海洋物种的空间变化将导致高纬度地区发生物种入侵，而热带和半封闭海域出现较高的本地物种灭绝率。就平均而言，预计在中高纬度地区物种将更加丰富而渔业捕捞潜力将提高，但在热带纬度地区将减少。最低含氧量和缺氧的"死亡地带"的逐步扩张，预计将进一步限制鱼类的栖息地。气候变化会增加过度捕捞和其他威胁，因此使得海洋管理系统更为复杂。

在中到高排放情景下，海洋酸化可给海洋生态系统，特别是极地生态系统和珊瑚礁造成重大风险，并对个别物种（从浮游植物到动物）的生理、行为和种群动态产生影响。高度钙化的软体动物、棘皮动物、造礁珊瑚比甲壳类和鱼类更为敏感。海洋酸化会与其他全球变化（如变暖、氧含量下降）及局地变化（如污染、水体富营养化）一同产生影响。这些同时存在的驱动因子可以对物种和生态系统造成交互、复杂和放大的影响。

需要大规模迁移工业捕鱼活动、采用能应对变率和变化的灵活管理、提高水质，限制旅游和对渔业施加的压力等适应措施。

（五）粮食生产系统/农村地区

如果没有适应性措施，当局地温度相比20世纪后期水平升高2℃或更高时，气候变化预计将对热带和温带地区主要作物（小麦、水稻和玉米）的生产产生负面影响，尽管个别地区可能会受益。预计的影响因不同作物、不同区域以及不同适应情景而存在差异。到2050年以后，对作物产量产生更为严重影响的风险会增长，并依赖于变暖的程度。

粮食安全的所有方面都可能受气候变化影响，包括粮食的获取、使用和价格稳定性。海洋渔业物捕获潜力向较高纬度地区的再分布，会给热带国家供应量、收入和就业减少带来风险，也将对粮食安全造成潜在影响。如果全球温度高于20世纪后期水平4℃或以上，再加上粮食需求不断增长，将会给全球和区域粮食安全造成较大的风险。一般情况下，低纬度地区粮食安全的风险更大。

农业的适应方案包括技术响应、加强小农户获得信贷和其他关键生产资源的渠道、加强地方和区域层面的体制以及通过贸易改革提高市场准入。

（六）城市地区/主要经济部门和服务

气候变化的许多全球性风险都集中在城市地区。提高恢复能力并促进可持续发展的措施可加速全球成功地适应气候变化。热胁迫、极端降水、内陆和沿海洪水、山体滑坡、空气污染、干旱和水资源短缺对城市区域的居民、资产、经济和生态系统构成了风险。而那些缺乏必要基础设施和服务或者居住在低质量住房和暴露地区的人们风险更高。减少基本服务的不足、改善住房、建设具有恢复能力的基础设施系统，可以显著减少城市地区的脆弱性和暴露度。有效的多层次城市风险管理、将政策和激励措施相结合、加强地方政府和社区适应能力、与私营部门的协同作用以及适当的融资和体制发展，有利于城市适应措施的实施。提高低收入人群和脆弱群体的能力、声音和影响及其与地方政府的合作关系，也有利于适应。

对于经济部门，预计气候变化会使住宅及商业部门供暖的能源需求降低，而供冷的能源需求提高。更严重、更频繁的极端天气事件和灾害类型预计会增加损失，不同区域的损失差异也会有所加大，还会对保险制度构成挑战，使保险额度高得无法负担，尤其是发展中国家的筹资风险会更高。公共和私营部门大范围采取减少风险的措施以及经济多样化，都是适应措施的范例。

（七）人类健康、安全和生计

到21世纪中叶，预估气候变化将主要通过加剧已经存在的健康问题来影响人类健康。健康不良状况进一步加剧。例如，更强烈的热浪和火灾造成的疾病和伤亡的可能性加大；贫困地区粮食减产导致营养不良的可能性增加；脆弱群体面临工作能力丧失和劳动生产率降低的风险；以及食源和水源疾病、病媒疾病增加的风险。预计正面影响可包括由于极端低温事件的减少、粮食产地的变化以及病媒传播某些疾病能力的降低，从而使某些地区与寒冷相关的死亡率和发病率有一定程度的降低。但21世纪在全球范围内，负面影响的幅度和严重程度估计会超过正面影响。

气候变化会加剧人口的迁移。无论是在农村还是城市，尤其是在低收入的发展中国家，缺乏有计划迁移资源的人群更易受极端天气事件的影响，因而迁移风险随之加大。气候变化也会由于扩大众所周知的冲突诱因（如贫困和经济冲击）从而间接增加内战和群体间暴力等冲突的风险。气候变化对许多国家的重要基础设施的影响及领土完整的影响都会影响国家的安全政策。例如，海平面上升淹没陆地会对小岛屿国家和具有漫长海岸线国家的领土完整带来风险。气候变化的某些跨境影响（如海冰变化、跨境水资源变化和远洋鱼储量变化）都有可能加剧国家间的对抗，但健全的国家和政府间机制能够加强合作，管控许多此类对抗。

21世纪，气候变化的影响估计会减缓经济增长，进一步削弱粮食安全，使扶贫更加困难，拖长现有的并产生新的贫穷困境。气候变化影响会加剧大多数发展中国家的贫困，并在收入不均日益严重的发达国家和发展中国家产生新的贫困地区。保险计划、社保措施以及灾害风险管理可以加强贫困和边缘群体的长期生存恢复能力。

三　减缓和适应的协同效应

尽管减缓与适应侧重于应对气候变化的不同方面，通常情况下考虑到构成、技术选择及融资渠道的不同，将减缓和适应进行分别考虑是合理的，但有时这种区分也是一种误导，并违背效率原则。事实上，在一些情境下减缓和适应措施的边界非常模糊，两者的行动具有较强的协同效应。从各国的案例来看，适应与减缓二者具有较强的关联性及协同性，二者相辅相成，在应对气候变化领域都起到了极为重要的作用。

（一）清洁能源发展和水资源管理的协同效应

清洁能源发展和水资源管理为减缓和适应措施的协同效应及替代效应提供了一个很好的例子。通常，清洁能源发展被认为是减缓措施，而水资源管理则被认为是适应措施。然而，能源和水是极其交错的。实际上，水是电的最大的可再生来源，截至2016年水力发电最高，占全球总发电量的16.6%。世界上最大的电站是水力发电站，占据主导地位，中国水力发电在电力供应中最为突出，居世界领先地位[①]。即使水不是发电的能源，水对发电也必不可少。化石燃料和核电站都需要大量的水来冷却装备。将太阳能转化为驱动涡轮运作的太阳热电厂也需要水来运转。

此外，清洁能源发展与淡水供给之间更是相辅相成，因为电对淡水的供给非常关键。海水的淡化，无论是通过蒸发或相反的方式都非常耗能。通过水泵将水运送到所需要的地区也要耗电。

（二）农业减缓和适应措施的协同效应

农业也是受气候变化影响非常大的人类主要活动的另一个例子。通过可持续的农田管理方法维持土壤的碳含量不仅有利于减缓气候变化，同时增强易受

---

① 庞名立：《2017年全球传统能源电力报告》，http：//www.wusuobuneng.com/article_detail/42518。

影响地区的适应能力，减少生物多样性损失，保护水资源，促进农业生产力和经济发展。

（三）基础设施建设和城市建设的协同效应

政策制定者在设计城市时很有必要兼顾减缓和适应的因素，过分强调减缓和适应的各自目标而忽略两者之间的联系会错失共同获益机会，甚至抵消两者的作用。

例如，制定新的建筑规划来提高房屋的能源利用效率也提高了社会对极端天气（如热流、冷空气、暴风雨、地震等）的适应力，因为改进房屋的设计和构造以提高能源效率的方法与提高抵抗恶劣极端天气的方法类似。提高房屋对极端天气的抵抗力相对于未来气候的不确定性似乎很昂贵，然而，如果考虑到能源的节约，这种投资显得更有必要。

此外，一些城市推广城市立体绿化，在屋顶上修建花园草坪，既能缓解城市的热岛效应，增加碳汇，起到了一定的减缓作用，又能在城市暴雨期间滞留部分雨水，避免短时间雨水的集中倾泻，从而减少城市地面水灾发生的可能性，增强了城市的适应能力。

显然，最经济的气候变化措施是那些兼顾减缓和适应的措施。因此，用一个综合的方式来最大化减缓和适应的协同效应并最小化两者间的权衡成本是很重要的。

四 气候管理与经济发展的协同效应

气候管理还应该与发展联系起来，这对于扩大气候投资至关重要。如果应对气候变化行动和启动气候资金的必要政策措施有助于当地经济发展，如提供基本公共服务、更多能源和食品安全及就业，那么这些措施会赢得更多的公众支持，同时也将更加有效。

为欠发达地区提供更多能源途径、使用低排放技术，不仅能够带来经济发展，同时也可促进地区向绿色、低排放及气候和谐型发展的转变。提高能源利用效率、释放当地开发新能源的潜力也能提高发展中国家的能源安全。

此外，健康的生态系统以及系统提供的服务对这些发展中国家来说也很重要。生态系统是气候管理自然过程的基础，也是水质量、食品安全和食品保护的重要保证①。当生活方式受到威胁时，贫穷国家改变方式的能力最弱，如迁徙困难、改变土地用途和收入来源困难，但他们却最容易受到生态系统恶化的威胁。对自然生态系统的保护和可持续利用能够通过净化水资源、保持土壤等方式缓和潜在的气候变化影响。对生态系统保护和恢复的投资带来当地和全球的共同利益，为当地社区保护生活资源，带来新的收入来源，适应多变的气候同时减少温室气体排放。因此，气候资金是生态管理的重要力量和保障。

显然，形成气候管理与经济发展资金的协同效应，以最大化气候投资的经济和社会收益是相当紧迫的。反过来，这种协同效应能够加强政府和公众对气候投资的支持。识别并促进这个协同效应的一个选择就是将气候计划嵌入到发展计划中，提倡低碳、气候和谐型发展战略。

延伸阅读

1. 联合国环境署：《2020 适应差距报告》，https：//wedocs. unep. org/bitstream/handle/20. 500. 11822/34721/AGR2020_ Ch. pdf。

2. 联合国环境署：《2020 排放差距报告》，https：//wedocs. unep. org/xmlui/bitstream/handle/20. 500. 11822/34426/EGR20. pdf? sequence = 1&isAllowed = y。

3. Barbara Buchner, Alex Clark, Angela Falconer et al. , *Global Landscape of Climate Finance 2019*, https：//climatepolicyinitiative. org/publication/global – climate – finance – 2019.

4. IPCC, *Fifth Assessment Report：Climate Change 2014*, https：//www. ipcc. ch/site/assets/uploads/2018/02/SYR_ AR5_ FINAL_ full. pdf.

5. 张健华：《低碳金融》，上海交通大学出版社 2011 年版。

练习题

1. 广义和狭义的气候资金各指什么？
2. 简述国际和国内气候资金来源渠道。
3. 减缓和适应气候变化分别指的是什么？

---

① Ervin J. and others, "Protected Areas for the 21 st Century：Lesson from UNDP/GEF's Portfolio", United Nations Development Programme, 2010；Montreal：Convention on Biological Diversity, June 5, 1992.

4. 减缓领域的资金主要流向哪些部门？简述在这些部门中的资金应用。
5. 适应领域的资金主要流向哪些部门？简述在这些部门中的资金应用。
6. 减缓和适应在哪些重点方面具有协同效应？

第 四 章

气候金融机构

金融机构是指专门从事货币信用活动的中介组织，包括国际金融机构、中央银行、商业银行、非银行金融机构等，在气候金融领域，不仅包括传统范畴的金融机构，还包括新产生的碳金融机构。气候金融机构在应对气候变化的所有经济活动中发挥着重要的媒介作用。

第一节 公共气候金融机构

双边及多边金融机构、公共养老基金、主权财富基金、国家发展机构及国家气候基金等公共或准公共性质的气候金融机构在国际气候金融领域发挥了巨大作用。

一 双边金融机构

来自 UNFCCC、OECD 和世界银行的研究指出，双边渠道的金融机构（Bilateral Financial Institutions，BFIs）是指由一国政府创立和主导，在发展中国家或新兴市场提供援助或投资于目标发展项目及方案的机构[①]，主要包括双边机构、双边银行和出口信贷机构。

---

① Atteridge A., Siebert C. K., Klein R. J. T., et al., "Bilateral Finance Institutions and Climate Change: A Mapping of Climate Portfolios", *Stockholm Environment Institute* (SEI), 2007.

(一) 双边发展机构和双边银行

1. 双边发展机构和双边银行的特点

双边发展机构和双边银行是 BFIs 的主体。它们在支持发展活动方面具有很长的历史，其对外活动具有很鲜明的特点。首先，支持活动由捐助国政府主导，通常带有很强的政策性和目标性。这些机构的对外支持通常采用"基于方案"（program-based approaches）或"基于项目"（project-based approaches）的方式，或者是两者的混合。"基于方案"的支持方式是以方案方式进行援助，有单一的预算和统一的捐助程序，为某一地区的发展项目提供广泛而协调的支持；"基于项目"的支持方式是则更倾向于具体和详细的支持。其次，有"限制型"和"非限制型"两类支持活动。非限制型的支持，东道国可任意购买开发某项目所需的商品和服务；而限制型支持则必须购买捐助国指定的商品和服务。限制型支持方式往往条件苛刻，越来越受到东道国的抵制。目前，多数双边机构和银行都部分或全部地采用"非限制型"支持方式。

在实践中，双边发展机构和双边银行的活动非常类似，但它们的任务和目的却有所不同，双边机构以支持发展为主，而双边银行既带有支持发展目的又带有盈利目的。同时，双边机构通常在政府发展部门的管理之下，而双边银行通常受财政部管理。当然，也有一些国家的双边发展机构包括银行在内。

尽管任务和目的有所不同，双边机构和银行在气候资产组合方面共享了很多经验，并都迅速地在其日常运作中更多考虑了气候变化因素。与双边银行类似，双边机构在考虑发展的同时，也开始意识到自身的利益需求，通过气候风险的筛选组合来进行项目投入。两类机构类似的考虑和步骤，使得双方可共同学习、交流信息，并避免重复努力。

2. 主要的双边机构和银行的气候金融活动

近年来，双边机构和银行成为支持减缓和适应活动的重要资金媒介，其中比较活跃的机构主要有法国开发署（AFD）和德国复兴信贷银行（KFW），见表 4-1、表 4-2。

表4-1　法国开发署（AFD）的气候金融活动

(1) 基本情况：始建于1941年，是法国政府官方的双边发展金融机构，从2005年开始，AFD制订实施了气候变化行动计划，通过在东道国支持低碳投资和减少温室气体排放项目，以及发展干预方面的适应措施，将气候变化挑战纳入其战略与行动中。AFD的可持续发展目标包括能源、可持续城市、气候变化、森林和生物多样性等①。

(2) 气候投资：2017年，AFD集团承诺提供约40亿欧元的气候相关融资，相当于开展124个发展项目的融资而产生的与应对气候干扰及其影响相关的共同效益（与2016年的83个项目相比，增加了49%）。这一承诺水平提高了自2005年以来AFD集团"气候"共同利益，达到近290亿欧元的融资总额。②

(3) 领域：AFD气候资金主要投资于减缓领域，每年占总气候资金的70%左右。

(4) 金融工具：股权融资、夹层融资、贷款、担保（其中也包括一系列软贷款工具），以及提供赠款支持能力建设等。

(5) 前景：根据AFD《Climate & Development Strategy 2017–2022》，到2020年，AFD将在其运营国家（不包括法属海外领土）实现每年50亿欧元的年度气候融资，其所有承诺的50%必须具有气候共生效益。

资料来源：笔者根据公开资料整理。

表4-2　德国复兴信贷银行（KFW）的气候金融活动

(1) 基本情况：成立于1948年，除了为德国和欧盟企业在国际市场上的项目进行融资，还代表德国政府为发展中国家提供投资和咨询等方面的服务。此外，德国复兴信贷银行还与其他德国发展合作组织合作，共同致力于实现德国发展合作的目标，以在全球范围内减少贫困、保护自然资源和全球安全。

(2) 气候投资：2017年，绿色债券组合的目标交易量翻了一番，达到20亿欧元。2013年，KFW总承诺量达到725亿欧元，其中38%投向气候变化和环境保护领域。2017年，总承诺量为765亿欧元，其中43%投入气候变化和环境保护领域，相较于2016年的44%稍有降低。③

(3) 投资领域：2017年，KFW在气候变化与可再生能源方面投资39亿欧元，在能效计划项目方面投资57亿欧元，在节能建筑和翻新计划方面投资142亿欧元。

(4) 金融工具：主要通过赠款、优惠贷款和非优惠贷款提供资金。KFW不直接向项目企业提供贷款，而是通过商业银行转贷，其与商业银行的关系是合作而非竞争。2015年4月，德国联邦环境、自然保护和核安全部授权，KFW开始建立绿色债券组合，并且规定了绿色债券组合的目标：通过使用资本市场工具补充环境保护和气候变化缓解措施的融资。

资料来源：笔者根据公开资料整理。

---

① AFD, *Sustainable Development Goals*, https://www.afd.fr/en/sustainable-development-goals.

② AFD, *2017 Registration Document*, https://www.afd.fr/sites/afd/files/2018-04-01-25-55/registration-document-2017-afd.pdf.

③ KFW, *GRI Report 2017 Including Non-Financial Statement · Promoting Perspectives-Empowering People*, March 22, 2018.

（二）出口信贷机构

1. 出口信贷机构的作用

出口信贷机构（Export Credits Agencies，ECAs）是政府所有或由政府控制的金融机构，是为本国企业向风险市场（如发展中国家）的出口提供保险、担保或贷款，其职能是确保买方能够以优惠条件获得贷款，用以支付购买设备、技术或服务所需的资金，从而促进本国设备、技术或服务的出口。广义的ECAs包括政府的、准政府的和私人的三类性质的机构。但从国际规范的金融术语来看，ECAs仅指官方支持出口信贷。几乎所有的出口国都至少有一个出口信贷机构，多数国家办理出口信贷和保险的是两个机构，如英国、法国、德国、意大利、瑞典、日本的出口信贷由专门提供中长期信贷的银行提供，出口保险则由官方或半官方机构办理。个别国家如美国，其出口信贷和保险业务均由进出口银行来执行。

由出口信贷机构提供的出口信贷资金包括三类：（1）官方直接出口信贷，由政府直接提供的贷款；（2）出口信贷保险，由政府还款保险的私人出口信贷；（3）出口信贷担保，由政府还款担保的私人出口信贷。在国际金融统计数据中，官方直接出口信贷为政府资金，另两类为私人资金流，三者统称"官方或官方支持的出口信贷"，因为三者具有基本相同的效果，也就是政府通过干预促进信贷支持出口交易，并承担了所有情况下的非偿还风险。

尽管不受公众注意，ECAs却是国际公共融资的重要渠道，在国际融资中具有重要作用。首先，ECAs肩负支持本国出口商、促进出口的政府职能，其不以"盈利"为直接目的，贷款条件优惠，即贷款期限长、利率低。有出口信贷机构担保的贷款，银行视为出口信贷机构政府的政治风险，而不是借款人的信贷风险，其标准融资条件可加入应对气候变化因素。其次，ECAs具有重要的逆周期作用。在经济繁荣阶段，传统银行融资活动活跃，出口信贷机构的重要性下降，但在经济萧条时期，私人市场出口融资成为一种稀缺资源，ECAs则可发挥重要支持作用。最后，ECAs为发展中国家"项目融资"发挥了重要的提供资金和分担风险的作用。"项目融资"（Project Finance）是指以项目的资产、预期收益或权益作抵押取得的一种无追索权或有限追索权的融资或贷款活动。项目融资通常资金需求量大、风险高，往往由多家金融机构参与提供资金，一般还会形成结构严谨而复杂的担保体系。一些国家的ECA在项目融资领域十分活跃，例如，历史最悠久的英国出口信贷担保部（ECCD）、美国进出口银行。

2. 出口信贷机构对气候金融的贡献

ECAs 是发展中国家重要的中长期资金来源，每年上百亿美元的资金经由 ECAs 进入新兴市场，覆盖了与电力部门、石油管道、飞机制造和交通设备等相关的出口项目。一些项目常常会产生重大的社会和经济影响，尤其是那些对发展中国家产生有害的环境和社会影响的项目来说，ECAs 往往是重要的公共融资来源。因此，早在 20 世纪 90 年代，国际上的发展和环境组织就要求 ECAs 审视其行为对环境和社会的影响。

近年来，出口信贷机构已大幅度增加了对绿色部门的投资。出口信贷不仅能帮助本国的制造业出口，进口商也能以更便宜的债务获得国内的低碳能源。OECD 已经把可再生能源、温室气体减排和高能效项目、气候变化适应，以及水利工程纳入核心业务，大大有助于应对气候变化。在过去的几年中，从 OECD 各国政府向发展中国家转移的中期和长期官方出口信贷，大部分用于支持运输（40%）和工业部门（22%），其次是能源项目（11%）。2007—2016 年官方出口信贷在能源部门 795 亿美元的投入中，30.8% 投资于可再生电力①。

二　多边金融机构和基金

多边渠道的金融机构（Multilateral Financial Institutions，MFIs）是指由三个及以上国家政府设立和主导的国际金融机构，其理事成员不仅包括捐赠的发达国家，也包括借款的发展中国家②。

多边金融机构主要包括：（1）多边开发银行（Multilateral Development Banks，MDBs），MDBs 有三个层级，即全球层级、区域层级和次区域层级。全球层级的 MDBs 即世界银行集团（WBG）。区域开发银行（Regional Development Banks，RDBs）主要包括如亚洲开发银行（ADB）、亚洲基础设施投资银行（AIIB）、新开发银行（NDB）、非洲开发银行（AfDB）、欧洲复兴开发银行（EBRD）、欧洲投资银行（EIB）和美洲开发银行（IADB）。次区域开发

---

① OECD, *Trends in Arrangement Official Export Credits* (2007 - 2016), http://www.oecd.org/trade/xcred/business-activities.htm.

② Buchner B., Falconer A., Hervé-Mignucci M., et al., "The Landscape of Climate Finance", *Climate Policy Initiative*: Venice, 2011.

银行（Sub-Regional Development Banks）如加勒比开发银行、东非开发银行、西非开发银行、中美洲经济一体化银行、黑海贸易和开发银行等。国际上通常所指的多边开发银行仅包括全球层级和区域发展银行，不包括次区域发展银行。（2）国际货币基金组织（IMF）。（3）多边气候基金，包括多边开发银行的和联合国的气候基金。

多边金融机构设立的主要目标，是在全球范围内消除贫困、促进可持续发展。MFIs为发展中国家政府提供贷款和赠款，并通过债权、股权和担保等方式提供融资，因此，在发展中国家具有十分重要的经济和政治影响力。

（一）世界银行集团

世界银行集团（World Bank Group，WBG）成立于1945年，由国际复兴开发银行（IBRD）、国际开发协会（IDA）、国际金融公司（IFC）、多边投资担保机构（MIGA）和解决投资争端国际中心（ICSID）五个成员机构组成，其中IBRD和IDA是我们通常所称的"世界银行"（World Bank，WB）。五大机构各自的职责在于：（1）国际复兴开发银行（IBRD）负责向中等收入和具有良好信用的低收入国家政府提供贷款；（2）国际开发协会（IDA）负责向最贫困的国家政府提供无息贷款、信贷和赠款；（3）国际金融公司（IFC）负责向在发展中国家投资的私营部门提供贷款、股本投资和咨询服务；（4）多边投资担保机构（MIGA）负责提供政治风险保险或担保，避免非商业风险造成的损失，以促进发展中国家的外国直接投资；（5）国际投资争端解决中心（ICSID），负责为投资纠纷提供调解和仲裁。这五个机构分别侧重于不同的发展领域，但都运用各自的比较优势，协力实现共同的最终目标：减轻贫困、促进可持续发展。

1. 世界银行集团的气候金融行动[①]

气候变化已成为世界银行集团最关注的业务重点，其在2015年承诺到2020年将气候相关融资比例增加到28%。很多发展中国家和中等收入国家根据《巴黎协定》提交了国家自主贡献计划（INDC），世界银行正积极与这些国家合作，帮助他们实现并超越其目标，包括通过融资、技术援助和知识共享等手段。与联合国合作，世界银行集团推出了一个新的气候行动平台——Invest4Climate，旨在汇集各国政府、金融机构、投资者、慈善机构和多边银行，

---

① 包括世界银行集团及银行，即国际复兴开发银行和国际开发协会的活动。

以支持发展中国家气候投资转型。世界银行集团正在与其他多边开发银行（MDB）合作，共同监测和跟踪气候融资流动，它们在缓解和适应方面均增加了气候融资。多边开发银行继续使其资金流动与《巴黎协定》保持一致，支持国家数据中心的实施，并促进将发展转向低温室气体排放和气候适应性发展的活动。①

2018 财年（从 2017 年 7 月 1 日到 2018 年 6 月 30 日），世界银行集团为国家层面的气候行动提供了创纪录的 205 亿美元融资，占其总融资的 32.1%，高于 28% 的承诺。世界银行的主要贷款部门，国际复兴开发银行和国际开发协会，提供气候协同效益的项目所占比例几乎翻了一番，从 2016 财年的 37% 增加到 2018 财年的 70%。世界银行为发展中国家提供的适应和建立应对气候变化能力的资金也在增长，2018 财年的适应性投资为 77 亿美元，而 2017 财年仅为 39 亿美元。②

2. 国际金融公司

国际金融公司（International Finance Corporation，IFC）成立于 1956 年，是世界银行集团下属机构之一，致力于促进发展中国家私营部门的可持续发展。作为支持新兴市场私营部门的最大发展金融机构，国际金融公司在创造和发展气候业务新市场方面具有独特的优势。在世界银行集团致力于将气候相关投资增加至 28% 并在 2020 年前动员 130 亿美元私营部门资本的支持下，国际金融公司的气候业务通过直接投资于气候智能行业，开发新的降低风险和聚集机制来创造市场，通过国际论坛和工作组吸引公共和私营部门的利益相关方参与。通过这些方式，国际金融公司将气候业务纳入高增长领域的主流——在清洁能源、绿色金融、绿色建筑、气候智能城市和气候智能农业关键领域开辟新市场。这些计划为投资提供了明确的路线图，将针对气候适应性基础设施，并通过提高效率和节省燃料来抵消更高的前期成本。IFC 估计，到 2030 年《巴黎协定》可在 21 个新兴市场国家创造 23 万亿美元的投资，为气候智能创造发展机遇。

IFC 的投资具有鲜明的特色：首先，不需要政府担保；其次，在项目投资

---

① The World Bank, *Climate Change Overview*, http://www.worldbank.org/en/topic/climatechange/overview#2.

② The World Bank, *World Bank Group Exceeds its Climate Finance Target with Record Year*, http://www.worldbank.org/en/news/press-release/2018/07/19/world-bank-group-exceeds-its-climate-finance-target-with-record-year.

总额当中 IFC 只承担部分融资，与发起公司和融资伙伴共同承担风险，但不参与项目的管理。由 IFC 参与的项目通常能增强各方（如外国投资者、当地合作伙伴、其他债权人和政府机构）的信心，同时平衡各方的利益。因此，IFC 还具有较高的撬动私人资本的杠杆性。IFC 承诺到 2020 年将气候投资增加到每年 35 亿美元，并通过其他投资者催化额外的 130 亿美元。

IFC 的气候变化战略与世界银行的气候战略相适应。作为介于公共部门和私人部门之间的机构，IFC 寻求用市场手段来应对气候变化和低碳经济增长的挑战。

3. 多边投资担保机构

多边投资担保机构（Multinational Investment Guarantee Agency，MIGA）成立于 1988 年，是世界银行集团里成立时间最短的机构，1990 年签署第一笔担保合同。其宗旨是向外国私人投资者提供政治风险担保，包括征收风险、货币转移限制、违约、战争和内乱风险担保，并向成员国政府提供投资促进服务，加强成员国吸引外资的能力，从而推动外商直接投资流入发展中国家。

2018 年，MIGA 担保了 9.17 亿美元的气候融资，其中 75% 用于支持可再生能源，约 50% 用于脆弱和受冲突影响的情况以及 IDA 国家。MIGA 还将所支持的气候投资类型多样化，包括建筑节能、减少与食品加工供应链中食品损失相关的温室气体排放以及气候智能农业。MIGA 还为金融和资本市场部门的客户提供支持，帮助他们确定其投资组合中的气候融资。①

（二）区域开发银行

1. 亚洲开发银行

亚洲开发银行（Asian Development Bank，ADB，简称"亚行"）成立于 1966 年，是亚洲和太平洋地区的区域性金融机构。亚行的宗旨是帮助发展中成员减少贫困，提高人民生活水平，以实现"没有贫困的亚太地区"这一终极目标。亚行主要通过开展政策对话、提供贷款、担保、技术援助和赠款等方式支持其成员在基础设施、能源、环保、教育和卫生等领域的发展。亚行有 48 个来自亚洲和太平洋地区的区域成员，19 个来自欧洲和北美洲的非区域成员。日本、美国和中国是亚行的前三大股东。由所有成员代表组成的理事会是亚行最高权力和决策机构。

---

① MIGA, Climate Change, https://www.miga.org/climate-change.

亚太地区要实现低碳增长转型和适应气候变化的不利影响，需满足巨额的资金需求。亚行在气候变化领域的行动和创新，为亚太地区的减缓和适应活动提供了融资渠道和激励。2017年，亚行调动气候融资总额为52.34亿美元，其中42.36亿美元（81%）将用于减缓气候变化，9.98亿美元（19%）用于适应气候变化；亚行自有资源提供了45.38亿美元，外部资源提供了6.96亿美元。从2011年到2017年，亚行批准了超过250亿美元的气候融资，其中亚行自有资源提供了217亿美元，外部资源提供近35亿美元。亚行承诺到2020年其年度气候融资额将达到60亿美元，其中40亿美元用于减缓气候变化，20亿美元用于气候适应，且承诺从2019年到2030年为应对气候变化提供800亿美元。①

亚行保持与国际和双边的伙伴、政府、私人部门和民间社会的紧密合作，亚行通过培育和建立伙伴关系，在扩大自身的低碳和气候韧性增长投资的同时，动员、创新和撬动了其他公共资金和私人资金流向亚太地区。

2. 亚洲基础设施投资银行

亚洲基础设施投资银行（Asian Infrastructure Investment Bank，AIIB，简称"亚投行"）成立于2016年，已在全球范围内有93个成员国。亚投行的使命是通过投资亚洲及其他地区的可持续基础设施和其他生产部门，改善亚洲的社会和经济成果。

建设可持续基础设施，促进绿色基础设施并支持各国实现其环境和发展目标是亚投行的三大优先事项之一。亚投行的可持续能源战略提供了一个明确的框架，投资能源项目，为亚洲数百万人提供清洁、安全和可靠的电力供应。亚投行重视可再生能源、能源效率、现有工厂的恢复和升级以及输电和配电网络等项目，还致力于开发金融工具，并与潜在的金融中介机构合作开展可再生能源和能效投资。亚投行的投资规模正在不断扩大，截至2019年3月初，亚投行共批准了35个项目，为亚洲基础设施投资提供了75亿美元的资金支持，其中可再生能源领域投资额占大多数。②

亚投行在进行投资时，把环境和社会影响放在优先考量位置。设立环境与

---

① Asian Development Bank，*ADB's Focus on Climate Change and Disaster Risk Management*，https：//www.adb.org/themes/climate-change-disaster-risk-management/main.

② Asian Infrastructure Investment Bank，https：//www.aiib.org/en/index.html.

社会框架（Environmental and Social Framework）对所有项目进行建设前环境和社会效应评估，出具环境报告，并加以追踪。以"北京空气质量改善和煤改气项目"为例，该项目在建设前就已出具环境与社会报告，评估项目建设对当地环境和社会的正面影响以及可能带来的空气污染、噪声污染等，并提出监测方案，提供应对此类问题的预算，以及需要满足的当地环境指标。项目建设中后期严格按照披露的环境报告执行并接受监督。作为21世纪新兴国际多边开发机构，亚投行通过投资可持续基础设施应对气候变化，促进地区经济可持续发展。[①]

3. 新开发银行

新开发银行（New Development Bank，NDB），以前被称为金砖国家开发银行，是由金砖国家（巴西、俄罗斯、印度、中国和南非）建立的多边开发银行，于2015年7月开始运营。金砖国家已成为全球经济的新重心之一，2017年五个金砖国家的基础设施投资总额约为1.4万亿美元，但该区域仍存在约为1400亿美元的基础设施差距[②]。新开发银行的成立是为了支持金砖国家和其他服务不足的新兴经济体的基础设施和可持续发展，通过创新和尖端技术加快发展。

新开发银行的所有成员都是《巴黎协定》和《联合国2030年可持续发展议程》的签署国。NDB致力于为其成员国提供资金应对全球变暖、改善环境问题和实现联合国可持续发展目标。在对成员国提供授信和发放贷款时偏向于更环保、可持续的领域，吸引、利用和动员资金流向社会和环境可持续项目。新开发银行的"2017—2021五年规划"计划将2/3的资金投向可持续基础设施建设，重点开展清洁能源、可持续交通、农业灌溉及水资源管理、可持续城市项目建设，积累项目相关成熟经验，包括项目设计、监管体系和融资安排。[③]

可持续基础设施是实现经济快速可持续增长的关键。新开发银行的所有在建项目均需经过环境和社会效应评估，对环境产生负面影响的项目需制定和执

---

① Asian Infrastructure Investment Bank, *Environmental and Social Management Plan for Rural "Coal-to-Gas" Program during the 13th Five-year Plan Period in Beijing*, August, 2017.

② New Development Bank, *Developing Solutions for a Sustainable Future Annual Report 2017*, https://www.ndb.int/wp-content/uploads/2018/07/NDB_AR 2017.pdf.

③ New Development Bank, *NDB's General Strategy：2017-2021*, https://www.ndb.int/wp-content/uploads/2017/08/NDB-Strategy.pdf.

行严格的防控措施，保证项目的可持续性。新开发银行致力于业务创新，发展绿色金融产品。2016 年，新开发银行发行 30 亿元绿色金融债券，募集资金专项用于金砖国家、其他新兴经济体以及发展中国家的绿色产业项目，是首家在中国发行绿色债券的多边开发银行。①

4. 非洲开发银行

非洲开发银行（African Development Bank，AfDB）成立于 1964 年，是非洲最大的地区性政府间开发金融机构。非洲开发银行（AfDB）与非洲开发基金（ADF）、尼日利亚信托基金（NTF）一起构成非洲开发银行集团。AfDB 成立宗旨是促进非洲的社会及经济发展，共有 54 区域成员国及 26 个非区域成员国。

气候变化问题让非洲的农业生产、粮食和水资源、疾病控制、生物多样性和土地降解付出了沉重的代价，非洲同时也是世界上应对气候变化最脆弱的地区之一。因此，非洲开发银行把应对非洲的气候变化问题作为其重要的任务。

2017 年，非洲开发银行的气候融资额比上一年增长了 121%，达到创纪录的 23.47 亿美元。其中，15.64 亿美元（67%）用于减少温室气体排放的气候减缓类项目；剩余的 33%，7.83 亿美元，投资于气候适应项目②。

非洲开发银行还积极制订有效的应对气候变化战略计划，并与其他多边开发银行、联合国机构和双边发展机构等建立了伙伴关系，共同实施气候变化干预，帮助非洲减缓和适应气候变化。

5. 欧洲投资银行

欧洲投资银行（European Investment Bank，EIB）是欧盟的银行，成立于 1958 年 1 月，总行设在卢森堡。由于欧洲投资银行是欧盟的银行，一些文献把"欧盟"视为类似于"国家"的一个整体，EIB 也被视为双边银行。

作为最大的多边借贷者，EIB 由 28 个欧盟成员国拥有，主要为欧盟境内的合理而可持续的投资项目提供融资和专业咨询，为推动欧盟的政策目标做出贡献。EIB 在欧盟的两个主要目标是支持就业和增长，以及支持气候行动，也就是投资知识与创新，支持一个"更绿的"和更具资源效率的经济，促进经

---

① New Development Bank, *Developing Solutions for a Sustainble Future Annual Report 2017*, https://www.ndb.int/wp-content/uploads/2018/07/NDB_AR2017.pdf.

② African Development Bank, *The Challenge for a Fair Deal in Climate Financing*, https://www.afdb.org/en/news-and-events/the-challenge-for-a-fair-deal-in-climate-financing-18729/.

济、社会和地区的凝聚力。EIB 的另一项任务，是从金融角度帮助欧盟实施其外交政策，主要支持前东南欧国家与其南边和东边的邻国，以及非洲、加勒比和太平洋、亚洲和拉丁美洲国家。其融资活动主要是支持地方私人部门发展，提高社会和经济的基础设施以及气候减缓和适应。

显然，在欧盟政策引导下，气候变化减缓和适应已成为 EIB 投资的最优先选项。EIB 已成为国际金融机构中支持应对气候变化项目力度最大的机构之一。2017 年，EIB 提供 194 亿欧元以应对气候变化，超过了全部融资金额的 28%。其中，EIB 重点投向了低碳和气候友好交通项目、能源效率项目和可再生能源项目，分别占到总投资金额的 36.6%、27.4% 和 22.7%[①]。

EIB 的气候行动既包括减缓温室气体排放的低碳投资，也有提高适应气候变化影响的气候韧性项目。这两个领域的融资活动均在 EIB 的部门贷款政策和方法框架内制定，特别是那些涉及能源、交通、水、废水、固体废物、林业、研究、开发和创新（RDI）。目前，气候变化因素已纳入所有 EIB 部门的政策，并集成到所有的业务活动中；同时还被系统地纳入所有 EIB 项目评估，使银行所有部门的贷款组合更加气候友好化。EIB 还与其他伙伴展开气候变化合作，并建立了一系列基金。

6. 欧洲复兴开发银行

欧洲复兴开发银行（European Bank for Reconstruction and Development，EBRD）成立于 1991 年，总部设在伦敦，主要任务是帮助和支持东欧、中欧国家向市场经济转化。EBRD 由欧盟委员会、欧洲投资银行和 67 个国家共同拥有，美国、法国、德国、意大利、日本和英国是前几大股东，活动范围主要包括中欧、东欧和中亚的 38 个国家。

保护环境和对可持续能源的承诺是欧洲复兴开发银行活动的核心，在其成立时明确承诺促进"无害环境和可持续发展"。欧洲复兴开发银行于 2015 年启动了绿色经济转型（GET）方法，将投资带来环境效益的项目作为任务核心；2006—2016 年，绿色融资量占欧洲复兴开发银行年度商业投资的平均百分比为 24%，在此基础上，GET 方法要求在 2020 年将该百分比提高至 40%[②]。

---

① European Investment Bank, *Climate and Environment*, http：//www.eib.org/en/projects/priorities/climate-and-environment/climate-action/index.htm.

② EBRD, *Green Economy Transformation*, https：//www.ebrd.com/what-we-do/get.html.

EBRD 的一个重要战略,就是为能效、可再生能源、低碳运输、气候变化适应、可持续发展等项目进行融资。2017 年是 EBRD 气候适应融资创纪录的一年,这一年适应性融资共 3.92 亿欧元,投资了 31 个气候适应性项目,向可再生能源共投资了 9.58 亿欧元[1]。

7. 泛美开发银行

泛美开发银行(Inter-American Development Bank,IDB)成立于 1959 年,旨在支持拉丁美洲和加勒比海地区的经济和社会发展,是该地区最主要的多边资金来源,提供贷款、赠款、技术援助和研究服务。IDB 的股东是 48 个成员国,包括 26 个拉丁美洲和加勒比海地区的借入国[2]。

IDB 已将气候变化纳入其发展框架,为适应银行客户日益增长的应对气候变化援助的需求。履行《巴黎协定》的承诺需要大量资金,认识到这一点,IDB 集团在 2016 年年会上认可了一个目标,即到 2020 年将气候融资增加一倍,达到 30% 的批准额,但这取决于借款国和客户的需求以及能否获得外部优惠融资。2017 年,IDB 集团批准了一项气候变化行动计划,以实现 30% 的气候融资目标,并将气候变化系统地纳入运营主流。

2017 年,IDB 集团通过贷款、赠款、技术合作、担保和股权投资为拉丁美洲和加勒比地区的气候变化相关活动提供了超过 43 亿美元的资金,占 IDB 集团年度总批准额的 28%。与 2015 年(16%)和 2016 年(22%)相比,气候融资率显著提高,2017 年批准的主权担保贷款业务一半以上都包含气候融资[3]。

(三)国际货币基金组织

国际货币基金组织(International Monetary Fund,IMF)是根据 1944 年 7 月在布雷顿森林会议签订的《国际货币基金协定》,于 1945 年 12 月 27 日在华盛顿成立,与世界银行集团并列为世界两大金融机构。IMF 致力于促进全球金融合作、金融安全稳定、国际贸易、高就业率和可持续的经济增长,并减少世界各地的贫困,目前 IMF 有 189 个成员国。

---

[1] EBRD, *2017 EBRD Sustainability Report*, http://2017.sr-ebrd.com/impact/#Knowledge-sharing-innovation.

[2] Inter-American Development Bank, *About the Inter-American Development Bank*, https://www.iadb.org/en/about-us/how-are-we-organized.

[3] Inter-American Development Bank, *IDB-Sustainability-Report-2017*, March 2018.

IMF 的任务并不直接包括应对气候变化，而是为各成员国提供更广泛的宏观经济稳定和增长问题的建议。在这方面，IMF 将气候变化的经济影响作为其研究重点，例如，在经济预测中考虑气候变化因素。分析气候变化的宏观经济影响尤其与低收入国家相关，而 IMF 的一个重要角色，就是支持贫困减少和经济增长的宏观经济框架。因此，IMF 在气候变化领域的重要作用，在于其为国际组织、国际金融机构以及成员单位提出相关的政策建议，这些建议往往受到高度重视。

根据 2015 年《巴黎协定》的承诺，各国正在推动其各自的战略，而国际货币基金组织则通过五个途径对它们提供支持（见表 4 - 3）。

表 4 - 3　　　国际货币基金组织对应对气候变化的五个支持途径

途径	介　绍
减少碳排放	碳税（或是对煤炭、石油制品和天然气中碳含量的类似收费）可能是降低二氧化碳排放量（温室气体的主要来源）的最有效手段；这些税收的征管十分简便，如可在现有燃料税基础上征收；它能为政府带来可观的收入，而政府用此收入来削减经济中的其他冗赘税收，或是用来为有利增长的投资提供资金。IMF 的文章指出，在 2030 年，若对每吨二氧化碳排放征收 70 美元的税，将使每加仑汽油价格上涨约 60 美分，使煤炭价格上涨两倍以上；上述碳税足以满足一些发达国家和包括中国、印度、印度尼西亚、南非在内的新兴市场经济体的减排承诺，近乎能满足土耳其、美国等国家的承诺，但远未满足澳大利亚、加拿大和一些欧洲国家的承诺 IMF 为制定减缓气候变化的财政政策提供了实际指导，正在开发一套电子表格工具，以帮助各国测量碳排放量，评估碳定价在财政和经济方面的更广泛影响，并对其他减排工具（如个人燃料税、碳排放交易、能源效率激励等）进行权衡
能源补贴改革	碳定价应成为让能源价格体现其全部社会成本的更广泛战略的一部分；这包括空气污染造成的死亡以及燃料使用对地方环境造成的其他副作用；IMF 为所有成员国提供了电子表格工具，让其可以估算体现能源供给成本和全部环境成本的能源价格，并计算化石燃料过低定价所造成的隐性补贴 根据 IMF 的估计，有效的能源定价将使全球碳排放量比 2013 年的水平降低 20% 以上，使化石燃料空气污染造成的死亡人数下降 50% 以上，同时可以使收入提高 GDP 的 4%。IMF 对众多国家的改革案例开展了研究，总结出成功改革的要素。特别重要的一点是需要对低收入家庭予以补偿，而这通常只需用到改革所带来收入的一小部分
增强抗风险能力	IMF 一直都在评估有关国家提升对气候变化和自然灾害抗风险能力的战略，例如尼加拉瓜、缅甸、津巴布韦和其他特别脆弱的国家；气候变化政策评估（目前已对伯利兹、塞舌尔和圣卢西亚开展过这一评估）对有关国家缓解和调整适应气候变化的计划、风险管理战略以及融资问题开展评估，为其指明需要开展投资或调整政策的不足之处，或是帮助其提升应对气候变化影响的能力；IMF 的工作也有助于对脆弱国家的经济风险开展定量研究；IMF 还为成员国提供资金，帮助其应对自然灾害和气候相关事件

续表

途径	介 绍
更加绿色的金融部门	IMF 分析了气候风险影响金融稳定的途径；他们还帮助找出了对一国金融部门整体开展压力测试的最佳做法，而这也反映了气候风险；从萨摩亚等小型岛屿国家到美国、法国等大型经济体，各项金融部门评估规划都包括了压力测试，以评估自然灾害对保险公司、银行和其他金融机构造成的影响
国际行动	IMF 建议成员国在多边层面开展协调工作，如确立碳税的最低价格，以补充和巩固《巴黎协定》进程；国际货币基金组织也参与了国际运输燃料的碳税制定建议工作

资料来源：IMF：《关于国际货币基金组织与气候变化，你需要知道的五件事》，https://www.imf.org/external/chinese/np/blog/2018/060818c.pdf。

（四）多边气候基金

多边气候基金也是气候资金转移的重要渠道，其资金来源通常是各国政府赠款，也有国际税收、贷款和来自资本市场的资金以及慈善捐款。多边气候基金在支持各国采用低碳发展模式以及适应气候变化方面发挥着重要作用，也具有重要的政治意义，反映了发达国家对其大量历史温室气体排放所应负的责任。主要的多边气候基金见表4-4。

表4-4　　　　　　　　　主要的多边气候基金

基金	管理者	重点领域	投入运营时间
适应基金	适应基金董事会	适应	2009 年
适应小农农业计划（ASAP）	国际农业发展基金（农发基金）	适应	2012 年
亚马孙基金（FundoAmazônia）	巴西开发银行（BNDES）	减缓 - REDD	2009 年
生物碳基金	世界银行	减缓 - REDD	2004 年
清洁技术基金（CTF）	世界银行	减缓 - 一般	2008 年
刚果盆地森林基金（CBFF）	非洲开发银行	减缓 - REDD	2008 年（2015 年结束）
森林碳伙伴基金 - 准备基金（FCPF-RF）	世界银行	减缓 - REDD	2008 年
森林碳伙伴基金 - 碳基金（FCPF-CF）	世界银行	减缓 - REDD	2011 年
森林投资计划（FIP）	世界银行	减缓 - REDD	2009 年
全球环境基金（GEF4）	全球环境基金（GEF）	多个领域	2011 年

续表

基金	管理者	重点领域	投入运营时间
全球环境基金（GEF5）	全球环境基金（GEF）	多个领域	2012 年
全球环境基金（GEF6）	全球环境基金（GEF）	多个领域	2014 年
全球气候变化联盟（GCCA）	欧盟委员会	多个领域	2008 年
全球能源效率和可再生能源基金（GEEREF）	欧盟委员会	减缓－一般	2008 年
绿色气候基金（GCF）	绿色气候基金（GCF）	多个领域	2015 年
印度尼西亚气候变化信托基金（ICCTF）	印度尼西亚国家发展计划局	多个领域	2010 年
最不发达国家基金（LDCF）	全球环境基金（GEF）	适应	2002 年
千年发展目标成就基金-环境与气候变化专题窗口（MDG-F）	联合国开发计划署	适应	2007 年（2013 年结束）
市场准备伙伴计划（PMR）	世界银行	减缓－一般	2011 年
气候适应性试点计划（PPCR）	世界银行	适应	2008 年
为低收入国家扩大可再生能源计划（SREP）	世界银行	减缓－一般	2009 年
气候变化特别基金（SCCF）	全球环境基金（GEF）	适应	2002 年
UN-REDD 计划	联合国开发计划署	减缓－REDD	2008 年

资料来源：根据 https：//climatefundsupdate.org/the-funds/ 及基金网站内容汇总。

1. 全球环境基金

全球环境基金（Global Environmental Facility，GEF）成立于 1991 年，最初是联合国开发计划署（UNDP）、联合国环境规划署（UNEP）以及世界银行（WB）的倡议，作为试点项目设在世界银行，旨在帮助全球环境的保护，促进环境健康和可持续发展。1992 年，在里约地球峰会上，全球环境基金进行了重组，并从世界银行系统中撤出，成为一个独立机构。全球环境基金成为一个独立组织，加强了发展中国家对其决策过程和项目实施的参与。自 1994 年以来，世界银行一直担任全球环境基金信托基金的受托人并提供行政服务。截至 2018 年 6 月，全球环境基金与 183 个国家、国际机构、民间社会组织和私营部门建立了国际伙伴关系[①]。

[①] GEF，*About Us*，https：//www.thegef.org/about-us.

目前，GEF 是以下公约的资金机制：（1）生物多样性公约（Convention on Biological Diversity，CBD）；（2）联合国气候变化框架公约（UNFCCC）；（3）关于持久性有机污染物的斯德哥尔摩公约（Stockholm Convention on Persistent Organic Pollutants，POPs）；（4）联合国防治荒漠化公约（UN Convention to Combat Desertification，UNCCD）；（5）关于汞的水俣公约（Minamata Convention on Mercury）。此外，虽然 GEF 没有正式成为"蒙特利尔议定书关于消耗臭氧层物质的臭氧层"（Montreal Protocol on Substances That Deplete the Ozone Layer，MP）的资金机制，但在经济转型国家支持该议定书的实施①。

作为一个独立运作的金融机构，GEF 为与生物多样性、气候变化、国际水域、土地退化、臭氧层和持久性有机污染物等相关的项目提供赠款。截至 2018 年 6 月，全球环境基金提供了超过 179 亿美元的赠款，并为 170 个国家的 4500 多个项目筹集了 932 亿美元的共同融资。通过其小额赠款计划（SGP），GEF 已为全球超过 21500 个项目提供了超过 5.8 亿美元的资金。②

2. 绿色气候基金③

2009 年哥本哈根气候变化大会提出到 2020 年发达国家每年筹集 1000 亿美元资金，并呼吁建立新的绿色气候基金（Green Climate Fund，GCF）。2010 年坎昆会议通过决议，建立绿色气候基金，并将该基金作为缔约方协议的金融机制的运作实体，以支持发展中国家减缓气候变化的计划、项目、政策及其他活动。在 2011 年 12 月德班大会上，绿色气候基金得以正式启动，于 2015 年投入运营。

GCF 董事会由发展中国家与发达国家缔约方各 12 名成员组成，包括一个专门用于最不发达国家（LDC）和小岛屿发展中国家（SID）的席位，2 名联合主席由董事会成员从内部选出，分别来自发达国家与发展中国家，充分体现了平等原则。世界银行在全球合作框架的前三年担任临时受托人，在缔约方会议的指导下运作并对其负责，此后将在公开和竞争的过程中选出一名永久受托人。

---

① Wikipedia, *Global Environmental Facility*, https://en.wikipedia.org/wiki/Global_Environment_Facility.

② GEF, *GEFSGP*, https://www.thegef.org/topics/gefsgp.

③ 根据 Climate Fund Update, *Green Climate Fund*, https://climatefundsupdate.org/green-climate-fund/；绿色气候基金官网内容整理。

GCF 有助于实现 UNFCCC 的最终目标，在可持续发展的背景下，该基金通过向发展中国家提供支持，限制或减少其温室气体排放并适应气候变化的影响，促进向低排放和气候适应性发展途径的范式转变，并充分考虑那些特别容易受到气候变化不利影响的发展中国家的需求。该基金致力于最大限度地利用其资金对适应和减缓的影响，并在两者之间寻求平衡，同时促进环境、社会、经济和发展的共同利益。

截至 2018 年年底，GCF 从 43 个国家共筹集了 103 亿美元，其项目投资通过执行机构进行，已经授权了 75 个执行机构，其中有 2 个是中国的机构，分别是中国清洁发展机制基金管理中心和对外经济合作办公室。已开发了 93 个项目，涉及投资金额 46 亿美元，累计可减少约 14 亿吨二氧化碳排放；其中 39% 是减缓气候变化项目，25% 是适应类项目，36% 是两者都有涉及。GCF 对这些项目的出资方式有赠款、优惠贷款、股权和担保四种。

三 其他公共金融机构

（一）公共养老基金

养老基金（Pension Funds）是指提供退休收入的计划、基金或机制。在一些国家，有公共养老基金和私人养老基金之分，分别受公共部门法律和私人部门法律监管，在行政和投资方面有特定的要求。例如，美国地方政府养老基金由各州的法律监管，这些法律条文会规定基金允许投资的级别以及最低市政府义务。而在另一些国家，公共或政府养老基金与私人养老基金的区别很难评估。2017 年，全球最大的 300 家养老基金管理了 18.1 万亿美元的资产[1]。如果养老基金能够拿出部分比例的资金投资于减缓气候变化活动，例如 1%，即约 1800 亿美元，将成为应对气候变化领域巨大的资金来源，见表 4-5。

表 4-5　　　　　　　　　世界前十大养老基金

国家	基金	资产（十亿美元）	开始年份	起源
日本	政府抚恤投资基金	1444	2006	非商品
挪威	挪威政府抚恤基金	1063	1990	石油

---

[1] Wikipedia, *Pension Fund*, https://en.wikipedia.org/wiki/Pension_fund.

续表

国家	基金	资产（十亿美元）	开始年份	起源
韩国	国民养老金服务	583	1988	非商品
美国	联邦退休节约基金	532	1986	非商品
荷兰	基础抚恤基金（ABP）	495	1922	非商品
中国	国家社会保障基金	457	2000	非商品
美国	加利福尼亚公共雇员退休系统（CalPERS）	337	1932	非商品
加拿大	加拿大养老金计划	283	1965	非商品
新加坡	中央公积金	269	1955	非商品
荷兰	福利养老基金会（PFZW，之前为PGGM）	236	1969	非商品

资料来源：Wikipedia. Pension Fund. https://en.wikipedia.org/wiki/Pension_fund。

目前，全球一些养老基金和其他机构投资者已经表达了对投资气候变化相关资产的兴趣，甚至实际上已经行动。不同的行业组织已经形成，用以增强在这一领域的行业经验，并且通过与政府对话的方式来解释这样的投资环境和融资工具。显然，这个过程对于促使养老基金的进一步参与是十分必要的。

事实上，养老基金长期投资项目和许多与减缓行动相关联的长期投资项目很匹配。但是，由于养老基金有受信责任以确保筹集和投资的资金能够向养老金持有者发放养老金，因此养老基金需在严格的风险管理边界下运行，它需要一个多样化的投资组合。因此，政府需要发出应对气候变化清晰的信号，这一政策需要透明、强大、稳定和可信。在新兴经济体中，私人投资者还面临额外的政策变化风险，需要能力建设和政策发展的组合来降低这些风险。只有当气候变化投资能够提供与其他类型投资相比的风险收益时，养老基金才能向气候金融领域分配其更大的投资份额。

（二）主权财富基金

主权财富基金（Sovereign Wealth Funds，SWFs）是一些国家（或地区）的政府运用不断增加的外汇储备或财政盈余，组建专门的外汇投资机构或基金在国内、国际市场进行投资。截至2018年8月，全球主权财富基金管理了8.11万亿美元的资产[①]。与养老基金相似，如果全球主权财富基金可以拿出一

---

① SWF Institute, *Sovereign Wealth Fund Ranking*, https://www.swfinstitute.org/sovereign-wealth-fund-rankings/.

定的比例投向应对气候变化领域，也将成为重要的气候资金来源，见表4-6。

表4-6　　　　　　　　世界前20名主权财富基金

国家	主权财富基金名称	资产（十亿美元）	开始年份	起源	林纳堡透明度指数
挪威	政府抚恤基金—全球	1058.05	1990	石油	10
中国	中国投资公司	941.4	2007	非商品	8
阿拉伯联合酋长国—阿布扎比	阿布扎比投资局	683	1976	石油	6
科威特	科威特投资局	592	1953	石油	6
中国	香港金融管理局投资管理	522.6	1993	非商品	8
沙特阿拉伯	沙特阿拉伯货币管理局外资控股	515.6	不详	石油	4
中国	华安投资公司	441	1997	非商品	4
新加坡	新加坡政府投资公司	390	1981	非商品	6
新加坡	淡马锡控股公司	375	1974	非商品	10
沙特阿拉伯	公共投资基金	360	2008	石油	5
卡塔尔	卡塔尔投资局	320	2005	石油、天然气	5
中国	国家社会保险基金	295	2000	非商品	5
阿拉伯联合酋长国—迪拜	迪拜投资公司	229.8	2006	非商品	5
阿拉伯联合酋长国—阿布扎比	穆巴达拉投资公司	226	2002	石油	10
韩国	韩国投资公司	134.1	2005	非商品	9
澳大利亚	澳大利亚未来基金	107.7	2006	非商品	10
伊朗	伊朗国民发展基金	91	2011	石油、天然气	5
俄罗斯	国家财富基金	77.2	2008	石油	5
利比亚	利比亚投资局	66	2006	石油	4
美国—阿拉斯加	阿拉斯加永久基金	65.7	1976	石油	10

资料来源：SWF Institute. Sovereign Wealth Fund Ranking, https://www.swfinstitute.org/sovereign-wealth-fund-rankings/。

(三) 国家发展机构和国家气候基金

1. 国家发展机构和政策性银行

国家发展机构（主要是国家发展银行）为许多发展中国家长期投资提供了另一种融资渠道。尽管这些机构的长期融资在过去发展不平衡，但它们在协助各国成功过渡到低排放发展模式上，仍将扮演越来越重要的角色。国家发展银行在发展公共部门和私人部门之间的合作伙伴关系方面，会发挥重要作用，如它们承担绿色债券的承销和为公共私人股本基金融资。

政策性银行可以通过与政府的政策或财政投入相辅相成，从而撬动私人投资。例如中国的三大政策性银行——国家开发银行（也是国家发展银行）、中国进出口银行（出口信用机构）和中国农业发展银行。根据自身特点，在应对气候变化领域开展了相应的业务。国家开发银行重点关注绿色体系建设、低碳城市和智慧城市、环境治理和生态恢复领域；加强对清洁及可再生能源、循环经济、节能环保等重点行业的支持。中国进出口银行逐步建立了以绿色信贷为主体，以绿色基金、碳金融服务为补充的多元化绿色金融业务体系。中国农业发展银行的节能环保项目贷款余额大幅增长。但是，目前气候变化相关领域并不是政策性银行所重点关注的领域。

2. 英国绿色投资银行

英国是最早提出"低碳经济"概念的国家，英国政府为确保英国成功地向低碳经济过渡，致力于推动绿色增长，而这意味着更多自然资源的可持续利用、减少对环境的损害、提高资源效率、保证能源安全和弹性，同时也最大限度地提高并创造再就业的机会和质量，这些都需要前所未有地在基础设施上进行巨额投资。为鼓励企业有信心投资新的绿色基础设施，英国政府开发设计了一系列稳定的激励政策，例如推行绿色节能建筑，进行废物政策审查和新措施，鼓励推广电动车。

然而，这些政策依然不够，并可能威胁向低碳经济过渡的规模和速度。为此，英国政府投资30亿英镑设立了世界上第一个专门的绿色投资银行，以补充现有的政策实施环境，解决市场失灵问题，并促进私营部门投资于英国的绿色经济转型，力争取得显著的绿色影响和财务回报。

3. 国家气候基金

一些发展中国家也在建立国家气候基金（National Climate Fund, NCF），为国内应对气候变化行动提供新的融资渠道。NCF的主要目标是集合、协调并加强国家对于气候金融的控制权,将现有 NCF 项目和那些具有相似目标、但治理和责任安排不同的项目(如原有的农业支持项目)融合在一起,或将特定项目中的国际和国内资源相融合。同时,NCF 还可以整合管理、监控和评估这些资源。具体而言,国家气候基金的主要作用包括以下三个方面。

第一,可筹集和运用资金到国家应对气候变化行动中。NCF 是诸多资源结合的载体,政府、捐献者、发展伙伴、居民社会和其他利益相关者都可以参与并对气候变化的事件做决定。而且,UNFCCC 下的传统融资机制的资金受限于捐资国的意愿,NCF 却可以为气候融资吸引更加多样的来源,如公共或私人的、多边或双边的资金以及创新型资源。

第二,在项目层面灵活吸引不同资金来源。很少有一种融资机制可以覆盖应对气候变化和经济低碳转型发展所必需的资金需求,然而,NCF 可以混合多种资源,即公共的、私人的、多边的、单边的资源来共同支持应对气候变化的行动。例如,全球的环境基金、适应基金和新兴的绿色气候基金将要分别筹集资源并把它们指向地区的、国家的各个层面的气候项目。国家气候基金并不意味着从这些资金机制中筹集资金或者增加国家的负担,而是在项目层面上混合这些资源与其他来源。NCF 可以为杠杆化公共资金和吸引私人资金提供途径,并且在全球气候金融系统中提供国家层面的合作。

第三,可以协调气候变化利益相关者间的关系。NCF 作为国家基金,可提供灵活的、合作的、可预测的资金来支持国家优先考虑气候变化的需求。同时,它们的结构和操作,与一些国际合作准则的目的是一致的,一国的 NCF 可与其他国家的 NCF 合作,相互协调国家之间的气候变化活动。

中国清洁发展机制基金(CDMF)、印度尼西亚气候变化信托基金(IC-CTF)、孟加拉国气候变化弹性基金(BCCRF)和巴西国家气候变化基金(FNMC)都是国家气候基金。

第二节 开展气候融资的私人机构

开展气候融资的私人机构主要包括创新的碳金融机构,以及来自资本市场的以商业银行、投资银行、基金公司和保险公司等为主的传统金融机构。

一 碳金融机构

减缓是应对气候变化的重要方面，以控制地球温度最高上升2℃为目的的全球减排行动，直接促进了碳金融市场的发展壮大，创新的碳金融机构也应运而生。所谓"碳金融机构"，就是围绕碳市场的产生和发展而新开发的金融服务与中介机构，主要包括碳基金、碳资产管理公司、碳排放权交易所、指定经营实体和其他碳金融服务机构。

（一）碳基金

碳基金是指为了进行碳信用交易而设立的具有一定数量资金的机构。碳信用（carbon credit），是指在经过权威机构认证的条件下，国家或企业减少的碳排放可以进入碳交易市场的计量单位，如《京都议定书》下清洁发展机制（CDM）项目所产生的经核证的减排量（CERs）、联合履约机制（JI）项目所产生的减排单位（ERUs）。

从资金来源看，碳基金包括政府或多边金融机构设立的公共基金、政府及多边机构与私人部门共同设立的公私混合基金，以及私人资本设立的私人基金。碳基金的投资目的包括满足强制履约需求、获取金融收益、满足自愿减排需求以及促进低碳增长等。由于国际金融危机、碳金融市场初始发展阶段的固有弊端以及国际减排机制政策的调整，2009年碳基金完成了第一阶段的发展之后陷入发展低潮。

从碳基金的运作周期来看，分为筹资阶段、投资阶段和撤资阶段（如图4-1所示）。

筹资	投资	撤资
出于减排履约、财务收益或支持发展等目的，碳基金向来自公共部门和私人部门的投资者筹集资金，资金的安排及投资决策由投资委员会决定	设立基金管理公司，作为财务投资者，用标准化的购买合同（减排量购买协议，ERPA）从项目开发商手中购买碳信用；基金管理公司也可以通过设立特殊目的机构（SPV）、特殊目的实体（SPE）或特殊目的公司（SPC），直接投资于项目，目的是出于法律、财政和金融等原因，将项目资产与捐资者的资产严格分离开。它往往是项目融资结构的核心	一旦项目被批准且减排量被核查，碳信用就转移到了基金经理手中，之后分配到各类投资者或被卖到二级市场。根据基金的投资策略，投资者按照他们的投资获得履约信用、流动性或是这两种类型的混合

图4-1 碳基金运作周期的三个阶段

资料来源：笔者整理。

（二）碳资产管理公司

在全球、区域和国家三个层面的气候监管政策下，很多国家工业企业面对强制减排压力，为实现低成本减排，产生了对碳信用的购买需求。由于专业知识、技能和经验所限，绝大多数以履约为目的的碳信用需求者很难直接获得碳信用，而项目的开发、碳信用的生成及交易，也需要具备相关能力和经验、深谙规则的中介机构协助项目业主和开发商完成。由此，产生了专门围绕碳信用交易而提供系列服务的碳中介机构，由于碳信用是一种新兴资产类别，我们将这类碳中介机构称为"碳资产管理公司"。

专业的碳资产管理公司扮演的角色非常重要，因为碳信用项目具有高度结构化、规模大、时间长的特点，不管对于买方还是卖方，中介商都是极为重要的市场情报来源和具体项目开发的组织实施方，同时也关系到项目实施的成本控制、买卖双方信任关系的建立、市场知识、专业水平等。因此，碳资产管理公司对项目合格减排量的产生和顺利交易起着至关重要的作用。一个全面综合的碳资产管理公司，可以涵盖碳市场所需要的全面中介服务，主要包括：项目咨询、项目融资、项目开发和碳信用经纪服务。

中国有十分丰富的碳减排资源，在《京都议定书》时期，一些国际机构凭借其在国际金融市场上的经验和专业能力，将中国大量的碳资产转移到国际一级、二级市场，赚取差价。中国也产生了本土的碳资产管理公司。他们的业务模式多元化，可以为企业的碳管理提供全方位的服务，并设计碳金融产品，利用碳资产融资。随着国内碳交易试点的推进和全国碳市场的建设，碳资产管理公司的业务转向国内，业务范围更加广泛。

（三）碳排放权交易所

碳排放权交易所（以下简称"碳交易所"）是为从事温室气体排放权（尤其是碳信用）交易的买卖双方提供交易场所、设施以及相关服务等的交易平台，便于交易双方及时、准确地了解和使用信息，可以高效地开展交易活动。交易所是金融市场趋向成熟的表现，一个具有先进的交易系统、广泛的会员网络、创新的金融产品的碳交易所，是形成国际碳金融中心的重要标志之一。

1. 碳交易所的功能

第一，有利于形成合理的价格。标准化的合约交易，为温室气体排放交易成为全球无差别性的交易方式提供了条件。同时，碳交易所的交易具有公开、公平、公正的特点，市场透明度高，形成的价格是国际贸易中的基准价格，使交易成为各个国家合理配置资源的基础。

第二，提供融资平台，规避风险。碳交易所通过设计大量的现货和期货产品，为交易者规避风险，并提高资产流动性。在现货市场，企业可以将节能减排所获得的额外温室气体排放量投向市场，获得相应的资金和技术支持，从而进一步大幅度降低能源成本。而通过期货产品的交易，可以预测未来供求，从而使市场对未来价格有所预期。同时在期货市场上确定了远期价格，也就确定了未来的供需，生产和供应可以合理安排，以避免价格波动和利润不稳定带来的风险，对温室气体排放权交易价格出现大起大落也起到了一定的防范作用。此外，温室气体排放量交易相关企业还可以通过期货套期保值，在期现货市场间建立一种相互冲抵的机制，有效地转移或分散因现货市场价格不利变动的风险。

第三，提高交易效率，节约交易成本。碳交易所是以一系列的标准化温室气体减排量作为标的交易工具和项目，由众多投资者按照一定的交易程序，通过公开竞价的方式，借助现代通信手段，反映市场供需，形成价格，为交易双方提供一个安全、准确、迅速成交的交易平台。这样，可以大大减少交易过程中谈判的成本，如谈判费用和时间。建立温室气体交易所将为交易双方提供一个安全、准确、迅速成交的交易场所，以提高交易效率，节约交易成本。

第四，促进绿色经济发展。通过先进的交易系统、广泛的会员网络和合作伙伴，最终实现节能减排领域的资源优化，降低污染治理的成本和交易成本，提高环境治理的效率。而成熟的碳交易所可以促进产业结构的调整和优化升级，通过交易温室气体的排放量及设立低碳减排的合作项目，构筑以市场化方法推动节能减排运行的新机制，从而实现节能减排和环境保护领域各类技术、资本及权益交易的完整的产业链，促使企业控制温室气体的排放量、环境的改善以及实现绿色经济的发展，最终推动社会可持续发展。

2. 主要的碳交易所

自1997年多国签署《京都议定书》之后，欧盟、美国、澳大利亚等发达国家和地区以及越来越多的发展中国家陆续建立了碳交易市场。其中欧盟碳市场（EU ETS）是世界上发展相对成熟、规模最大的碳市场，美国的区域温室气体倡议市场（RGGI）是美国第一个强制性减排的区域碳市场；澳大利亚的新南威尔士温室气体减排体系（GGAS）是国际上第一个采用强度控制标准的碳市场。除此之外，在亚洲，印度、新加坡等国也紧跟国际碳市场发展步伐，与美国、欧盟等进行合作，在区域内开展碳市场的开发和运作。

发展碳市场的国家和地区都设立了碳排放权交易场所，用于碳现货或金融衍生品的交易，有的在当地的环境、能源或电力交易所里进行交易，有的设有专门的碳排放权交易所。

欧洲的碳交易所主要包括欧洲环境交易所（BlueNext）、欧洲气候交易所（ECX）、欧洲能源交易所（EEX）等，欧洲环境交易所（BlueNext）曾经是最大的现货交易场所，但于2012年关闭。

在中国，2011年10月，国家发展改革委批准北京、天津、上海、重庆、湖北、广东、深圳七个省（市）开展碳排放权交易试点工作，七个试点在2013年到2014年陆续开始交易，2016年12月又新增了四川和福建两个试点。2017年12月开始启动全国碳排放权交易体系的建设工作。九个试点省（市）的碳交易所见表4-7。全国碳市场的登记注册系统设置在湖北，交易结算系统设置在上海，分别由湖北碳排放权交易中心和上海环境能源交易所牵头做相关系统的基础建设工作。

表4-7　　　　　　　　中国九个试点省（市）的碳交易所

试点省（市）	碳交易所
深圳	深圳碳排放权交易所
上海	上海环境能源交易所
北京	北京环境交易所
广东	广州碳排放权交易所
天津	天津排放权交易所
湖北	湖北碳排放权交易中心
重庆	重庆碳排放权交易中心
四川	四川联合环境交易所
福建	海峡股权交易中心

资料来源：笔者整理。

（四）指定经营实体

指定经营实体（Designated Operational Entity，DOE）是对碳信用项目所产

生的碳减排量进行审定（Validation）和核查（Verification）的机构。在京都机制下，根据 COP 规定，一个由 COP/MOP 或者 CDM/JI 执行理事会指定的 DOE，有资格确认推荐的 CDM/JI 项目的合格性，并核准和验证项目的温室气体减排量。因此，DOE 具有两个主要功能：一是确认推荐 CDM/JI 项目的合格性以及项目登记活动；二是验证登记的 CDM/JI 项目的温室气体减排量。

CDM 项目的 DOE 具体的主要职责包括：（1）以项目设计文件为主要依据，对所建议的 CDM 项目进行审定；（2）出具审定报告，并提交给执行理事会，申请对 CDM 项目进行注册登记（Registration）；（3）以项目的监测计划等为基础，核查项目的温室气体减排量；（4）在核查的基础上，出具核查报告，提交给执行理事会，申请向项目签发（Issuance）核查数量的 CERs。根据规定，一个指定经营实体在同一个 CDM 项目中只能承担审定职责或核查职责，但对于小型 CDM 项目，可以例外。DOE 可以从 CDM 项目的审定和核查阶段收取费用，获取利润。DOE 的这些程序增加了 CDM 项目的交易成本，但有利于 CDM 项目的成功有效运行，并保证减排量真实有效。其他碳市场也采用类似的方式来审定和核查碳信用项目。

（五）其他碳金融服务机构

由于碳金融的发展，一些传统金融服务机构开始将碳金融事宜纳入其创新业务范畴之中，同时也产生了一些专门的相关服务机构，例如信用评级机构、信息服务机构等。

1. 碳信用评级机构

信用评级是一种社会中介服务，为社会提供资信信息，或为单位自身提供决策参考。其目的是公平、公正、客观地评估受评对象违约风险的大小，一般由专业的信用评估机构进行。评估机构针对受评对象金融状况和有关的历史数据进行调查、分析，从而对受评对象的金融信用状况给出一个总体的评价。

随着国际碳交易的发展，碳信用的评级逐渐被市场主体所关注。参与到碳减排交易体系中的主要碳信用评级机构有两类：一类是传统资本市场上的信用评估机构，如穆迪（Moody's）、标准普尔（Standard & Poor's）和惠誉国际（Fitch Rating）都已将碳金融纳入研究，将碳金融因素纳入债券评价中，追踪排放权交易市场。另一类是专业的碳信用评级机构。

评估机构在碳金融领域发挥的作用主要表现在以下三个方面。

第一，评估项目履约能力。评级机构针对项目履约能力出具相关报告，评估项目实施风险、投资风险等，结合项目整体情况和减排收入获取情况，对项目进行分项及整体评级。

第二，评估碳风险。随着碳市场的发展，碳减排和碳交易的相关政策与法规有可能给企业、基金等机构带来相应的金融风险，仅仅凭借公司内部报告来评价相应碳风险是不够的，碳市场的参与者与投资者需要清晰、独立、透明的报告来评估相应风险。因此，评级机构参与到碳风险的评估中。

第三，评估碳价格、碳税对碳市场参与方的影响。无论是购买排放权和信用、缴纳碳税或者投资改善能耗效率，通常公司都会将相应部分成本转嫁到最终消费者，进而会对其产品价格、市场份额、股价产生对应的影响。因此，评级机构可以根据碳市场价格或碳税政策的变化，来分析其对不同行业的公司在长期与短期所造成的影响。

2. 碳市场信息服务机构

碳市场信息服务机构是指为市场参与者提供信息、分析和咨询等服务的第三方。能够获得关于碳市场的及时、可靠、准确的信息对于碳金融市场的发展及其参与者来说都是必不可少的要素。通过这些信息，碳市场参与者可以计划自己的交易目标，商议交易方式与条款，制定交易策略，了解与量化市场风险，并预测市场的价格波动以及未来的市场趋势。因此，同其他金融市场一样，碳市场的成熟与发展，离不开高效、稳定并可信的信息服务机构。

碳市场信息服务机构所提供的服务包括：（1）深度研究，运用一系列专利模型对清洁能源及碳市场进行研究和分析；（2）产业情报资讯，提供清洁能源交易、投资者、项目及公司数据库；（3）新闻及简报，包括每日头条、每周简报、新闻月刊等；（4）知识服务，包括行业最前沿的交易活动及资深业内人士的深度讨论；（5）应用研究，即咨询及数据服务；（6）发布一系列行业指数。

二 传统金融机构

目前在气候融资领域发挥重要作用的传统商业性金融机构主要包括商业银行、投资银行、基金公司、保险公司等。由于意识到低碳所带来的商机，一些其他的传统金融机构，如融资租赁公司、信托公司等也在积极地探索低碳领域相关的业务。

（一）商业银行

商业银行在社会经济活动中起着集聚巨额资金、调剂资金余缺、优化资源配置和产业结构、提高经济效益的重要作用。作为专业化的金融服务媒介，其金融服务可深入渗透到各个金融市场和各经济领域之中，可在应对气候变化行动中充分发挥重要作用。

1. 国际商业银行在气候金融领域的涉足

国际大型商业银行在气候金融领域发现了新的机会，已纷纷开展丰富多样的相关业务和创新产品，包括绿色信贷、碳金融业务等。国际上在气候金融方面比较活跃的银行有以下三家。

（1）德意志银行

2017年，德意志银行安排了总融资额约22亿欧元的项目，以促进产生超过3800兆瓦容量的可再生能源。这意味着德意志银行仍然是欧洲最大的促进可再生能源私营部门项目的融资方之一。2017年，可持续投资（Sustainable Investments，SI）管理了七个可持续和影响基金，总金额为3.55亿欧元。这些可持续和影响基金的广泛管理涵盖能源（清洁能源、能源储存、能源使用），环境（食品、农业、废物、水），小额信贷，就业、教育和住房。[①] 除此之外，德意志银行是第一家获得绿色气候基金授权的商业金融性质的执行机构。

（2）瑞士瑞信银行

作为最早提出要建立可持续发展与公司投资机会相结合理念的国外银行之一，瑞士瑞信银行提供各种关注环境变化和社会发展的相关产品和服务，其中重要的组成部分就是瑞信银行设立了可持续发展型股票基金。比较有代表性的基金有瑞信全球责任股票基金（Global Responsible Equities Fund）和瑞信房地产绿色地产基金（Real Estate Fund Green Property Fund）。

瑞信全球责任股票基金是瑞信银行于2009年发行的，该基金的股票池挑选原则是基于国际环境相关准则、ESG准则和联合国投资责任准则（UN Principles for Responsible Investment）。该基金的合规、投资同时也要受到全球投资伦理道德准则（Global Ethical Standard Investment TM）的监管。该基金在2016年11月重组。

瑞信房地产绿色地产基金是瑞士房地产基金中首支投资于达到可持续发展

---

① Deutsche Bank, *Non-Financial Report*, https://www.db.com/cr/en/docs/dbcr2017_entire.pdf.

准则(Sustainability Criteria)和节能准则(Energy-Efficiency Criteria)的房地产项目基金。该基金自 2013 年起在瑞士证券交易所上市。

(3)汇丰银行[①]

汇丰银行的一个关键目标是为可持续金融提供融资,以实现向低碳经济的过渡,并帮助客户管理过渡风险。可持续融资包括提供信贷工具、咨询服务和进入资本市场的便利,帮助企业从碳密集型活动中过渡,以及开发更清洁的新能源、技术和基础设施。

汇丰银行承诺到 2025 年提供 1000 亿美元的融资和投资,用于开发清洁能源、低碳技术以及有助于实施《巴黎协定》和联合国可持续发展目标的项目。截至 2018 年第三季度,汇丰银行已为可持续融资和投资提供了超过 250 亿美元的资金,并且持续创新和开发新产品,包括资产管理业务中的新低碳投资基金和汇丰控股有限公司首创企业 SDG 债券。

随着对气候相关投资需求的不断增加,汇丰银行扩大了社会责任投资基金的范围。2017 年 10 月,汇丰银行推出了两个低碳基金,以满足希望应对投资中的气候变化风险的客户需求。汇丰银行(英国)退休金计划也已宣布将 18.5 亿英镑转入一项新基金,该基金不包括未达到最低环境标准的公司,这些标准涵盖了气候变化相关标准。

2. 国内商业银行在气候金融领域的准备

由于气候领域的相关投资项目具有较大的不确定性和风险,使得监管严格、高度重视风险管理的商业银行对于开展气候金融业务都非常谨慎,而相对还不成熟的中国金融市场更是如此。中国商业银行在气候金融领域的业务主要包括绿色信贷和低碳理财。

商业银行是中国金融体系最重要的组成部分。作为以间接融资为主的金融体系,中国社会融资总量中有 70% 左右来自银行系统,发放贷款是银行最主要的业务模式之一。随着中国绿色金融体系的发展,商业银行越来越重视绿色信贷。

经过长期的碳市场发展后,中国初步形成匹配碳金融市场的宏观环境,相应法律法规进一步得到完善,全国碳市场体系正在建立。作为中国未来碳金融的最主要构成主体,商业银行在相关政府部门、行业协会等的引导下,

---

① HSBC, https://www.hsbc.com/our-approach/building-a-sustainable-future/sustainable-finance.

深化各类碳金融产品与服务的创新,将增强碳金融市场的流动性和活跃程度。

(二) 投资银行

商业银行在社会经济活动中起着集聚巨额资金、调剂资金余缺、优化资源配置和产业结构、提高经济效益的重要作用。作为专业化的金融服务媒介,其金融服务可深入渗透到各个金融市场和各经济领域中,可在应对气候变化行动中充分发挥重要作用。

投资银行(Investment Bank)是主要从事证券发行、承销、交易、企业重组、兼并与收购、投资分析、风险投资、项目融资等业务的非银行金融机构,是资本市场上的主要金融中介。世界各国对投资银行的称呼不尽相同,美国的通俗称谓是投资银行,英国则称商人银行。以德国为代表的一些国家实行银行业与证券业混业经营,通常由银行设立公司从事证券业务经营,日本等一些国家和中国一样,将专营证券业务的金融机构称为证券公司。

在气候金融领域,国外的投资银行已经积极开展了相关业务,如摩根大通(JPMorgan Chase & Co.)承诺到 2025 年为 2000 亿美元的清洁融资提供便利[1];德意志银行(Deutsche Bank)帮助客户开发、收购和销售低碳业务和资产[2];高盛(Goldman Sachs)是 NYMEX 绿色交易所(Green Exchange)的投资者,承诺到 2025 年为清洁能源提供 1500 亿美元的融资[3]。中国国内的投资银行业在近期和远期也可以通过各种服务成为气候资金媒介。

(三) 保险机构

气候保险既是重要的气候风险缓释工具,也是保险机构的一项巨大商业机遇。顺应全球应对气候变化的大趋势,世界上著名的保险机构从开始的被动应对,到积极地担当起气候金融媒介机构的角色。保险机构不仅可以提供保险产品,而且可以通过其在风险和脆弱性评估、风险定价、风险转移方案等方面的专业知识,帮助业主了解自身面临的风险和对策,以达到减少损失的目的。

---

[1] JPMorgan Chase & Co, *Environmental Social and Governance Report 2017*, https://www.jpmorganchase.com/corporate/Corporate-Responsibility/document/jpmc-cr-esg-report-2017.pdf.

[2] Deutsche Bank, *Non-Financial Report*, https://www.db.com/cr/en/docs/dbcr2017_entire.pdf.

[3] Goldman Sachs, *Goldman Sachs 2017 ESG Report*, https://www.goldmansachs.com/citizenship/esg-reporting/esg-content/esg-report-2017.pdf?reportdownload=top.

1. 国际保险机构的积极行动

(1) 美国国际集团

美国国际集团（AIG）是世界上最大的保险公司，是保险和金融服务行业的领导者之一，也是全球首屈一指的国际性保险服务机构。AIG 在全球 80 多个国家及地区开展业务。2005 年，AIG 成为第一个制定气候变化政策的美国保险公司，并且加入了 Ceres 气候变化投资者网络，致力于在整个保险行业传播气候变化知识，推动美国每个保险公司理解、适应和改善气候变化对保险业的影响。保险业作为最早迅速对气候变化做出实质性应对措施的行业，AIG 在其中发挥了领导作用。

(2) 慕尼黑再保险集团

慕尼黑再保险集团（Munich Re Group）是国际知名的保险集团，在气候变化领域的战略方向包括三个方面。第一，进行风险评估，如自然灾害和气候变化的影响、气候保险、潜在风险管理等。第二，开拓新的商业机会，例如，在可再生能源领域启动创新的保险解决方案，涵盖农业部门以及防范天气风险等。第三，资产管理，将可持续性的标准整合到投资策略中，投资于可再生能源，为私营部门提供基础设施资金等。[1]

(3) 瑞士再保险公司

瑞士再保险公司（SwissRe）是世界最大的再保险公司，在应对气候变化上投入了大量精力，不仅支持游说美国通过碳排放总量控制的法案，还在其董（监）事及高级人员责任险的高级客户群体中开展了关于气候变化的调查，并直接参与和资助气候变化科学研究和气候变化经济影响调查。气候变化的影响将在未来几十年逐渐增加，主要风险驱动因素的构成逐渐发生变化，气候变化占自然灾害损失的比例越来越大。虽然再保险、保险费并未反映未来几十年的预期损失趋势，但瑞士再保险公司逐年更新定价，不断完善风险模型以反映气候变化的影响。除了提供再保险、保险外，瑞士再保险公司还为客户提供战略专业知识以及对自然灾害和气候适应的整体风险评估。[2]

---

[1] Munich RE, https://www.munichre.com/en/group/focus/climate-change/mission-and-vision/mission/index.html.

[2] SwissRe, *2017 Corporate Responsibility Report*, http://reports.swissre.com/corporate-responsibility-report/2017/cr-report/solutions/natural-catastrophes-and-climate-change.html.

(4) 劳合社

劳合社是英国最大的保险组织，本身是个社团，更确切地说是一个保险市场，与纽约证券交易所相似，但只向其成员提供交易场所和有关的服务，本身并不承保业务。作为国际保险业历史悠久和最有影响的保险组织，劳合社已发出倡议，呼吁全球保险业采取行动应对气候变化挑战。

2. 国内保险机构的气候金融活动

中国保险行业已经主动针对气候变化展开积极的行动，一些先进的保险机构已在开发相关的商业机遇。除了提供保险产品外，保险公司也可作为机构投资者参与到气候金融中。一些保险公司的资产管理公司在投资组合中加入了气候领域相关的基础设施投资项目。以中国人民保险集团股份有限公司（PICC）为例，在气候融资方面的业务包括绿色保险、绿色投资和绿色办公。在绿色保险方面，推出环境污染责任保险、绿色建筑保险、环保技术装备保险、绿色企业贷款保证险、绿色农业保险等；在绿色投资方面，进行风电等新能源项目的投资；在绿色办公方面，积极推进电子化支持平台建设，提高办公自动化水平，倡导无纸化办公①。

延伸阅读

1. OECD, *Investing in Climate, Investing in Growth*, http：//dx. doi. org/10. 1787/9789264273528 – en.

2. Barbara Buchner, Alex Clark, Angela Falconer et al. , *Global Landscape of Climate Finance* 2019, https：//climatepolicyinitiative. org/publication/global – climate – finance – 2019/.

3. 崔莹、洪睿晨：《2018 中国气候融资报告》，中国金融出版社 2019 年版。

4. 索尼亚·拉巴特、罗德尼 R. 怀特：《碳金融》，石油工业出版社 2010 年版。

练习题

1. 双边金融机构的特点是什么？典型的双边金融机构有哪些？

---

① 中国人民保险集团股份有限公司：《2017 年企业社会责任报告》，http：//www. picc. com. cn/res/PICCCMS/structure/9ac7f93c2d4108bf97ce87a8fc412b80. pdf。

2. 什么是多边金融机构？世界银行集团包括哪五个成员机构？

3. 主要的区域开发银行有哪几个？简述它们在应对气候变化方面的作用和贡献。

4. 简述绿色气候资金建立的目的和作用。

5. 开展气候融资的私人机构中，碳金融机构主要有哪些？简述这些机构的作用。

6. 开展气候融资的私人机构中，传统金融机构主要有哪些？它们进行了哪些典型的气候融资行动？

第五章

气候金融市场和工具

气候金融市场是气候资金供求双方借助金融工具进行各种资金交易活动的场所。随着应对气候变化议题的产生和发展，气候金融市场成为金融实践创新的新领域。作为金融市场的特殊领域，气候金融市场既包括全新产生的碳金融市场，也包括传统金融市场在气候金融领域的创新。

第一节 碳金融市场和工具

一 碳金融市场的产生和发展

（一）碳金融市场的界定[①]

碳金融市场（Carbon Finance Market）有狭义和广义之分，狭义的碳金融市场专指以碳排放权为标的资产的碳交易市场；广义的碳金融市场则指与温室气体排放权相关的各种金融交易活动和金融制度安排。它不仅包括碳交易，还包括一切与碳投融资相关的经济活动。具体包括：（1）碳信贷市场，如商业银行的碳金融创新、绿色信贷、CDM 项目抵押贷款等；（2）碳现货市场，如基于碳配额和碳项目交易的市场；（3）碳衍生品市场，如碳远期、碳期货、碳互换、碳期权等衍生产品市场；（4）碳资产证券化，如碳债券、碳基金等；（5）机构投资者和风险投资者介入的金融活动，如碳信托、碳保险等；（6）与发展低碳能源项目投融资活动相关的咨询、担保等碳中介服务

[①] 杨星、范纯等编著：《碳金融市场》，华南理工大学出版社 2015 年版。

市场。

本书所指的碳金融市场是包括碳信贷市场、碳债券市场、碳基金市场、碳现货市场、碳衍生品市场在内的广义的碳金融市场。

(二)碳金融市场的产生

全球碳金融市场由国际京都碳市场和各国区域碳市场构成,是在国际公约和各国减排政策的推动下而产生的。20世纪90年代初,人们意识到气候变化的风险以及减少温室气体排放的必要性,如何减少温室气体排放成为全球关注热点。1992年,166个国家(截至2015年12月,加入该公约的缔约国共有197个)在里约热内卢地球峰会上签订《联合国气候变化框架公约》(UNFCCC)。与此同时,排放权交易体系作为污染控制的政策工具在应用中日益盛行,美国采用这一工具成功降低了石油铅污染,并且将成功的经验继续引入酸雨计划[1][2]。在UNFCCC条约谈判的过程中,美国大力提倡采用这一市场工具用于温室气体排放。

1997年《京都议定书》(Kyoto Protocol)签订,对UNFCCC附件一国家设置了具有法律约束力的减排指标,并设计了排放贸易机制(ET)、联合履约机制(JI)和清洁发展机制(CDM)三种灵活履约的市场机制,构成了国际碳市场的基础,特别是跨国碳交易。《京都议定书》使温室气体排放权成为一种稀缺资源,创造了对碳排放权的市场需求。它还为全球碳市场的运作提供了一套基本的制度框架,并通过清洁发展机制(CDM)在发达国家和发展中国家之间建立了纽带,成为促进全球积极应对气候变化的一个重要载体。

(三)碳金融市场的分类

除了《京都议定书》创造的国际碳市场,为促进完成京都目标或自身的温室气体减排目标,部分地区和国家也建立了自己的排放交易体系(Emission Trading Scheme, ETS)。

2012年前建立并仍在运行的ETS主要包括欧盟碳交易体系(European Union ETS, EU ETS)、新西兰碳交易体系(New Zealand ETS, NZ ETS)、美国

---

[1] Stavins R. N., "What can We Learn from the Grand Policy Experiment? Lessons from SO_2 Allowance Trading", *The Journal of Economic Perspectives*, Vol. 12, No. 3, 1998.

[2] Tietenberg T. H., *Emissions Trading*, *Resources for the Future*, Inc., Washington, D. C., 1985.

东北部区域温室气体计划（Regional Greenhouse Gas Initiative，RGGI）和日本东京都总量限制交易体系（Tokyo ETS）。北美西部气候行动（West Climate Initiative，WCI）下的美国加州和加拿大魁北克省2013年开始实施碳交易计划，并且两个碳市场在2014年1月开始联合运行。2018年，加拿大安大略省将其碳市场与美国加州和加拿大魁北克省碳市场进行链接，形成继中国和欧盟之外的全球第三大碳市场。除此之外，中国2013年启动七省（市）碳交易试点，2016年又新增四川和福建两试点，并在2017年宣布启动全国碳排放权交易体系，分三阶段建设全国碳市场；韩国的碳交易计划（Korea ETS）于2015年开启；澳大利亚的碳价机制（Australia Carbon Pricing Mechanism，AU CPM）虽然在2012年7月开始实施，但首先实行三年固定碳价，从2015年7月起通过排放配额拍卖等方式实现碳价灵活化，直至2018年才实现碳市场价格自由浮动。

根据不同的标准，可将碳市场分为以下不同类型。按地域范围，可以分为国际碳市场、区域碳市场、国家碳市场、地区碳市场等；按立法约束，可以分为强制碳市场和自愿碳市场；按交易产品，可以分为配额市场和减排信用市场（项目市场）。根据这三种分类方法，各主要碳市场所属的类型如表5-1所示。另外，在具体的交易环节，可以根据流通市场和产品的合约性质，分为一级市场、二级现货市场和二级衍生品市场；根据交易和结算场所，分为场内交易、OTC和双边交易。

表5-1　　　　　　　　　全球主要碳市场分类

市场状态	碳市场	运行时间	地域范围			立法约束		主要交易产品	
			国际	国家	地区	强制	自愿	配额	碳信用
停止运行	丹麦	2001—2003年		√		√		√	
	UK ETS（英国）	2002—2006年		√			√	√	
	CCX（芝加哥）	2003—2010年			√		√		
	GGAS（澳大利亚）	2003—2012年			√	√			√

续表

市场状态	碳市场	运行时间	地域范围			立法约束		主要交易产品	
			国际	国家	地区	强制	自愿	配额	碳信用
正在运行	CDM/JI（京都项目市场）	2005年至今	√			√			√
	ET（京都配额市场）	2008年至今	√			√		√	
	EU ETS（欧盟）	2005年至今		√		√		√	
	NZ ETS（新西兰）	2008年至今		√		√		√	
	RGGI（美国东部十州）	2009年至今			√	√		√	
	东京（日本）	2010年至今			√	√		√	
	阿尔伯塔（加拿大）	2007年至今			√	√			√
	澳大利亚	2012年至今		√		√		√	
	中国北京、上海、天津、重庆、广东、湖北、深圳七省（市）	2013年至今			√	√		√	
	韩国	2015年至今		√		√		√	
	中国福建省	2016年至今			√	√		√	
	加拿大安大略省、魁北克省，美国加州联合碳市场	2018年至今			√	√		√	
尚未运行	墨西哥	2021年		√		√		√	

资料来源：笔者整理。

（四）碳金融市场发展

由于《京都议定书》生效和EU ETS的启动，全球碳交易市场自2005年以来迅速发展。世界银行发布的历年报告显示，2005年全球碳市场交易额为110亿美元，随后迅猛增长，到2009年规模扩大了13倍，达1437亿美元；2011年为1760亿美元，达到碳交易额的历史最高点，比2005年扩大了16倍；2013年实现了104亿吨的碳交易量，为历史最高。

随着国际金融危机持续和《京都议定书》前景不明，在市场悲观预期的带动下，全球碳市场的交易量和交易额都出现了大幅下降，2015年交易量降至60多亿吨，交易额缩减至500多亿美元。2016年全球碳市场交易额（超过490亿美元）与2015年基本持平，不同碳定价区之间的交易价格差距从2015年的6—89美元/吨扩大到2016年的1—131美元/吨。2017年，全球碳市场整体运行平稳，碳价跨度与2016年基本持平，为每吨1—140美元；交易量超过65亿吨（年增长率约为8.3%），不足历史高点的3/4；交易额超过520亿美元，仅占交易额历史高点的1/3。

在这些交易额中，很大部分来自EU ETS的欧盟配额——EUA（European Union Allowance），其次是CER的一级市场和二级市场交易，其中二级市场交易绝大部分来自2008年开始的EU ETS。由于RGGI、NZ ETS、东京碳市场均很小，EU ETS碳市场的交易份额占全球的绝大部分。2011年，EU ETS的欧盟EUA交易额占到全球碳市场的84%，再加上二级CDM市场，与EU ETS相关的交易高达97%[1]。不过，2016年价格本就低迷的欧盟碳市场正处于改革之中，又遭遇英国脱欧公投的重创，2016年6月23日英国脱欧公投后5天内，欧盟碳配额（EUA）跌幅达17%。未来随着加州、魁北克、中国、澳大利亚、韩国碳市相继发展，预计全球碳市场交易总量将会上升，特别是随着中国全国碳市场在2017年年底的启动，预期规模超过30亿吨，将对全球碳市场有一个巨大的增量效应。

(五) 碳金融市场特点[2]

碳金融市场普遍有以下四个特点：交易目的的特殊性、交易对象的特殊性、交易主体的特殊性以及交易价格的特殊性。

1. 交易目的的特殊性

传统金融市场上，交易的主要目的是为了进行投融资，实现资金的融通和资产的保值增值。但碳金融市场除了上述经济目标之外，更重要的目标是其社会责任和历史使命，即更多的是为了应对日益变暖的气候变化，通过市场机制有效减少温室气体排放，实现经济的可持续发展和人类生存环境的优化。高能耗企业进行碳交易的目的是为了实现自身的减排目标，承担自身的环境责任，投资者和投机者的碳交易行为在客观上也实现了市场的这一目标。因此，与一般的金融市场相比，碳金融市场交易目的具有一定的社会价值和意义。

---

[1] Capoor K., Ambrosi P., *State and trends of the carbon market 2006*, World Bank Carbon Finance Unit, 2006.

[2] 杨星、范纯等编著：《碳金融市场》，华南理工大学出版社2015年版。

2. 交易对象的特殊性

碳金融市场与传统金融市场的交易对象有很大区别。传统的金融市场以金融商品或工具作为交易对象，金融商品是资金或代表资金的各种票据、凭证和证券等。碳金融市场则以碳排放权为交易对象，碳排放权实质上是一种产权，是稀缺的环境容量使用权的获取。环境容量的有效性带来了这一资源的稀缺性，而资源的稀缺性又赋予了其可交易的内涵，即具有财产权的性质。《京都议定书》的温室气体排放交易制度，使全球稀缺资源的环境公共产品——温室气体获得了产权。各国为达到减排指标或自身碳中和需要而进行碳排放权的买卖，便形成了碳交易市场。随着碳交易市场的深入发展，出于套期保值和规避风险的需要，相继又产生了以碳排放权为基础标的的碳远期、碳期货、碳期权、碳掉期等碳金融衍生产品。

3. 交易主体的特殊性

传统金融市场上的交易主体包括资金供求双方：即企业、政府、金融机构、机构投资者和个人投资者五个部分。但碳金融市场的交易主体除了传统金融市场参与者之外，还包括一些特殊的参与主体：（1）联合国和主权政府，它们是碳金融市场产生的重要推动者，是市场的政策制定者和引领者。（2）国际组织，如联合国开发规划署、世界银行、国际农业发展基金会、亚洲开发银行等。国际社会主体共同参与气候问题已成为国际社会形成的共识，在全球气候问题发展的过程中，国际组织作为参与气候问题治理的基本主体之一，发挥着独一无二的作用。（3）碳金融市场上创新的碳金融机构，包括碳基金、碳资产管理公司、指定经营实体及碳信用评级机构等。

4. 交易价格的特殊性

在传统金融市场上，资本价格是资金使用权的让渡价格，在现象形态上表现为利率。利率有法定利率和市场利率之分。前者依据社会平均利率确定；后者由货币资金市场供求关系决定。在资本市场上，投资者不会白白地向企业供应资本，他必然会为资本使用权的转让索取一定的报酬，即资本价格。统一的利率是金融产品交易的参考值，市场利率价格的变化对股票、债券等有价证券的价格具有决定性的影响。

然而，碳金融产品的价格和利率并没有完全的联系。影响碳金融市场交易价格的因素更多地取决于能源的价格，如石油、煤炭、天然气等能源价格的变化。与此同时，碳金融市场的交易价格与钢铁、电力、造纸等行业的发展也有很大关系，对天气的冷暖预期也会影响碳排放权价格。此外，有关温室气体排放的政策制定、国际气候谈判的进展、各国对温室气体排放的承诺也对交易价格有很大的影响。

（六）碳金融市场功能[①]

碳金融市场体系涵盖了碳排放权交易、定价、风险管理等市场微观层面，金融体系的信贷、保险、资本市场资源配置等中观层面，以及财政政策、货币政策、产业政策等政府宏观层面。碳金融市场资源配置效率的提高在宏观层面上体现为低碳经济的发展和金融体系的完善，在中观和微观层面则主要体现在金融机构本身及碳金融相关企业的功能上。碳金融市场的经济功能主要体现在以下七个方面。

1. 促进减排成本内部化和最小化

与其他环境问题类似，温室气体排放的成本和收益具有典型的外部性，不易直接反映在经济主体的投资决策中，但是碳交易市场的运行发挥了市场机制应对气候变化的基础作用，使碳排放权成为一种可交易的无形商品。碳交易市场确定了碳排放权的价格，使碳排放成本由无人承担或外部社会承担转化为内部生产成本由企业整体承担。由于各企业的碳减排成本存在较大差异，企业根据自身减排成本和碳价格的波动，进行碳交易或减排投资。碳金融市场提供了企业跨国、跨行业和跨期交易的场所，企业通过碳金融市场购买碳金融工具，将碳减排成本转移至减排效率高的企业，或通过项目转移至发展中国家。

从总体来看，碳金融市场的存在使得碳减排成本由外部转向由企业内部自身承担，这种转移也使微观企业和发达国家总体的减排成本实现最小化。伴随着碳交易市场的交易量以及交易额的扩大，碳排放权已衍生为具有流动性的金融资产，依托于碳金融市场的发展，碳资产的自由流通得到促进，碳交易市场进一步活跃并且碳排放权的价格确定更加准确。这进一步促进了减排成本的内部化和最小化。

2. 价格发现和决策支持功能

碳交易发挥了市场机制应对气候变化的基础作用，使碳价格能够反映资源稀缺程度和污染治理成本。碳金融市场的价格发现可以使市场参与者对碳交易产品价格做出更合理的估计，如碳排放权的稀缺程度、供求双方的交易意愿、

[①] 杨星、范纯等编著：《碳金融市场》，华南理工大学出版社2015年版。

交易风险和污染治理成本等，使得资金在价格信号的引导下迅速、合理地流动，优化资源配置。市场约束下得到的均衡价格就会使投资者在碳市场上制定出更加有效的交易策略与风险管理决策。碳期货市场提供的套期保值产品，有利于形成均衡的碳市场价格，并反馈到能源市场和贸易市场。同时，碳价格对于减排企业的生产成本和相关的投资决策都有重要意义，出于对成本和利润的考虑，企业将在投融资决策中对资源性产品价格做重点考虑。

3. 风险管理和转移功能

碳市场的价格波动非常显著，与能源市场高度相关。政治事件和极端气候都会增加碳价格的不确定性，使碳价格波动加剧。不同国家、不同产业受到的影响和适应能力有所不同，但大部分都要通过金融市场这个载体来转移和分散碳价格波动风险。例如，在项目类碳交易市场上，由于基于项目产生的碳排放权大都涉及未来的减排，在项目审批、建设及减排单位的认证等阶段都存在大量的风险（包括宏观经济周期风险、政策风险、法律风险等）这就需要市场发挥风险管理和转移的作用。

碳交易和碳保险以风险管理和转移功能分担了碳交易各环节的风险。碳交易期货、期权和其他衍生产品所拥有的规避价格波动风险的套期保值功能，使其成为碳金融市场上最基本的风险管理工具。碳保险则对碳排放权交易过程中可能发生的价格波动、信用危机和交易危机进行风险规避和担保，如碳排放权信用保险、碳交易政策风险保险。

4. 为能源链转型提供资金融通

不同的国家或同一国家在不同的经济发展阶段，其能源链差异很大，对减排目标约束的适应能力也不同，要实现经济发展与化石能源的不断脱钩，必须加快发展节能减排的低碳产业，从根本上改变一国经济发展对高碳能源的过度依赖。项目融资、风险投资、基金等多元化的投融资模式，既增加了新的投资渠道，又具有优化资金配置的功能，有利于改变能源消费依赖化石能源的惯性，使能源链从高碳环节转向低碳环节，从而使经济增长方式从高碳转向低碳。具体而言，碳信贷作为碳金融领域最基本的融资形式，以能源链转型的融资功能满足企业实现减排和技术创新的融资需求。作为最重要的市场杠杆，碳金融市场将社会资金有序地引导到减排技术创新中，成为低碳技术开发和利用的平台，激励企业开发和利用新能源，使用和创新节能减排技术。

5. 加速低碳技术的转移和扩散

碳排放主要来源于化石能源消费，发展中国家的能源效率普遍较低。要从根本上改变一国经济发展对碳基能源的过度依赖，一个重要途径是加快清洁能源、减排技术的研发和产业化，使高碳经济向低碳经济转型。低碳经济转型所需成本较高，发展中国家普遍缺乏技术和资金来源。《京都议定书》中的清洁发展机制和联合履约机制是发达国家将减排的技术和资金向发展中国家转移的主要途径。发达国家通过购买和直接投资、项目融资、风险投资和私募基金等多元化融资方式向发展中国家提供资金支持，支持发展中国家的技术进步和可持续发展。据世界银行统计，2007—2013年，清洁发展机制每年为发展中国家提供大约240亿美元的资金以及相关技术，而这些资金一般会形成6—8倍的投资拉动效应。

6. 促进国际贸易投资发展

低碳是今后经济发展的新增约束条件，也将成为重要的国际竞争力指标和非关税壁垒。低碳经济中的出口竞争力不但体现在依靠大量资源投入而生产出质优价廉的商品，而且还应考虑碳排放的制约。《京都议定书》建立的排放权交易机制因该机制在不同缔约方之间展开温室气体排放权的交易，又被称为"碳贸易机制"。碳贸易机制是市场机制下排放权分配的典型模式。迄今为止，还没有一个多边环境条约如《京都议定书》般深刻影响着包括货物贸易和服务贸易在内的一国的经济利益。碳交易尤其是清洁发展机制在降低发达国家减排成本的同时，可以促进减排的资金和技术向发展中国家转移。碳金融的发展有利于国际资本合理流动，有利于促进国际贸易投资的发展和国际收支的平衡，有利于各国在减排上开展国际合作，实现各国的互利共赢。

7. 有利于提高金融机构创新能力

碳金融作为金融机构新的竞争领域，将给各类金融机构带来金融创新的压力及动力，进一步提高其金融创新能力，促进金融助推可持续发展。如证券业的创新产品碳债券、碳资产的证券化等；基金机构投资者加强作为主体参与碳交易方面的创新等。金融企业发展碳金融产品和服务，可以扩大市场份额、获得利润、提升品牌形象、扩大经营范围等。在提高金融机构创新能力的同时将直接带动资金的优化配置，促进经济向低碳转型。

二 碳金融工具

碳金融工具是指在碳金融市场中可交易的金融资产，也叫碳金融产品。目前全球主要的碳金融工具有碳信贷、碳债券、碳基金、碳保险以及由此衍生的金融衍生品如碳远期、碳期权、碳期货、碳排放权互换等。

（一）碳信贷

碳信贷产品创新主要有碳抵押和碳质押。企业将已经获得的，或未来可获得的碳资产作为质押物或抵押物进行担保，获得金融机构融资。可以作为质押物或抵押物的碳资产包括基于配额获得的和基于项目产生的碳资产。质押和抵押的根本区别在于是否转移碳资产的占有和处置权。作为活跃碳市场的一种新型融资方式，碳质押、抵押融资业务的发展有利于企业节能减排，具有环境、经济的双重效益。由于企业已经获得的碳配额或 CCER 属于企业现有资产，在质押过程中易监管，变现风险小，因而受到越来越多的关注。

碳资产作为抵质押物，为银行的信贷资产提供保障，然而碳资产变现能力却受到碳市场价格波动以及市场交易情况的影响，存在一定的风险。因此为平衡碳价波动所带来的潜在风险，部分商业银行在碳排放权质押贷款中也会在未来碳配额收益的基础上额外添加企业固定资产为补充抵押物。

（二）碳债券

碳债券是指政府、企业为筹集低碳经济项目资金而向投资者发行的、承诺在一定时期支付利息和到期还本的债务凭证，其核心特点是将低碳项目的收入与债券利率水平挂钩。碳债券首次在银行间市场引入跨市场要素产品的债券组合创新，企业通过发行碳债券将其碳交易的经济收益与社会引领示范效应结合，降低了综合融资成本，加快投资于其他新能源项目的建设。碳债券拓宽了中国可再生能源项目的融资渠道，提高了金融市场对碳资产和碳市场的认知度与接受度，对于构建与低碳经济发展相适应的碳金融环境具有积极的促进作用。中国首单碳债券是 2014 年中广核风电有限公司发行的附加碳收益中期票据。

（三）碳基金

碳基金的设立可以促进节能减排项目的开展。碳基金的出资方式可以有以下四种：（1）政府全部出资，如芬兰、奥地利碳基金等；（2）政府和企业按比例共同出资，这是最常用的出资方式，世界银行参与设立的碳基金都采取这种方式；(3) 由政府通过征税的方式出资，如英国碳基金，这种方式的好处是可以保证资金的稳定，且通过征收能源使用税也可以采用价格杠杆限制对能源的过分使用，促进节能减排；(4) 企业自行募集基金。

2007 年 3 月，中国清洁发展机制基金（CDMF）成立，该基金由清洁发展机制减排项目收益以及国际金融组织赠款、个人赠款、国务院批准的其他收入组成，为中国应对气候变化的活动提供持续和稳定的资金支持。

(四) 碳保险

保险作为历史最久远的风险管理工具之一，可以在经济制度上为碳交易提供一定保障。由于碳减排项目成功与否具有不确定性，投资人或借款人会面临一定的风险，为此一些金融机构，包括一些商业银行和世界银行下属的国际金融公司（IFC），为项目最终支付的减排单位数量提供担保（信用增级）。另外，保险公司可为碳交易合同或者碳减排购买协议的买方提供保险，如果买方在缴纳保险后不能如期履行协议上规定数量的 CERs，保险公司将会按照约定提供赔偿。保险公司也可以为开发 CDM 项目的企业提供保险，如果企业在交纳保险后不能将具有很大开发潜力的项目开发为 CDM 项目，将会获得保险公司提供的 CDM 项目开发保险。

(五) 碳远期

碳远期产品是指碳减排项目在项目并未开始时签署合同，规定未来碳排放权的交易价格、交易数量、交易时间。交易合约的定价方式有固定定价和浮动定价两种。固定定价是指碳排放权在未来交割时价格是固定的，不随市场变动而变动。浮动定价是由基准价格和欧盟参照价格组成，以最低保底价为基础，加上配额价格挂钩的浮动价格。远期交易为非标准化合约，一般不在交易所中进行交易，而是通过场外市场，商讨产品的价格、时间、地点等合同细节。

(六) 碳期货

碳期货是指购买期货合约来代替现货市场上的碳信用（如 EUA），从而对一段时间后将要出售或买入 EUA 的价格保值，达到规避和转移价格风险的目的。碳期货属于标准化的交易工具，一般在交易所中进行交易，也有少量场外交易。在全球碳交易市场中，碳现货交易量占比很小，期货交易占主流，期货产品具有碳价格发现的功能。

与传统期货合约相比，以碳排放权作为基础的碳期货交易表现为以下三个主要特征。一是价格规律，据 BlueNext 统计，碳期货价格与碳现货价格的波动周期相符程度高；二是碳期货交易资费，碳期货交易一般面临比较多门类的手续费，其中包括管理费、交易费和清算费；三是碳期货与碳期权的关系，碳期货作为目前碳期权唯一的基础资产，其价格对期权本身价格以及期权合约的交割价格有重要的影响。

（七）碳期权

碳期权是指在碳期货基础上产生的碳衍生交易工具。碳期权合约是由交易双方签署的合法凭证，规定期权的买方向卖方支付一定数额的权利金后，即可获得合约有效期内的选择权。比较常见的合约为 EUA 期货期权、CER 期货期权以及 ERU 期货期权。以 CER 期权为例，当预计未来 CER 价格上涨时，CER 买方会购买看涨期权来对冲未来价格上涨的风险，如果未来 CER 价格上涨，通过行使看涨期权 CER 买方将获益，相反，当预计未来 CER 价格下降时，CER 卖家会购买看跌期权，以锁定利润。

（八）碳排放权互换

碳排放权互换是指交易双方通过合约达成协议，在未来的一定时期内交换约定数量不同内容或不同性质的碳排放权客体或债务。投资者利用不同市场或者不同类别的碳资产价格差别买卖，从而获取差价收益。

第二节　信贷市场和工具

一　信贷市场在气候金融领域的创新

信贷市场是最重要的金融市场之一，其主要功能是通过信贷等方式，实现资金在供需者之间的融通。全球应对气候变化需要世界经济的发展从"高碳"向"低碳"转型，发展低碳能源产业等朝阳产业，需要巨额资金的投入，而信贷市场在社会经济活动中则起着集聚巨额资金、调剂资金余缺、优化资源配置和产业结构、提高经济效益的重要作用。

（一）《赤道原则》是推动信贷市场"绿色化"的里程碑

从国际信贷市场来看，金融机构从 21 世纪初开始践行"可持续金融""绿色金融"的理念，积极地寻求环保行业或公司的投资机会。最具里程碑意义的是 2002 年《赤道原则》（Equator Principles）的提出。2002 年 10 月，在伦敦召开的国际知名商业银行会议上，国际金融公司（IFC）和荷兰银行提出一项企业贷款准则，即《赤道原则》。该准则是参照 IFC 绩效标准建立的一套旨在管理项目融资中环境和社会风险的自愿性金融行业基准，适用于全球各行业总成本超过 1000 万美元的新项目融资，包括花旗、渣打、汇丰在内的多家银行已明确宣布采纳《赤道原则》。该准则列举了赤道银行（实行《赤道原则》的金融机构）做出融资决定时需依据的与企业环境和社会责任相关的特别条款和条件，共有 9 条。在实践中，《赤道原则》虽不具备法律条文的效力，但却成为金融机构不得不遵守的行业准则。

这项企业贷款准则要求金融机构在向一个项目投资时，要对该项目对环境和社会的可能影响进行综合评估，并且利用金融杠杆促进该项目在环境保护以及周围社会和谐发展方面发挥积极作用。截至 2017 年年底，来自 37 个国家的 92 家金融机构采纳了《赤道原则》，项目融资额约占全球融资总额的 85%，其中大多数在发达国家，中国的银行仅有两家，分别为兴业银行和江苏银行。《赤道原则》第一次把项目融资中模糊的环境和社会标准明确化、具体化，使整个银行业的环境与社会标准得到了基本统一，有利于信贷市场的规范，也有利于形成良性循环，提升整个银行业的道德水准。

除了《赤道原则》，国际社会还发起了《联合国全球契约》（UN Global Compact）、《联合国规划署行动》（UNEP Finance Initiative）、《碳披露新项目》（Carbon disclosure Project）、《全球报告倡议》（Global Reporting Initiative）、《联合国负责人投资原则》（UN Principles for Responsible Investment）、《气候原则》（Climate Principles）等，也分别有银行签署加入并承诺遵守。全球主流银行一般还依据国际标准化组织 ISO/TC 209 负责起草的 ISO 14000 系列环境管理标准，建立内部环境管理体系和有效的激励约束机制。

在中国，为发展低碳经济、推进节能减排、防范信贷风险，2007 年 7 月，国家环保总局、中国人民银行、中国银监会共同发布了《关于落实环境保护政策法规防范信贷风险的意见》。该意见要求各金融机构必须将企业环保守法作为审批贷款的必备条件，对未通过环评审批的新建项目，金融机构不得新增任何形式的授信支持；同时规定对环保部门查处的超标排污、未取得许可证排污或未完成限期治理任务的已建项目，金融机构在审查所属企业流动资金贷款申请时，应严格控制贷款。这为中国商业银行的绿色信贷业务作了全面的基础性要求。2012年2月，中国银监会下发了《绿色信贷指引》，对中国银行业金融机构开展绿色信贷进一步提出了明确要求：银行业金融机构应大力促进节能减排和环境保护，从战略高度推进绿色信贷，加大对绿色经济、低碳经济、循环经济的支持，防范环境和社会风险，并以此优化信贷结构，更好地服务实体经济。该指引标志着中国商业银行绿色信贷制度的加速实施。根据中国银监会的统计，绿色信贷风险低于各项贷款，自2013年6月末至2017年6月末，国内21家主要银行绿色信贷余额增至8.22万亿元。

（二）国际信贷市场绿色产品和服务创新的特点

联合国环境规划署可持续金融行动（UNEPFI）在2007年对国际信贷市场进行了研究，重点关注的是北美、欧洲、澳大利亚及日本等发达国家和地区的绿色信贷产品和服务创新的演进过程及相关经验，其呈现出以下特点。

1. 地域性及区域性竞争特点不同，决定了绿色创新的积极性不同

欧洲银行在"绿色"产品和服务开发方面更加积极主动和具有创新性，而北美银行相对落后。这是由于北美银行基于其在国内的并购战略，容易控制范围较广的地理区域，大型银行收购小型银行的速度很快，但要将包括"绿色"产品和服务在内的创新金融产品与各自的产品组合进行整合存在较大难度。而欧洲银行处在竞争不太激烈的环境中，可通过开发最先进的产品实现其差异化，例如"绿色"金融产品和服务。

2. 多样化客户群体提高了对绿色产品的需求

发达国家客户群体的同类性相对较低，尤其是欧洲银行私人客户具有不同的文化背景、消费模式、社会习俗及监管限制等特性，如此多样化的客户群体要求更加多样化的金融产品，特别是在零售部门，在环境保护和应对气候变化的大背景下，也增加了对绿色产品和服务的大量需求。

3. 严格的环境监管推动了绿色创新

发达国家的银行业运营部门面临来自公众和政府的十分严格的环境审查。多年以来，多数国家和地区的法律规定银行必须发布可持续发展年报，同时在法律和财务上都必须对客户造成的环境退化负责，这个责任促使银行将环境风险纳入其信贷风险政策之中。如果银行被具有环境意识的公众认定为"不可持续的银行"，它们将面临声誉方面的风险，因此，它们在规划和制定企业环境政策、产品及服务方面投入越来越多的时间和资源。此种同行压力在加速推动竞争日益激烈的金融部门的"绿色"产品和服务的发展及创新方面发挥了

重要作用。

4. 非政府组织及股东对绿色信贷提出更高要求

越来越多发达国家的非政府组织（NGO）和银行股东要求信贷市场的"绿色化"，要求金融机构必须将可持续银行业政策和实践落实到位。例如，发达国家NGO和个人会定期在网络上对金融机构的全球运营部门以及他们对环境可持续性的影响进行跟踪，他们主要通过调查研究、国际宣传活动、社会和环境监察、战略制定以及与银行进行合作等方式，来对银行的活动产生影响。例如，2006年银行检察组织（BankTrack）与许多欧洲银行展开合作，对现有的或新的环境倡议进行评审，包括荷兰银行（ABN AMRO）、荷兰合作银行（Rabobank）、汇丰银行（HSBC）、东方汇理银行（Calyon）及花旗银行（Citigroup）。此外，银行的大股东也迫切要求银行将可持续发展与借贷实践结合起来，以保护他们不受未来信贷和法律风险的影响。

5. "从风险规避到机遇创新"的绿色信贷观念转变

发达国家的银行大都经历了从被动规避风险到主动创造机会的绿色创新阶段，这是一个自然而然的发展过程。初始阶段，在环境问题方面银行很大程度采取的是防御性措施，其关注的重点大多为环境风险规避，而非环境产品和服务机会。进而，银行会开始发现绿色发展机遇，注重实施绿色政策所产生的有形（如财务收益）和无形（如声誉）效益。

6. "自上而下"和"自下而上"的绿色创新方式

一般情况下，信贷市场绿色金融产品和服务的推出有"董事会驱动的"（自上而下）和"客户驱动的"（自下而上）两种情况。在第一种情况下，银行的董事会认可环境问题的机会或风险，然后通过确定一项或多项最佳的"绿色"产品或服务来作为回应。在第二种情况下，银行对某种产品或服务的重要要求表示认可，然后通过填补该项空白来作为回应。例如，在碳排放交易领域，法国巴黎银行（BNP Paribas）董事会做出高层决策，在客户提出专项服务要求之前，很早就进入气候变化市场。与此相反，意大利联合商业银行（Italian Banca Intesa）一直到大批企业客户提出此项服务要求时才建立碳排放交易部门，经过长期运营后成为收益可观的部门。通常，美国银行的环保行动倾向于从政策层级入手（自上而下），而许多激进的欧洲银行的环保行动则是从产品层级开始的（自下而上）。

二　创新信贷工具

（一）绿色贷款产品

贷款是信贷市场上最主要的市场工具，贷款业务迄今为止也是商业银行最为重要的资产业务，贷款的利息收入通常要占到商业银行总收入的一半以上，而国内银行业这一比例更高。在环境保护和应对气候变化的因素驱动下，信贷市场"绿色化"行动越来越盛行，商业银行开始逐步采取"三重底线"的方法管理其业务，即不仅要满足合作伙伴（客户、股东、员工、供货商、社会）的需要，同时还要意识到自身的行为必须对社会以及生态环境负责。目前，国内外信贷市场典型绿色信贷产品有绿色信用卡、绿色项目贷款、碳资产质押授信业务等。

（二）低碳咨询业务

国外商业银行的低碳咨询业务旨在为低碳交易提供关于技术、管理、融资和商业尽职调查等方面的专业化咨询业务。这些业务可以应用于多领域，如资产融资、项目融资、股票投资等。相应地，无论是对于银行还是投资者，低碳咨询业务对于二者理解低碳交易这个复杂的领域都非常重要。深入理解低碳产品的复杂性、到期期限和相关监管情况有利于银行和投资者甄别交易风险、了解行业形势、制定交易策略。

（三）低碳理财产品

低碳理财产品是指将低碳理念融合到理财产品中，所形成的新型理财产品。目前主要的低碳理财产品，其低碳性一般通过以下三个方面体现：与证券交易所上市的环保概念股票挂钩，与气候交易所的二氧化碳排放权期货合约挂钩，与世界级权威机构的水资源、可再生能源、气候变化等环保指数挂钩。

第三节　证券市场和工具

一　证券市场在气候金融领域的创新

证券是多种经济权益凭证的统称，证券市场是所有证券发行和交易的场所，其实质是资金的供给方和资金的需求方通过竞争决定证券价格的场所。按照有价证券的品种划分，主要包括股票市场、债券市场、基金市场、衍生品市场。证券市场是现代经济体系的重要组成部分，通过证券市场对要素的配置，可以促使包括资源、人才、资本、专利等各种经济资源流向需要的行业或企业。在应对气候变化、发展低碳经济的今天，同样需要运用证券市场的资源配置功能，为气候友好型、环境友好型行业吸引各种要素与资源。

（一）证券市场在气候金融中的作用

证券市场从其本身属性来说有四个基本功能：融通资金、定价、资源配置和分散风险。低碳证券市场可在应对气候变化和实现经济向低碳转型的过程中起到如下作用：

1. 为气候友好型企业提供直接融资渠道

融通资金是证券市场的首要功能。目前气候友好型企业很多是中小型企业，通过证券市场融资可以规避贷款期限较短、数量有限的缺点，且加快资金融通速度。此外，一个低碳的证券市场可纠正环境、气候问题的外部不经济性，使外部费用内部化。当上市公司的边际排放成本大于其边际治理成本，上市公司自然会通过环境和气候治理来处理其面临的环境和气候问题。这一目标的实现可以通过将环境和气候治理成本与融资成本挂钩，也可将环境和气候治理成本与股东财富挂钩，并借助上市公司委托代理机制来解决环境污染和温室气体排放问题。

2. 定价和资源配置作用

价格机制是市场经济和证券市场发挥作用的基础手段。在低碳证券市场，价格机制应与企业的环境和气候治理建立密切的联系，如果发行证券的企业环境和气候治理表现好，则市场对其证券的需要增加，证券价格上涨，交易变得活跃，更多的资金流入；但若其环境和气候治理表现不佳，对其证券的需求减少，证券价格下降，交易量减少，大量资金流出，对其后续融资也会产生一定的障碍。此外，通过证券市场可引导投资者资金流向，实现资金在不同行业部门之间的配置，提高生产效率。通过证券价格引导低碳资本向气候友好型领域流动，实现低碳资本配置。

3. 分散风险

证券市场不仅能为低碳产业提供丰富的融资渠道，还能有效分散低碳企业和项目的风险。低碳绿色产业发展并不成熟，此类产业很多都是环境治理、清洁能源开发等，需要在前期投入大量的资金，高初始成本必然带来较高的风险；低碳绿色产业创造的价值具有长期性，其资金回收期比较长，不确定性较大，相应也会产生风险；相关技术不成熟，项目开发可能面临技术风险；政策依赖性大，支持政策持续性将对其未来盈利情景产生重大影响。由于低碳绿色产业发展的不成熟，更需要证券市场提供有效的风险分散渠道，降低单个投资者的投资风险，吸引更多投资者，真正起到促进绿色产业发展，促进可持续发展和绿色经济转型的作用。

除了上述三个基本作用之外，低碳证券市场也能从其他方面发挥作用。相比于行政处罚和税收措施，通过证券市场融资渠道、成本和证券价格变动产生的对"双高"企业的压力更加难以通过销售渠道转嫁给消费者；"双高"企业和低碳绿色企业在证券市场上的表现也将为商业银行和保险机构等其他金融组织与其合作时提供有用的信息；相比于行政干预手段，市场手段的产生促进了低碳绿色产业发展、限制"双高"企业扩张的效果更具有持续性和稳定性。

（二）股票市场在气候金融领域的发展

股票市场是股票发行和交易的场所，是最活跃、投资者参与程度最高的金融市场。股票市场融资作为直接融资方式之一，其资金供需双方（主要是企业）通过发行股票和购买股票在市场直接进行交易，实现资金在供需方之间的融通。在股票市场，投资银行（证券公司）作为最重要的中介和投资机构，不仅承担股票发行与承销、股票交易经纪、股票私募发行等传统业务，在此基础上还延伸出企业并购、项目融资、风险投资、理财顾问、投资咨询、资产及基金管理、资产证券化、金融创新等多种新的核心业务。在气候金融领域，国外投资银行已经积极开展业务，国内的投资银行业在近期和远期业务上也通过各种服务成为气候资金媒介。

（三）证券市场在气候金融领域的创新

债券市场是金融市场的重要组成部分。统一、成熟的债券市场可以为全社会的投资者和筹资者提供低风险的投融资工具。同时，债券的收益率曲线是社会经济中一切金融商品收益水平的基准，债券市场也是传导中央银行货币政策的重要载体。全球绿色债券市场发展迅猛，根据气候债券倡议组织（Climate Bonds Initiative）统计，2017年绿色债券发行1550亿美元，同比增长78%，对照2013年的130亿美元，增长近12倍，债券发行人基数逐年扩大。标准普尔分析师 Noemie De La Gorce 表示，过去 5 年绿色债券市场平均每年以 80% 的速度成长。

债券特别适合为绿色低碳的基础设施提供长期资本支持，尤其是在节能和低碳领域。虽然前期的增量投资较多，但基础设施运营期内往往可以实现成本回收，对于建筑、能源、工业和交通部门尤为如此。

目前，一些节能环保技术已经发展到较为成熟的阶段，使得更大规模的债券投资成为可能。从监管的角度看，新的金融法规（比如"巴塞尔协议Ⅲ"）可能导致项目更多地从资本市场或项目融资市场进行融资。此外，资产配置策略的变化使得包括养老基金和保险公司在内的倾向于寻求长期固定收益的投资者对绿色债券或气候债券产生需求。机构投资者正在将可持续发展的指标纳入其资产组合中，已开始由上市公司股权扩展到其他的资产种类，这为绿色债券和气候债券的发展提供了机会。

国际范围内绿色债券的发行机构比较分散，主要包括政府机构、国际机构、多边金融机构与投资银行，同时，从事绿色低碳业务的公司也以公司债券或私募债等形式发行绿色或气候债券。中国绿色债券市场发展始于 2016 年，发展速度惊人，市场活跃度不断提升，发行人既有国家开发银行等国有银行、大型国有企业，又有中小型金融机构。

（四）基金市场在气候金融领域的发展

基金作为证券市场的投资工具，其优势在于集合投资、分散风险、专业理财。在气候金融领域，绿色投资基金是一种新型的金融工具，是指在证券市场上进行投资时不仅考虑收益率，还同时以企业的环境绩效为考核标准筛选投资对象的基金。它是在社会责任投资（Social Responsible Investment，SRI）的基础上发展起来的，在追求经济收益的同时，更注重生态、经济的协调发展。绿色投资基金可以有效促进气候金融的发展。一方面，绿色投资基金为应对气候变化引入了广泛的资金来源渠道：企业和机构投资者通过市场融资建立基金；个人、财团、非政府组织捐赠和赞助、国际援助等方式建立专项绿色投资基金。另一方面，绿色投资基金的投资对象多样化，它不仅考虑金融市场环境绩效好的企业，还对非金融市场生态效益较好的企业或地区进行直接或间接投资，从而实现经济、环境、社会的协调发展。

在美国、日本、西欧等国家和地区，绿色投资基金得到了很大的发展。不同国家由于市场发育程度的差异，绿色投资基金表现出不同的形式。在美国和西欧，绿色投资基金的发行主体主要为非政府组织和机构投资者；在日本，则以企业为主。中国绿色投资基金发展相对滞后，对绿色企业或产业进行投资的基金以股权投资基金为主。

近年来，随着公民环保意识的提高和政府政策的大力支持，涉及节能环保的绿色行业在新兴产业中的地位不断上升，证券市场走势表现良好。因此，更多的投资基金开始进入绿色领域。截至2016年年底，全国已设立并在中国基金业协会备案的节能环保、绿色基金共265只，其中约59只由地方政府及地方融资平台公司参与发起设立，占比达到22%[①]。

（五）衍生品市场在气候金融领域的发展

天气衍生品是将金融工具的理念应用于自然灾害的风险管理。它分散和转移了天气变化对农业所产生的风险。天气衍生品的发展起于1997—1998年的强烈厄尔尼诺现象，当时很多公司遭受了巨大的损失，受影响最大的行业是农产品行业。1996年，美国能源公司创新出新型的风险管理工具，即天气衍生品合约，企业通过这些工具将自己所承担的天气风险转移给有能力且愿意承担风险的第三方，通过场外交易（OTC）的方式进行交易。随着天气衍生品合约市场的日益成熟，期货交易所逐步引入天气指数的期货和期权。

天气衍生品的交易指标是与天气相关的指数，如温度指数、风速指数、降雨量指数、降雪量指数等，它们直接与农业生产者面临的风险挂钩，方便进行套期保值。天气衍生品合约依据的参数是气象部门提供的，如气温、风速、降水量等，其相对客观性较强，大大降低道德风险；指数等信息均为公开数据，也降低了衍生品合约交易管理和经营的成本。此外，天气衍生品市场包含大量天气风险对冲产品，除农业外，相关行业还包括能源行业，季节性挂钩行业，室外休闲业，食品、建筑、交通、保险行业等。

国外天气衍生品市场较为发达，产品主要有期货、期权、互换、套期保值等，标的包括温度、降水量以及海浪等。天气期货主要标的物是某个天气指数的货币价格，通过现金方式交割结算。天气期权是与传统意义上的期权

---

① 周琳：《截至2016年年底全国已设立节能环保、绿色基金共265只——绿色基金为环保和发展增底气》，http://www.stdaily.com/index/ziben/2017-06/22/content_554965.shtml，2017年6月22日。

的权利相同,是指期权的购买方享有该合约中约定的在未来时间以合约中确定的价格买入或卖出某日天气指数期货合约的权利,不承担任何义务。天气互换合约是指,签订后,交易双方确定未来某一天气指数水平,在该合约到期时,如果指数大于合约中约定水平,则交易中的一方需按合约规定向另一方提供一定的补偿金额。目前,国内天气衍生品市场尚处于初级发展阶段,仍需不断完善。

二 证券市场创新气候金融工具

证券市场的创新气候金融工具大致可以分为三类:一是股权类工具,包括股票、低碳指数、共同基金和交易所交易基金(Exchange-Traded Funds,ETFs);二是固定收益类工具,即气候债券;三是其他工具,例如绿色房地产基金、绿色基础设施基金等。

(一) 股权类工具

1. 股票

环境和气候友好型企业可以通过发行股票这一工具进行融资。机构投资者可以通过购买新设立或新上市公司(国内或国际股票市场上市)的公开交易股票来投资气候变化活动。投资者可以通过单独购买公司股份和/或投资于气候变化相关的投资基金来投资上市股票。

世界范围内越来越多的资金投向气候变化的股票基金,但是在发展中国家,公司股票只占这些投资的很小比例。投资者进行投资时更注重金融市场的成熟度和透明度。大多数发展中国家,除了领先的新兴市场,无法为全球投资主体提供这些条件。所以,尽管股票市场为机构投资者提供了许多投资于气候变化的机会,但这仅限于已上市的公司和在发达、透明、流动性好的资本市场运作的公司。

2. 低碳指数

为了适应市场和投资者的需要,一些金融服务机构利用自己的业务知识和熟悉市场的优势,编制股票价格指数并公开发布,作为市场价格变动的指标。投资者据此可以检验自己投资的效果,并用来预测股票市场的动向。同时,也可以此为参考指标,来观察、预测社会政治、经济发展形势。编制股票价格指数,是将环境类上市公司的股价指数化,用于进行投资者的组合投资和环境绩效评估。

3. 共同基金

共同基金（Mutual Fund）是一种利益共享、风险共担的集合投资工具，即通过发行基金单位，集中投资者的资金，从事股票、债券、外汇、货币等投资，以获得投资收益和资本增值。各国对共同基金的称呼有所不同，风险投资基金、创业投资基金、股权投资基金、投资基金都是共同基金。

私募股权投资基金（Private Equity）或风险投资基金（Venture Capital）作为重要的投资工具，在给处于启动阶段的清洁技术公司提供资本时发挥着重要作用。在新兴市场的私募股权，投资集中在更成熟的行业和更多经过验证的技术，已采取的形式有：（1）为那些参与资本市场受限的企业提供发展或扩张资本；（2）提高业务运营的效率。

（二）气候债券

债券在传统金融领域融资以及规避风险的重要作用有目共睹。同样，在绿色与低碳经济发展领域，"气候债券"不但同样可以成为气候变化融资的重要来源，还可以作为（特别是低碳项目领域的）投资者规避政策风险的良好工具。

气候债券，是由政府、多边银行或公司发行的，保证一定时间内清偿债务，同时附加固定或可变回报率的债券，是为了进行低碳或气候韧性建设而进行必要融资所发行的固定收益证券。这种债券可以是以特定的气候基础设施项目相联系的资产抵押证券，或者是具有国债风格的大众型债券，发行人融资后在各种气候项目之间分配（如世界银行发行的），另一些绿色债券使用结构性票据机制（如结构性气候产品），以通胀或其他重要衍生品的收益率来标的其回报率。

1. 大众性气候债券

以特定的绿色基础设施项目相联系的资产抵押证券，或者是具有国债风格的大众型债券气候债券可以大致分为五种类型（见表5-2）。

第一，通过发行传统的国家债券，保障债券的稳定性，将债券筹集资金用于应对气候变化领域。

第二，发行基于低碳减排项目的债券。此类债券基本由国家金融机构发行，以保证债券信用度，同时联合私人投资领域，为应对气候变化投资项目融资。而项目的部分收益可以用来支付债券的利率。

第三，发行指数债券（Indexed bonds）。该债券将本身回报率同某一特定指数挂钩（如碳市场碳价格、国家减排数量等）。如果某一国家减排数量很低，那么债券便提供高额的利率，反之则提供低额利率回报。这一债券的优点是可以作为投资新能源与减排等低碳领域公司的风险规避工具。

第四，基于碳市场设计的特定"卖出期权"债券。由政府机构发行，允许债券持有者在未来某一特定时间以某一规定价格出售一定数量的碳排放权。国家通过发行此种债券可以筹集一定气候融资资金，而购买者可以规避由碳价格波动引起的风险。

第五，发达国家政府还可以通过允许国内减排企业在减排周期初期更多地购买发展中国家的减排配额的形式，加速气候资金流向发展中国家。这是一种类似但不完全等同于气候债券的间接形式。

表5-2　　　　　　　　　　气候债券的主要类型

工具	相关项目
传统的国家债券	保持债券的稳定性，将债券筹集资金用于应对气候变化领域
基于低碳减排项目的债券	由国有的金融机构发行，以保证债券信用度，同时联合私人投资领域，为应对气候变化投资项目融资；项目的部分收益可以用来支付债券的利率
指数债券	将债券自身回报率同某一特定指数挂钩（如碳市场碳价格、国家减排量等）；如果某一国家减排量很低，那么债券便提供高额的利率，反之则提供低额利率回报；这一债券的优点是可以作为投资新能源与减排等低碳领域公司的风险规避工具
基于碳市场设计的特定"卖出期权"债券	由政府机构发行，允许债券持有者在未来某一特定时间以某一规定价格出售一定数量的碳排放权。国家通过发行此种债券可以筹集一定气候融资资金，而购买者可以规避由碳价格波动引起的风险

资料来源：Romani M., Pourarkin L., Meeting the Climate Challenge: Using Public Funds to Leverage Private Investment in Developing Countries. Section 3 – Raising finance, 2009, http://www.eldis.org/assets/Docs/55930.html。

2. 结构化的绿色（气候）债券

除了超国家或政府发行的债券，其他固定收益产品，比如结构化和证券化产品很有可能会成为私人部门融资中的一个部分，因为投资者习惯于标的资产。

2008年，法国兴业银行推出了第一个"合成的绿色债券"，环境优化器/顶部绿色债券（Environment Optimizer/Top Green Bond）。在本质上，这是一种与动态环境基金（Lyxor Dynamic Environment Fund）相关的合成基金。因为它是通过金融工程合成的合成品，使用零息债券，到期支付票面价值。在给投资者暴露在环境风险的同时，保护所有的投资资本。

在欧洲，人们越来越关注为实现可再生能源目标的融资缺口，其中机构投资者介入债券市场并开发出创新结构性产品将是一个突破口。以风能行业为例，风能项目改变了主要依赖银行资金为主的局面，转向债券化的结构性金融。2010年意大利太阳能公司Montaltodi di Castro成功发行了该类债券，它是为太阳能项目而发行的第一个公开评级的债券。其特点有：第一，这个债券是资产支持债券，大半投资者是机构投资者。第二，未担保的部分完全通过欧洲投资银行出售。这种结构性金融代表着为可再生能源融资的一个全新模式。

3. 资产证券化产品

微风债券是世界气候债券的一个重要创新。在2006年春季之前，CRC对冲基金的能源基金收购了430兆瓦的德国和法国风力发电设施。CRC建造了这些设施，所需的资金由一家银行借贷提供。一旦这个组合完成，这家基金把这个项目出售给叫作"CRC微风债券"的特殊目的机构（SPV），这家机构发行了4.7亿欧元的资产抵押证券，这是第一个直接由证券市场提供融资的国际可再生能源项目。

该债券的构造使得风力发电厂带来的收入能够支付债券的利息和资本金。这个风力发电场将风的动能转换成电能。销售电能所得的收入用来偿还CRC Breeze Finance的长期债务。CRC则获得剩下的钱。即使风不是像平时一样大或者操作的困难和维修费用将高于以往估计，他们有足够的资金来支付债券持有人。这些收入相当稳定一致，所以十分符合这个固定收益投资者的要求。微风债券是通过特殊目的机构（SPV）发行的第一批绿色资产支持证券（ABS）。是国际资本市场第一次被用来大规模支持可再生能源。

（三）其他证券市场工具

1. 绿色房地产基金

房地产基金是一种以房地产公司或房地产抵押公司发行的股票为对象的投资基金，而绿色房地产基金则在投资标的上更加重视投资公司的项目的环保程度和清洁发展程度。按照其是否直接投资于房地产市场，绿色房地产基金可以划分为两类：第一类直接投资于房地产公司的股票；第二类通过投资于房地产抵押公司的股票和房地产抵押市场而间接进入房地产行业。与单独投资房地产相比,该基金具有集合投资、专家投资、流动性高、变现能力强、分散风险、运作规范等特点,不仅适合普通投资者的参与,也对房地产市场的繁荣起到了非常重要的作用。

2. 绿色基础设施基金

绿色基础设施基金也正在发展成为一种融资工具。绿色基础设施资产可以被定义为国家或地区建造的包括海岸线、道路、公用事业管线和公共建筑在内的公共工程系统,它们一般都有长期的、可预测的、稳定的现金流。公共基础设施的私人部门融资通常采用项目融资形式,即以独立的法人经济实体(特殊目的机构,SPV)设立的指定项目的长期融资,项目的现金流通过 SPV 用于债务偿还,而很多机构投资者则可以利用这种工具来投资绿色增长项目。然而,规模仍然是这些基金发展的限制。

第四节 保险市场和工具

一 保险市场在气候金融领域的创新

保险市场是指保险商品交换关系的总和或是保险商品供给与需求关系的总和。保险市场的交易对象是保险公司为消费者所面临的风险提供的各种保险保障及其他保险服务,即各类保险商品。保险业受气候变化影响最大,也是最早介入应对气候变化领域的金融部门。

(一)气候变化给保险业带来的风险

全球气候变化增加了极端天气事件发生的频率,且损失不可控。而全球气候变化造成广泛的经济和社会压力,会降低保险标的的可保性(insurability)。慕尼黑再保险的数据显示,自 1950 年到 2008 年,全球重大天气灾害所造成的保险损失和非保险损失都呈明显上升趋势,而每三年就有一年的损失高于趋势线 50%,事实上 1992 年、1993 年和 2005 年,损失均高于趋势值两倍以上。近年来,与气候相关的保险每年损失额高达 500 亿美元,且这类损失每十年翻一番。[1]

---

[1] Munich Re (2009). 2008 Natural Catastrophe Review. Available at: https://www.munichre.com/content/dam/munichre/contentlounge/website-pieces/documents/2009_01_15_presentation_en.pdf

全球气候变化增加了极端天气事件发生的频率，且损失不可控。而全球气候变化造成广泛的经济和社会压力，会降低保险标的的可保性（insurability）。慕尼黑再保险的数据显示，自 1950 年至 2008 年，全球重大天气灾害所造成的保险损失和非保险损失都呈明显上升趋势，而每三年就有一年的损失高于趋势线 50%，事实上 1992 年、1993 年和 2005 年，损失均高于趋势值两倍以上。近年来，与气候相关的保险每年损失额高达 500 亿美元，且这类损失每十年翻一番。据 Claims Journal 引述瑞士再保险的预测，2016 年全球经济损失为 1580 亿美元，相比 2015 年的 940 亿美元有显著提高，其中可归因于自然巨灾的损失达 1500 亿美元。2016 年保险损失也由 2015 年的 370 亿美元上升为 490 亿美元，其中因自然巨灾导致的保险损失达 420 亿美元。[①]

（二）保险市场在应对气候变化中的作用

保险市场可在应对气候变化领域中发挥重要作用。保险市场可以通过计算气象灾害损失数据提供一个了解全球气候变化的窗口，保险业对气候变化的敏感性决定了保险是解决气候变化问题的一个重要途径。

保险市场是直接的气候风险管理市场。保险市场在风险管理方面具有天然的优势，因为它经营的是保障产品，即保障投保人转嫁给保险公司的各类风险，因此它本身就与风险直接相关。保险业在积极主动地发展风险评估、风险控制和风险融资机制方面面临着巨大的挑战和机遇。

保险业一直在使用先进的分析工具来衡量气候变化带来的风险，并根据所得数据启动适当的预防工作。自 20 世纪 90 年代中期以来，北美、亚洲和欧洲的保险公司和科学家通过政府间气候变化评估专门委员会合作开展了许多项目，如将基于经济学的保险突变模型与气候模型相结合。

保险市场的政策选择将对全球应对气候变化产生重大影响。保险政策对气候变化政策的实施也有非常大的影响，例如，美国的可再生能源相关保险产品使更多的公司和投资者参与到可再生能源投资项目和快速增长的碳排放交易项目中。人们希望今天的保险业能够更好地促进社会对全球变暖的认识，并深入思考，创造出将气候变化的影响降到最低的解决方案。

保险市场可以帮助最脆弱的国家增加气候变化的适应能力，减轻与气候相

---

① 赵广道（2016）、瑞再：2016 年全球因灾保险损失约 490 亿美元，中国保险报. http：//xw. cbimc. cn/2016 - 12/23/content_ 217660. htm

关的灾害打击。发展越落后、越脆弱的经济体往往受气候变化的影响越大，而保险是减少发展中国家气候变化影响的方案之一。保险是一个范围广泛的风险管理方法，可以促进适应气候变化，支撑可持续发展。

保险市场可以通过以下方式支持对气候变化的适应：（1）提供风险管理方面的专业知识，特别是在风险和脆弱性评估、对风险进行定价以及设计减少和转移风险的方案等方面体现得更为明显。（2）优先采取适应措施，通过增强适应能力以及对弹性措施的成本效益情况提出建议，优先采取适应措施。（3）激励损失减少的现象，使经济活动的参与者了解他们自身所面临的风险，提供降低风险的建议，为其提供现有的保险方案，达到减少损失的目的。（4）开发新的保险产品，针对气候事件带来的风险，例如人类健康、作物产量和动物疫病等方面，开发新的保险产品。（5）提高保险业众多利益相关者的思想觉悟。

（三）全球保险业在应对气候变化中的积极行动

面对巨大的气候变化风险，世界保险业应对气候变化的方式已经出现了转变，从消极回避发展到积极应对，力图把气候变化风险转变为气候变化机遇。保险业过去在火灾和地震等灾害风险管理中发挥了领导作用，当前保险公司也极有可能创造出预防损失的方法和产品来为客户、政府和公司自身减轻气候灾害的损失，同时减少温室气体排放。

1. 保险经营机构的内在行动

各保险经营主体，主要包括保险公司、再保险公司、保险经纪公司、保险代理公司、经纪人和代理人等，越来越关注气候变化并采取了相应的行动方案。各保险机构的行动内容包括开发气候应急产品和服务、提高公众意识、量化并披露气候风险、推动气候因素纳入投资决策等。这些活动的最终目标是降低由气候原因给客户带来的损失，并将行业风险降到最低。例如，RMS公司建立了第一个cat预测模型，将气候变化因素加入保险精算模型。保险经纪公司MMC制定了气候变化白皮书，与客户签订相关合约，开发新产品。瑞士再保险公司、慕尼黑再保险公司、通用再保险公司等再保险公司也都采取了气候变化行动方案。保险机构在对气候变化风险的量化与管理方面，以及通过市场减轻气候灾害带来的损失的运作模式已十分成熟。

2. 市场其他主体的外在驱动

投资者、政府部门和消费者等保险市场的其他主体为保险业开展积极的应对气候变化行动提供了外在驱动力。当前，投资者也越来越关注气候变化，大多数机构投资者认为气候变化是非常重要或相当重要的经济条款，或预期至少在5年内会变得更加重要。

此外，政府部门和消费者也更加关注气候变化，强烈支持政府采取管制政策，从而给保险市场带来压力。国际社会日益频繁的多边或双边活动，都把气候变化作为重要议题，只有当股东、客户以及商业伙伴都在关注气候变化的情况下，初级保险公司才会真正具有应对气候变化挑战的压力。

二 气候保险工具

（一）绿色保险工具

环境责任保险是一种重要的绿色保险，是以被保险人因污染环境而依法应承担的赔偿或治理责任作为保险标的的责任保险，保险对象通常仅限于因自然灾害或意外事故等突发性事件所造成的人身伤亡、财产损害等经济性损失。目前，西方发达国家保险公司开展的环境责任保险业务主要包括两大类型：一是针对一般企业的环境损害责任保险，这一类企业主要包括废弃物处理、处置、储存公司，垃圾填埋和焚烧等公司，房地产公司，仓储、运输公司，各种类型的制造业，自然资源开发企业如矿业、石油和天然气公司，工程建设公司，医疗机构及公共管理机构等，这些企业或机构在运行过程中都有可能产生各种污染物，造成环境侵权责任。二是针对专业的环保咨询、设计、工程、服务等公司的环境保险。

1. 环境损害责任保险和自有场地治理责任保险

环境损害责任保险（Environmental Impairment Liability Insurance，EIL）在美国被称为污染法律责任保险（Pollution Legal Liability Insurance），是指对于被保险人因其污染环境造成第三人的人身伤害和财产损失而发生的赔偿责任，保险公司承担给付保险金的责任。这类环境责任保险并不承保所有的环境损害风险，而仅与第三人的人身伤害和财产损失相关联。

自有场地治理责任保险（Own-site Clean-up Insurance），是指对被保险人因其污染自用的场地，依法负有治理污染的责任并因此支出治理费用的，保险公司以保险合同约定的赔偿限额为基础，承担保险给付责任，为被保险人在清理污染事件中所花费的费用提供补偿。

2. 事故型责任保险和索赔型责任保险

事故型责任保险,指不管索赔是何时提出的,只要事件损失发生在保单有效期内保险公司就应当承担保险金的责任。保险公司为限制其责任承担,在保险合同中通常规定被保险人向保险公司通知索赔的最长期限。索赔型责任保险,指在保险合同约定的追溯日期之后发生的,在保单有效期间内发生对被保险人环境责任索赔事件,保险公司应当承担给付保险金的责任。由于环境责任保险的高风险性,而索赔型责任保险的保险人通常比事故型责任保险的保险人承担较小的风险,因此,现代环境责任保险已经由事故型责任保险发展为索赔型责任保险。

3. 强制责任保险和自愿责任保险

强制责任保险又称法定责任保险,是由法律规定必须投保的责任保险。世界上许多国家都对"绿色保险"采取强制投保的形式,如美国、瑞典、德国等国家针对有毒物质和废弃物的处理、处置可能引发的损害赔偿责任实行强制责任保险。自愿责任保险,是指投保人和保险机构在自愿、平等、互利的基础上,经协商一致订立保险合同的责任保险。是否投保完全由可能造成环境污染的破坏者自主决定。如法国对环境损害的保险实行自愿责任保险。

通过保险工具,可以转移易受气候变化影响行业的风险,发挥经济补偿功能和减灾防损的作用。同时,保险业也可以在清洁技术尚不成熟的时期,推动技术和产品的应用。

(二) 与天气和气候相关的保险工具

农业保险、天气指数保险、清洁技术保险和巨灾保险是国内外保险业在气候变化领域开发的较为成熟的重要避险工具。

1. 农业保险

农业保险属于财产险的一种,专为农业生产者在从事种植业和养殖业生产过程中,对遭受自然灾害和意外事故所造成的经济损失提供保障。在很多发展中国家,农业险的发展都与减少贫困人口的发展目标相结合,一方面稳定了保费收入;另一方面也降低了潜在的损失风险。农业保险在提高农业抗灾减灾能力、促进农民增收、维护国家粮食安全等方面发挥了重要作用。

非洲风险转移保险(HARITA)可在减缓气候变化风险同时为农作物保险。这一保险方案由当地保险公司承保,国际再保险公司分保。该方案采用降雨指数来触发赔偿，支付在干旱情况下种植三大宗粮食作物的农民的损失。这一计划允许农民通过在本区域开展植树等减缓气候变化的行为来抵扣保费，这种"工作报酬"机制使农民们即使不支出保费也可以受益，而支付现金的农民也可参与到这一计划中来，推动市场的发展。

2. 天气指数保险

天气指数保险是气候保险工具方面又一创新。2008年4月，中国农业部推出了与国际农业发展基金、联合国世界粮食计划署合作的"农村脆弱地区天气指数农业保险"项目；很多地区天气指数保险进入研发阶段，如福建省对台风灾害气象指数保险项目，浙江省对水稻农业气象指数保险项目，陕西省对苹果气象指数保险项目等，且有少数公司尝试经营天气指数保险。

国际上天气指数保险也在气候变化领域广泛应用。在玻利维亚的北部和中部高原地区，进行了鼓励降低风险与指数保险机制相结合的保险计划。这一方案中的指数是在气温、降水、湿度、土壤类型等地理环境上与这一区域相似的参照农田的产量水平。在一组农民中选出技术水平最高的一位，让他来担任其他农民的技术顾问，帮助其他农民降低风险、提高产量。作为顾问的农民的土地即为参照田。可以根据参照田的产量来判断损失是由环境因素带来的，还是由农民可控制的范围内其他因素带来的。若为环境因素导致，则触发保险理赔。

3. 清洁技术保险

有些清洁能源技术尚未经过市场化的验证，需要寻求各种风险转移的途径。慕尼黑再保险集团针对清洁能源技术推出的一系列保险产品，是清洁技术保险领域较为创新的实践，涉及多种可能影响清洁能源项目效果的因素，如太阳能组件的性能保险、风电厂各种可能的损失保险、多种产品（如锂离子电池、聚光太阳能发电、LED、隔热玻璃等）的性能保险、水电厂水位保险等。这些保险产品可以使清洁技术的设备制造商和开发商免除由于产品性能或客观条件导致的可测量的、可预计的损失。

4. 巨灾保险

巨灾是指对人民生命财产造成巨大破坏和损失，对区域或国家经济社会产生严重影响的自然事件，主要包括：地震、火灾、飓风、洪水、冰雹、冻灾、雪灾、海啸、火山爆发等。巨灾保险针对这些重大灾害进行保险。因为巨灾有着发生的巨大损失和突发性，保险公司很有可能在短时间内无法拥有大量资金对巨灾保险进行理赔，因此巨灾保险本身的投保并非难事，而解决好灾难发生时的赔付是关键。

在保险业发展之前，很多国家都采用当巨灾发生时对受灾群众进行补贴的方法来解决巨灾问题。随着保险业的发展，有的国家开始将补贴转移给了保险行业，或在客户购买财产险时强制投保巨灾险，但政府并非无节制地对保险行业进行补贴或采取强制措施，而是进行分级补贴，将巨灾保险所造成的损失按损失金额分级，对不同级别的损失，予以不同比例的补贴。

为了分散巨灾保险巨大的赔付压力，很多国家的政府或私人部门也设立了再保险公司，对保险公司的巨灾保险进行再保险，甚至是二次再保险。这样当灾害发生时，部分风险就分给了再保险公司，减轻了保险公司的压力。但很多保险公司由于存在"侥幸心理"，不希望自己的利益被再保险公司分得，从而减少自己在未发生巨大自然灾害时所获得的利益，所以在进行再保险的时候，需要政府出台相关法律对巨灾保险的再保险的额度进行明确规定，以确保在巨灾保险发生时可以成功地分担足够的风险。

专栏5-1 土耳其强制巨灾险和新西兰的巨灾保险体系

土耳其96%的国土位于地震带上，同时也是一个保险业不发达的国家。全国只设立了一种地震保险，民众在办理房产登记手续或办理一些房屋必需品（水、电和煤气等）的合同时，政府就会强制民众对地震保险进行投保。2000年土耳其成立土耳其巨灾保险联合体（Turkish Catastrophe Insurance Pool，TCIP），这是一个类似于基金的机构。TCIP经营所有的巨灾保险，将保单责任外包给保险公司，由保险公司进行保单的销售，保险公司则成了政府巨灾保险的中介机构，只能收取佣金。虽然这种巨灾险的模式由政府全权负责，导致保险公司失去自主性和市场性，但对于保险业欠发达的国家或地区，强制不失为一种初步实践巨灾险的手段。

新西兰是地震高发的岛屿国家，也是巨灾保险开展比较成功的国家之一。地震保险在新西兰由地震委员会经营管理，在参保者进行财产、房屋以及车辆的投保时会强制保户进行巨灾保险的投保。巨灾保险的份额会被保险公司递交给地震委员会，随后由地震委员会建立专门的巨灾基金，另外，居民每年缴纳的火灾保险额也被纳入该基金。保险公司则采用相对市场化的方式对巨灾保险进行设保，根据地区巨灾的历史记录以及发展趋势，对该地区的巨灾进行一定程度的估计，然后再对承保客户的投保进行审核，对 100 万新元以上的投保将有严格的限制。保险协会则在巨灾发生时，负责对信息进行收集整理，提供设备和资源，以及组织救援、定损、重建等工作。新西兰的巨灾保险模式已经成为一个完整的体系，是值得借鉴的巨灾保险体系。

5. 碳交易信用保险及 CDM/JI 项目保险

广泛意义上的碳交易信用保险是当买卖一方因故不能完成交易导致权利人利益受损后，保险公司根据合同约定提供经济补偿的担保性质的保险。

具体到 CDM/JI 项目上，碳减排项目保险主要分为两类。一类是为碳减排交易合同中的买方提供保险，若出现卖方无法如期交付符合要求的 CERs 或碳交易政策和法律发生突然改变的情况，则买方在合同到期时不能获得协议规定数量的 CERS，保险公司将予以赔偿；另一类是为开发 CDM/JI 项目的企业，即 CERs/ERUs 卖方提供保险，当 CDM/JI 项目无法达到预期收益或因政策突变等造成意外损失时进行赔偿。

延伸阅读

1. 王遥、徐洪峰等编著：《中国绿色金融研究报告 2020》，中国金融出版社 2020 年版。
2. 杨星、范纯等编著：《碳金融市场》，华南理工大学出版社 2015 年版。
3. 中国证监会期货监管部：《中国碳市场发展初探 碳交易市场国际借鉴及中国的实践》，中信出版社 2014 年版。
4. 张健华：《低碳金融》，上海交通大学出版社 2011 年版。

练习题

1. 简述碳金融市场的特点。
2. 简述碳金融市场的功能。
3. 典型碳金融工具有哪些？它们各自的特点是什么？

4. 《赤道原则》的提出时间是哪一年？主要要求是什么？中国的哪两家银行采纳了《赤道原则》？

5. 证券市场如何在应对气候变化实现经济低碳转型过程中发挥作用？

6. 与天气和气候相关的保险工具主要包括哪些？

第六章

碳资产定价

作为一种市场机制,配额价格是判断碳排放交易是否有效的一个重要标志。碳金融体系中排放配额、碳信用等产品以及衍生的一系列金融工具,已经在国际市场上进行了较为活跃的交易,对排放交易市场价格形成机制的研究也在不断发展。

第一节 价格形成与市场模拟[①]

一 近期研究依据的主要方法

从金融学视角入手,对碳市场价格形成机制进行分析,近期的研究主要依据两大类方法。

第一类是计量方法。计量方法主要是通过对排放权交易市场上价格数据的统计学特征进行描述,挖掘数据的基本规律,为未来价格预测提供支持。随着欧盟 EU ETS 交易体系的活跃运行,提供了大量的可供分析、对照的时间序列数据,可供分析经典价格模型与实际价格行为之间的差距。另外,相关研究表明,期货相较于现货而言占据更主导的地位,引领碳价格的发现过程,这归因于碳期货市场较高的流动性,与很多金融市场的规律是一致的[②]。

[①] 刘倩、王遥、林宇威:《支撑中国低碳经济发展的碳金融机制研究》,东北财经大学出版社2017年版。

[②] Wagner M., Uhrig-Homburg M., "Futures price dynamics of CO_2 emission certificates-An empirical analysis", *Journal of Derivatives*, Vol. 17, No. 2, 2009.

计量方法对碳市场已有数据的研究已经得出了很多有价值的结论，但单凭计量方法无法挖掘数据背后价格形成的复杂机制和机理，而且碳市场的可供分析的历史数据时间较短，且在发展不成熟的阶段数据存在剧烈的波动性与结构断点，使这个方法的运用存在一定的局限性。

第二类则是模型法。模型法是沿着一般均衡方法的框架展开，主要是指基于市场参与者的动机、策略、效用函数、不确定性和风险偏好等参与者行为的内生要素描述市场，进而描述均衡状态下的市场特征。

2009 年 Rene Carmon 等人[①]研究了对于 $t \in [0, T]$ 区间的第 $i \in [0, N]$ 个能源企业，在短期内，采用最为便宜可行的减排措施，即燃料转换的情况下（ζ_t^i），如何决定受影响的排放设施的减排水平（L）。燃料转换涉及高碳（硫）燃料和低碳（硫）燃料的选择替换问题。在美国燃料转换的最普遍的形式是将高硫煤替换为低硫煤。在欧洲，煤一般被天然气替代，因此，ζ_t^i 是指燃料转换过程的价格。排放设施也可以选择进行排放许可证（x_t^i）的买卖。由此，该研究将许可证价格（S_t）的演化特征与燃料（天然气和煤）的价格以及配额需求（Γ^i）联系在一起。

该研究证明排放权许可证的均衡价格是配额总需求（$\Gamma = \sum_{i=1}^{N} \Gamma^i$）和总污染减少量（$\Pi = \sum_{i=1}^{N} \sum_{t=0}^{T-1} \xi_t^i$）的方程。许可证的价格并不取决于每个时间点的许可证额数量，这个均衡价格取决于许可证的需求以及最优转换政策（optimal switching policy）（ξ_t^*）

$$S_t = P \cdot E_t [1_{(\Gamma - \Pi(\xi^*) \geq 0)}] \qquad (式 6-1)$$

在数值分析部分，该研究分析了许可证价格对于累积许可证相对需求（RD_t）和实际燃料转换价格（$\bar{\zeta}_t$）的依赖度。RD_t 相对需求是配额总需求期望与实际配额需求的差值，若企业采取短期减排措施，则等同于转换燃料的需求。尽管许可证价格随着这两个值的变化会有所增加，但价格在累积相对需求发生微小变动的情况下变化就非常显著。而燃料转换成本（$\bar{\zeta}_t$）对于许可证价格的影响相对较小，但该研究认为燃料转换仍是一个基本的价格影响因素。该研究对违约概率以及最初配额价格受惩罚水平以及燃料转换需求的关系进行了

---

① Carmona R., Fehr M., Hinz J., "Optimal stochastic control and carbon price formation", *SIAM Journal on Control and Optimization*, Vol. 48, No. 4, 2009.

数值模拟。结果表明，在特定的预期需求水平，增加罚款额则违约概率和配额价格都会提高，罚款 P 是许可证价格的上限，即 $S_t \in [0, P]$。

2010 年 Rene Carmona 与 MaxFehr、Juri Hinz 等人[①]在一般随机动态均衡模型中引入了新的数学分析方法，这一创新可以用于对包括碳税、命令控制政策以及总量限制与配额交易的多种设计方案进行分析和比较。模型中的随机需求和生产成本是外生给定的，而产品和排放配额价格的过程则是在均衡中内生的。几位学者还进一步根据得克萨斯电力市场数据进行了市场模拟，比较了包括设定减排标准、总量控制与配额交易体系中免费分配和拍卖方案以及设定碳税等政策在达成减排目标、提供激励机制、控制意外收益、社会成本和消费者成本最小化等方面的优劣，并且通过数值模拟，给出了通过适当比例的配额拍卖在其他假设条件不变的前提下显著降低意外收益，同时保持与标准的市场设计几乎同样的减排水平的政策建议。

可见，市场均衡框架下的模型研究有利于捕捉一个相对静态的稳定情况下的主要市场特征，方便对市场特征进行刻画和比较。但需要设定市场参与主体详细的信息，因此相对比较复杂。

随着碳金融市场的发展，越来越多的对于不确定性的关注来自从金融视角对实际碳交易运行的观察和研究。在定价的模型研究方法中，现代金融学的风险中性定价方法也被引入碳金融市场的定价研究之中，这一类研究方法是目前国际上研究的前沿和难点。

风险中性假定是金融学的一个通用假定。信用风险中性定价的基本思路是首先确定风险中性违约概率；然后利用风险中性理论确定信用风险的价格。模型主要具有以下三个特点：第一，假设市场完全并符合无套利限制条件；第二，通过违约概率的计算以求得信用风险资产的价格；第三，违约过程为随机过程。在简约模型中，违约被简化为一个与代理人最优决策无关的随机过程所决定的事件，提供一个简单的违约建模方法。

碳价格的风险中性定价法一般分为两种：简约法和混合法。简约法是基于无套利定价原则采用单纯鞅测度变换方法，通过边界定义良好的终端支付过程

---

① Carmona R., Fehr M., Hinz J., et al, *Market design for emission trading schemes*, *Siam Review*, Vol. 52, Issue 3, 2010.

来刻画碳现货及衍生品的价格过程。碳排放价格由外生描述的过程衍化而来[1]。

例如，Seifert 等在市场风险中性的假设下利用代理人机制推导出碳价格过程。Borovkov 等[2]为更加贴合碳市场不确定性的情形，利用带跳的泊松过程描述碳累积方程，在此基础上分析和模拟了碳市场的价格。Hintermann 以随机总量排放为基础，使用期权价格公式将排放权价格作为不履约惩罚额和限额的函数，以此模拟的 EU ETS 第一期碳价格与实际价格符合度很高，表明碳价格更多取决于避免未来超额排放的惩罚，这正是从风险中性的视角对限额交易定价的机制[3]。然而简约定价只是外生假定的碳累积量函数，该函数并没有给出市场上碳累积量与生产要素、碳价格之间相互影响的关系，没有给出碳累积量方程形成的微观基础。

混合法是综合一般均衡和风险中性的定价方法。利用均衡的结果详细描述碳累积量形成的过程以及碳累积量与其影响因素的数量关系，然后从风险中性的视角出发对碳排放权定价。该定价机制从微观层面详细阐释了碳排放权价格和碳减排成本的反馈效应，而这一特征对于限额交易机制实施的合理性至关重要。在离散框架下，有些研究刻画了碳排放权价格和碳减排成本的反馈效应[4][5]。有些研究则是在连续框架下，利用电力行业的投标栈机制来描述碳排放权价格和碳减排成本的反馈效应。实际上在此机制下，排放权的价格是终端支付为企业未履约惩罚函数的倒向随机微分方程的解[6]。混合法定价方法不仅能利用均衡的方法推导碳累积量形成过程进而分析碳价格形成的反馈机制，还易于刻画碳市场价格特征，而且它将微分方程及其计算理论引入碳金融的定价

---

[1] Carmona R., Hinz J., "Risk-neutral models for emission allowance prices and option valuation", *Management Science*, Vol. 57, No. 8, 2011.

[2] Borovkov K., Decrouez G., Hinz J., "Jump-diffusion modeling in emission markets", *Stochastic Models*, Vol. 27, No. 1, 2011.

[3] Hintermann B., "Market power and windfall profits in emission permit markets", *CEPE Center for Energy Policy and Economics, ETH Zurich*, 2009.

[4] Coulon M., "Modelling price dynamics through fundamental drivers in electricity and other energy markets", *Working Paper*, 2009.

[5] Carmona R. and Hinz J., "Risk neutral modeling of emission allowance prices and option valuation", *Management Science*, Vol. 57, No. 8, 2011.

[6] Howison S., Schwarz D., "Risk-neutral pricing of financial instruments in emission markets: A structural approach", *SIAM Journal on Financial Mathematics*, Vol. 3, No. 1, 2012.

模型，借助数值计算和数值模拟技术来获得碳排放权的定价方法，更好地实现了与传统金融定价理论的衔接。下文将分别详述简约法与混合法的建模和数值模拟过程。

二 简约法

从实物期权的角度来看，排放配额的均衡价格必须反映减排的边际成本以及期权的价值，即延迟支付调整生产工艺和治污设备所需的大量成本（无论可逆还是不可逆）。另外，其他不确定性的来源，比如管制不确定性、宏观经济波动的冲击也都对确定框架下均衡理论价格造成扭曲，因此实际配额价格无法与理论价格完全匹配[1]。正是基于上述思路，Marc Chesney 和 Luca Taschini 研究、建立了可以延续无限 T 期，在信息不对称条件下的，配额市场价格内生的动态模型。主要的研究过程如下：

（一）单个企业履约模型

假定概率空间为 (Ω, F, P)，$F = (F_0)$ 信息族，其中 Q_0 为初始污染水平，X_0 为公司在 0 时刻购买（$X_0 > 0$）或卖出（$X_0 < 0$）的许可证数量，N 为该公司配额初始禀赋。我们令 δ_0 为公司在初始时刻的全部净许可证数量，其中 $\delta_0 = N + X_0$，表示公司被赋予排放一定量温室气体（以下简称 CO_2）的权利。我们假定公司在 $[0, T]$ 期间内，不断以外生性随机过程排放 CO_2。该过程遵循几何布朗运动过程：

$$\frac{dQ_t}{Q_t} = \mu dt + \sigma dW_t, \text{或者等价地} \quad Q_t = Q_0 e^{(\mu - \frac{\sigma^2}{2})t + \sigma W_t} \quad （式6-2）$$

其中 μ 和 σ 分别为污染过程的瞬间常数漂移项以及常数波动项。$Q_0 \cdot \int_0^T e^{\mu t} dt$ 可以被解释为 0 和 T 之间期望累积污染水平，而漂移项和波动项是与排放过程相关的趋势和不确定性。μ 为企业污染积累水平，负 μ 意味着一个更低的污染累积率（可能是由于之前的技术进步造成的），而 σ 衡量了累积污染量的不确定性。

为了将污染水平控制在法定范围内，公司必须在 T 期末拥有足够的配额。

---

[1] Chesney M., Taschini L., "The endogenous price dynamics of emission allowances and an application to CO_2 option pricing", *Applied Mathematical Finance*, Vol. 19, No. 5, 2012.

如果企业未能按时履约，它将付出罚金 P。EU ETS 罚金成本可能会在每年的年末出现。如果允许交易期间内一年的借贷就意味着公司可以在当年使用未来履约期到期的配额，不需要在市场上购买许可证。因此，可假定公司在特定的交易期内无须支付配额短缺罚金。在交易期末，才需评估发放的配额和核证的排放水平之间的差额，以确定配额到底是呈现短缺还是盈余，公司要么就仍然持有毫无价值的多余配额，要么需要为短缺的配额支付罚金，或者完美地实现对冲。

然而，由于种种不确定性，最后的现金流归结为一个二元结果。在 [0, T] 期间内没有任何交易机会的情景中，公司的最终成本为：

$$\max\left\{0, \left(\int_0^T Q_s ds - \delta_0\right)\right\} \cdot P \quad (式6-3)$$

其中 $\int_0^T Q_s ds$ 为公司的最终累积污染水平。根据（式6-3），排放配额基本上都是期权合约，给出配额的初始禀赋和预期的净头寸，企业在期间开始最小化其成本。全部成本是在初始时刻的现金流量总和（或是减去许可证卖出的收入）以及项目结束时潜在的罚金。因此，由此产生的最小化问题为：

$$\min_{X_0}\left\{S_0 \cdot X_0 + e^{-\eta T} E_P\left[\left(\int_0^T Q_s ds - \delta_0\right)^+ \cdot P \mid F_0\right]\right\} \quad (式6-4)$$

其中期望是根据历史概率测度 P 做出的，η 为折现率——加权平均资本成本，S_0 为 t=0 时刻的许可证价格（已知）①。最后 X_0 满足如下的等式：

$$S_0 = e^{-\eta T} \cdot P \cdot \int_{\delta_0 - \sigma^2/4Q_0}^{\infty} P[A_{\sigma^2 T/4}^Z \in dx] \quad (式6-5)$$

可以发现配额现货价格是罚金水平和配额短缺概率的函数。这样函数形式是已知的，但很难对其进行数量上的衡量。因此，为了便于说明，把 T 设为一个任意小的时间间隔（$T = \Delta t$）并且计算 $\int_0^T Q_s ds$ 的离散近似，可获得一个分析形式的许可证现货价格：

$$S_0 = e^{-\eta t}[P \cdot \Phi(d_-)], 其中 d_- = \frac{\ln(Q_0 \cdot \Delta t/\delta_0) + (\mu - \frac{\sigma^2}{2})\Delta t}{\sigma\sqrt{\Delta t}}$$

$$(式6-6)$$

---

① 处理方法参见 Geman H. and M. Yor, "Bessel Processes, Asian Options and Perpetuities", *Mathematical Finance*, Vol. 3, No. 4, 1993。

$\Phi(x)$ 为标准累积分布概率函数 $\Phi(x) = \frac{1}{\sqrt{2\pi}} \int_{-\infty}^{x} e^{-\frac{u^2}{2}} du$。在（式6-6）中，排放权许可证的价格反映了购买额外许可证的概率，即不满足规定的概率，这与事件 $\{\int_{0}^{T} Q_s ds > \delta_0\}$ 相对应。

可以通过参数赋值，对模型进行一个图形化的解释。若设定配额价格 S_0 是外生给定的，目的是根据（式6-4）的最小化问题的求解观察不同价格水平对公司配额交易策略 X_0 的影响。在确定的情况下，公司卖出50个许可证即可合规，即 $X_0 = -50$，公司并没有通过卖出额外一单位左右的许可证而状况变得更好，达到最优解，如图6-1所示。

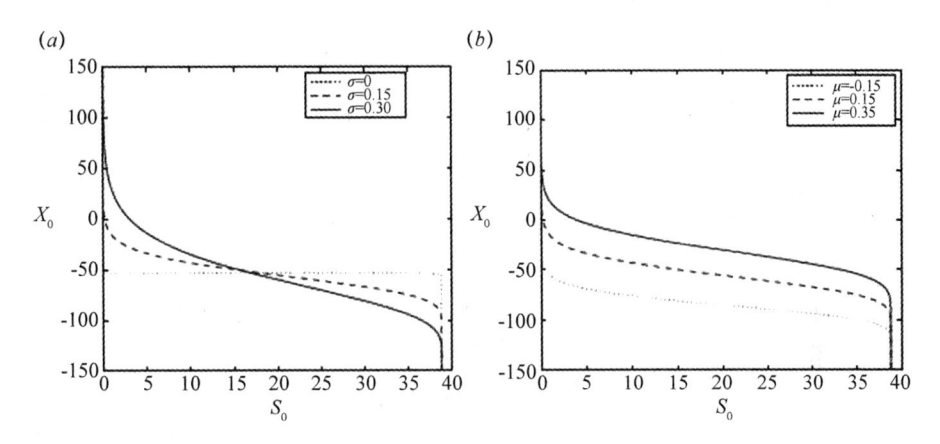

图6-1 许可证初始数量 X_0 随着许可证价格 S_0 变动的趋势

注：保持其他参数不变，图（a）(b) 分别显示不同波动率 $\{\sigma: \sigma \in R^+\}$ 和不同的排放积累水平 $\{\mu: \mu \in R\}$ 两者之间的关系。参数取值分别为 $N = 170, P = 40, \sigma = 0.15, \mu = 0$，初始排放权水平为 $Q_0 = 100$。

在确定情况下，交易策略是独立于配额价格水平的。而在不确定的情况下，公司就需要在配额价格和机会成本之间进行权衡，决定交易多少配额，从而使企业以最小的成本履约。因此，S_0 与 X_0 呈现反S形关系。图形反"S"表示这样一种交易行为，当 σ 更高，S形图更加明显，即在不确定性更高的情况下，价格高时，公司卖出更多（买入更少）的许可证并且要承担不合规的潜在成本；当价格低时，公司卖出更少（买入更多）许可证。而同时图6-1中曲线只是简单地根据参数 μ 进行平移。

（二）两企业和多阶段交易的模型

一个总量限制与配额交易市场应该是由不同的公司同时在市场上运营，由此产生的公司间互动最优化战略必须考虑在内。此外，一些技术和操作因素会影响到排放水平，比如，对公司产品和服务需求的不确定性、排放水平不完全信息等，都会导致最终企业或设施在交易期末出现配额短缺或盈余的情况，因此，受影响的企业通过买卖配额来动态调整其拥有的配额与未来期望净减排的差值，以确保履约。这部分主要考察多个公司参与多阶段交易的情况①。

令 $(\Omega, F, \{F_t\}, P)$ 为概率空间，$F = (F_t)_t \geq 0$ 为信息族，其中 $F_t = \{\cap_{i \in I} \phi F_t^i\}$，$F_t^i = \{G_t^i \cup_{j \in \varphi, j \neq i} G_{t-1}^j\}$，$G_t^i = \sigma(Q_s^i, s \in [0, t])$，并且 $I = 1, \cdots, I$。每个公司不断地根据以下外生过程排放温室气体：

$$\frac{dQ_{i,t}}{Q_{i,t}} = \mu_i dt + \sigma_i dW_{i,t} \quad \text{（式 6-6）}$$

对于 $\{i, j \in I, i \neq j\}$，假定 $dW_{i,t} \cdot dW_{j,t} = 0$。$X_{i,t}$ 和 N_i 分别表示第 i 个公司买或卖的许可证的数量以及初始许可证禀赋。如 EUETS，在限额与贸易的交易中，温室气体减排目标是在每期初决定的；因此，污染许可证的供给实际上是固定的，而且 $I = \{1, 2\}$ 等价于 $N = N_1 + N_2$。第 i 个公司在 t 时刻拥有的许可证数量净额为：

$$\delta_{i,t} := N_i + \sum_{s=0}^{t} X_{i,s} \quad \forall t = 1, 2, \ldots, T-1, i = \{1, 2\} \quad \text{（式 6-7）}$$

其中 $\sum_{s=0}^{t} X_{i,s}$ 是购买的排放权许可证边际数量总额减去公司 i 卖出的部分，不包括初始排放权禀赋。

由于许可证总额数量是固定的，市场出清条件为：

$$\delta_{1,t} + \delta_{2,t} = N \quad \text{或者以另一种形式} \quad X_{1,t} = -X_{2,t} \quad \forall t = 1, 2, \cdots, T-1$$

$$\text{（式 6-8）}$$

（式 6-8）表明均衡情况下许可证头寸为零净供给。因此，它满足了竞争均衡条件，要求市场中污染许可证的供求平衡。我们将 t 时刻第 i 个污染净积

---

① 为了简化模型，此处不考虑由联合履约机制和清洁发展机制项目所产生的排放权许可证交易的可能性。

累量标记为 $\int_0^t Q_{i,s}ds - \delta_{i,t-1}$。

针对企业排放信息不对称情况，不对称意味着一个企业关于另一个企业排放信息可得性的滞后效应。这在现实中自然也是成立的，因为企业通常无法准确知道其他企业（非必要竞争者）污染多少。即在每个阶段 $t \in [0, T-1]$，企业 i 知道它自己的净累积污染水平 $\int_0^t Q_{i,s}ds - \delta_{i,t-1}$ 和另一个企业前一阶段的污染水平 $\int_0^{t-1} Q_{j,s}ds - \delta_{j,t-1}$。这里考虑滞后一单位时间的情况，为了不失普遍性，随后将模型拓展到滞后 n 单位时间的情况，其中 $n > 1$。

在 T 时刻，如果任何一个企业都不需要配额，所有剩余的许可证都没有价值，而如果至少有一个公司配额短缺，配额的价值等于罚金水平 P。这在假设每个配额短缺的企业对于购买配额和支付罚金无偏好时成立，同时也意味着是市场力量来分配过量的配额给企业。因此，T 时刻的配额价值为：

$$S_T = \begin{cases} 0 & \text{如果对任意 } i \in I \quad \int_0^T Q_{i,s}ds \leq \delta_{i,T-1} \\ P & \text{如果存在 } i \in I \quad \int_0^T Q_{i,s}ds > \delta_{i,T-1} \end{cases} \quad \text{（式6-9）}$$

与 T 时刻排放额市场的构建一致，如果企业 i 许可证剩余，它可以卖给 j 公司，其要购买的：

$$\min\left\{\left(\delta_{i,T-1} - \int_0^T Q_{i,s}ds\right)^+, \left(\int_0^T Q_{j,s}ds - \delta_{j,T-1}\right)^+\right\} =: \Gamma \quad \text{（式6-10）}$$

另外，如果企业 i 许可证短缺，它可以从企业 j 处购买，后者想要卖的：

$$\min\left\{\left(\int_0^T Q_{i,s}ds - \delta_{i,T-1}\right)^+, \left(\delta_{j,T-1} - \int_0^T Q_{j,s}ds\right)^+\right\} =: \Pi \quad \text{（式6-11）}$$

然而，如果 $\left(\int_0^T Q_{1,s}ds - \delta_{1,T-\Delta t}\right)^+ - \Pi > 0$，根据法律，企业 i 需为许可证未覆盖的排放污染支付每单位 P 的罚款。因此，结合（式6-10）和（式6-11），我们可以将 T 时刻许可证数量的边界条件简化为：

$$X_{i,T} = \left(\int_0^T Q_{i,s}ds - \delta_{i,T-1}\right)^+ - \Gamma, \forall i \in I \quad \text{（式6-12）}$$

与单个企业模型不同，上述表达式刻画了未售出许可证所隐含的潜在损失。

为了解决这一问题，我们考虑 Δt 为单位时间并将模型离散化处理。考虑到初始许可证禀赋和累积污染量的期望,每个企业在每个时间 $t \in [0, T-\Delta t]$ 最小化其总成本。$i=1$,公司在 $T-\Delta t$ 时刻的最小化问题为:

$$\min_{X_{1,T-\Delta t}} \{S_{T-\Delta t} \cdot X_{1,T-\Delta t} + e^{-\eta \Delta t} \mathrm{E}_P [S_T \cdot X_{1,T} | F_{T-\Delta t}^1]\} \quad (式6-13)$$

推导 FOC:

$$\bar{S}_{T-\Delta t} = e^{-\eta \Delta t} \cdot P \cdot \mathrm{E}_P [1_{\int_0^T Q_{1,s} ds > \delta_{1,T-\Delta t}} | F_{T-\Delta t}^1]$$
$$+ e^{-\eta \Delta t} \cdot P \cdot \mathrm{E}_P [1_{\delta_{1,T-\Delta t} > \int_0^T Q_{1,s} ds} \cdot 1_{\int_0^T Q_{2,s} ds > \delta_{2,T-\Delta t}} | F_{T-\Delta t}^1] \quad (式6-14)$$

综上,排放许可证在 $T-\Delta t$ 时刻的价格可表述成罚款的加权折现值,权重为未履约的概率。表述公司1排放权许可证的价格,贴现罚金水平加权了短缺概率:

$$\bar{S}_{T-\Delta t} = e^{-\eta \Delta t} \cdot P \cdot [1 - T - \Delta t^1] \quad (式6-15)$$

相似地,解决公司2的最优化问题,它服从:

$$\bar{S}_{T-\Delta t} = e^{-\eta \Delta t} \cdot P \cdot [1 - T - \Delta t^2] \quad (式6-16)$$

$T - \Delta t^2$ 代表了从公司2来看两家公司未来没有短缺的概率。为了简便,我们对两家公司使用相同的折现因子 η ①。

继续重复在每个时间段 $k \in [1, 2, \cdots, T/\Delta t]$ 的最优化步骤,我们得到了一对($i \neq j$)排放权价格等式:

$$\bar{S}_{T-k\Delta t} = \begin{cases} e^{-\eta k \Delta t} \cdot P & \text{if } \int_0^{T-k\Delta t} Q_{i,s} ds \geq \delta_{i,T-k\Delta t} \text{ or } \int_0^{T-k\Delta t} Q_{j,s} ds \geq \delta_{j,T-k\Delta t} \\ e^{-\eta k \Delta t} \cdot P \cdot \{1 - \mathrm{E}_P[\phi(-d_{t,T-k\Delta t}) \cdot \phi(-d_{j,T-k\Delta t}^{\text{lag}}) | F_{T-k\Delta t}^i]\} & \text{else} \end{cases}$$
$$(式6-17)$$

在每一时间段,当总排放额没有超过净许可证数额时,我们通过数量上估计满足如下等式关系的许可证数量来确定企业的交易决策:

$$\mathrm{E}_P[\phi(-d_{i,T-k\Delta t}) \cdot \phi(-d_{j,T-k\Delta t}^{\text{lag}}) | F_{T-k\Delta t}^i]$$
$$= \mathrm{E}_P[\phi(-d_{j,T-k\Delta t}) \cdot \phi(-d_{i,T-k\Delta t}^{\text{lag}}) | F_{T-k\Delta t}^j] \quad (式6-18)$$

给定一组污染过程特征的参数 $\{\mu, \sigma, Q_0, N_0\}$,给定企业的交易决策,市场出清条件(式6-8)决定了均衡许可证价格,说明总排放量没有超过许可证净额:

―――――――
① 一般会对两个企业使用两个不同的折现因子。

$$\bar{S}_t = e^{-\eta\Delta t}\mathrm{E}_\mathrm{P}[\bar{S}_{t+\Delta t} \mid F_t^i] = e^{-\eta(T-t)}\mathrm{E}_\mathrm{P}[\bar{S}_T \mid F_t^i], i \in \{1,2\} \quad (式6-19)$$

排放权许可证贴现的均衡价格 $\{\bar{S}_t\}_{t=0}^T$ 在信息族 F 下是一个鞅过程。

$$\begin{aligned}
\mathrm{E}_\mathrm{P}[\bar{S}_T &\mid F_t^1 \cap F_t^2] \\
&= \mathrm{E}_\mathrm{P}[\mathrm{E}_\mathrm{P}[\bar{S}_T \mid F_t^1] \mid F_t^1 \cap F_t^2] \\
&= \mathrm{E}_\mathrm{P}[e^{\eta(T-t)}\bar{S}_t \mid F_t^1 \cap F_t^2] = e^{\eta(T-t)}\bar{S}_t \quad (式6-20)
\end{aligned}$$

(三) 数值模拟

根据 (式6-18) 和市场出清条件 (式6-8), 模拟配额价格的几条路径。在每个模拟中, 选择 $N_i \approx Q_{i,0} \cdot \int_0^T e^{\mu_i t}dt$, 且根据 EU ETS 的交易设置, 时间区间固定为 1 年 (即 250 个交易日, Δt), 加权平均资本成本设定为 10%, 罚金 P 等于 40。

从 $t=0$ 开始, 使用 (式6-2), 模拟一组独立的污染过程: 每个公司 i 一个, $i \in I$。每个企业选择买 (或卖) 的最优配额数量。通过解决 (式6-18) 和市场出清条件 (式6-8), 我们使用 (式6-17) 从数值方面决定许可证数量和均衡许可证价格 S_0^1。重复这个步骤 n 次来计算期望均衡许可证价格 $\bar{S}_0 := \sum_{j=1}^n S_0^j/n$。在 $t=\Delta t$ 时刻, 相应的净许可证头寸 ($\delta_{i,0}; i=1,2$) 是使用 $\bar{S}_0$ 和随机地从 n 对污染模拟量中选择的固定的一对累积污染量计算。重复上述步骤 n 次, 计算出期望均衡许可证价格 $\bar{S}_{\Delta t}$。反复重复以上步骤直到 $T-\Delta t$, 就可以获得模拟的均衡配额价格轨迹, 如图 6-2 所示。

图 6-2 中两家公司污染过程 μ 分别设定为 15% 和 10%, 两者 σ 都设定了 10% 的温和的波动水平。第二家企业初始许可证禀赋约等于它的期望污染水平 $Q_{2,0} \cdot \int_0^T e^{\mu_2 t}dt$, 第一个公司被分配的初始许可证数量比 $Q_{1,0} \cdot \int_0^T e^{\mu_1 t}dt$ 略小一点。正如从图 6-2 底部的图中所观察到的, 随着时间的推移, 配额相对稀缺性逐渐变得清晰, 不确定性也得以解决。第一个公司设为负值, $\mu_1 = -0.15$, 第二个公司漂移项可忽略不计, $\mu_2 = 0.001$, 其他项保持不变, 我们观察到相反的效果。图 6-3 底部的图显示了所选择的许可证初始数量的组合, $N_0 = (52;25)$, 负的 μ 导致了配额低价格。

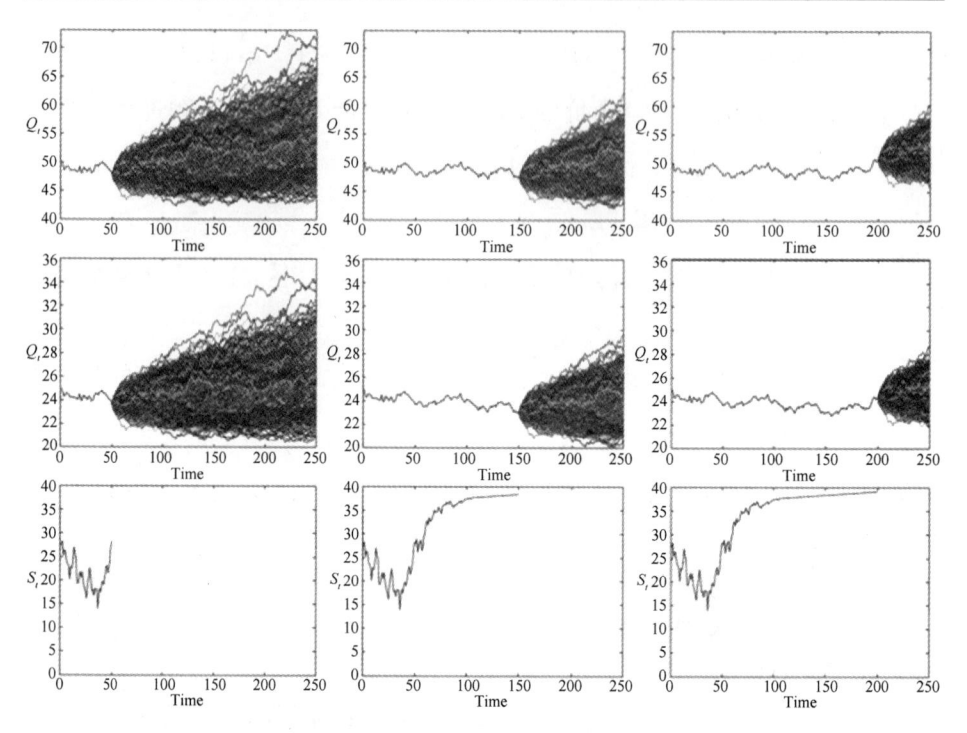

图 6-2 在 $\mu =$ (0.15; 0.10), $\sigma =$ (0.10; 0.10), $Q_0 =$ (50; 25),
$N_0 =$ (52; 25), $T=1$ 年的参数设置下的配额价格演化（最底层的三个图），
模拟的排放过程第一层的 (Q_1, t) 和第二层的 (Q_2, t)

图 6-4 是根据公司污染过程的不同参数对均衡价格进行的敏感性分析。

先设定企业 1 的主要参数，$\mu =$ (0.25; 0.20), $\sigma =$ (0.15; 0.40), $Q_0 =$ (50; 25), $N_0 =$ (60; 40), 无论是在第一幅还是第二幅图中，均只有公司 1 的 μ 和 σ 变化，其他参数保持不变。恰如模型所预期的，μ_1 越大，期末配额短缺的概率就越大，这很合理地解释了许可证价格的上升趋势。随着时间的推移和不确定性的解决，初始许可证禀赋足够大从而导致价格下降，如图 6-4（a）所示。

在图 6-4（b）中，σ_1 越大，$\int_t^T Q_{1,s} ds - \delta_{1,T-\Delta t}$ 的不确定性越大，比如履约日前可能会有剩余的配额，因此很有可能两个企业未来都不缺少配额，即 P_t^i, $t \in [0, T-\Delta t]$。

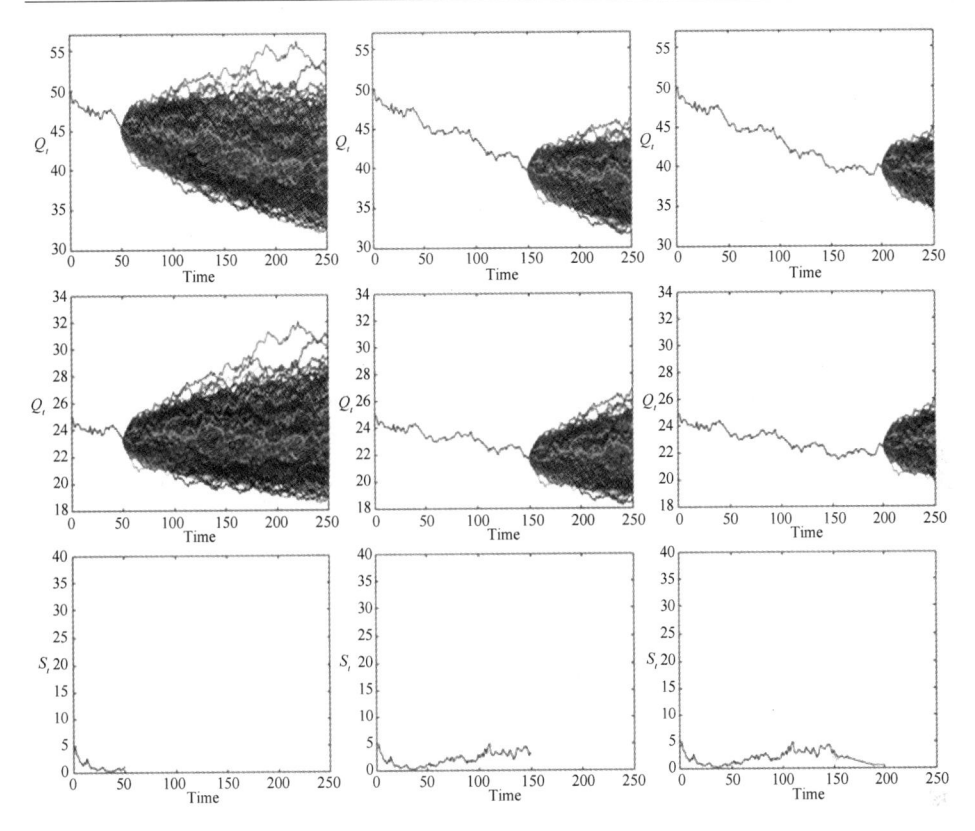

图 6-3 在 $\mu = (-0.15; 0.001)$，$\sigma = (0.10; 0.10)$，$Q_0 = (50; 25)$，$N_0 = (52; 25)$ 参数设置下的配额价格演化（最底层的三个图），模拟的排放过程第一层的 (Q_1, t) 和第二层的 (Q_2, t)

而且可以观察到，波动的增加并不一定导致许可证价格的提高。当没有明显的配额短缺时，更高的波动不确定性反映在更高的许可证价格中。而存在短缺时，许可证价格就等于贴现罚金水平。在特定模拟过程中，如果能收集到更多的累积污染量信息时，目前的配额数量对于企业判断市场情况就非常有价值，就能显著地降低不确定性，从而导致了价格的下降，如图 6-4（b）所示。

图 6-4（c）是在不同的初始配额禀赋下的价格模拟结果。市场惩罚额是配额价格的上限，如果市场存在明显的配额短缺，则市场价格为贴现的罚金。而如果两家公司都被分配了过量的许可，则配额价格基本上在 0 线上方徘徊。

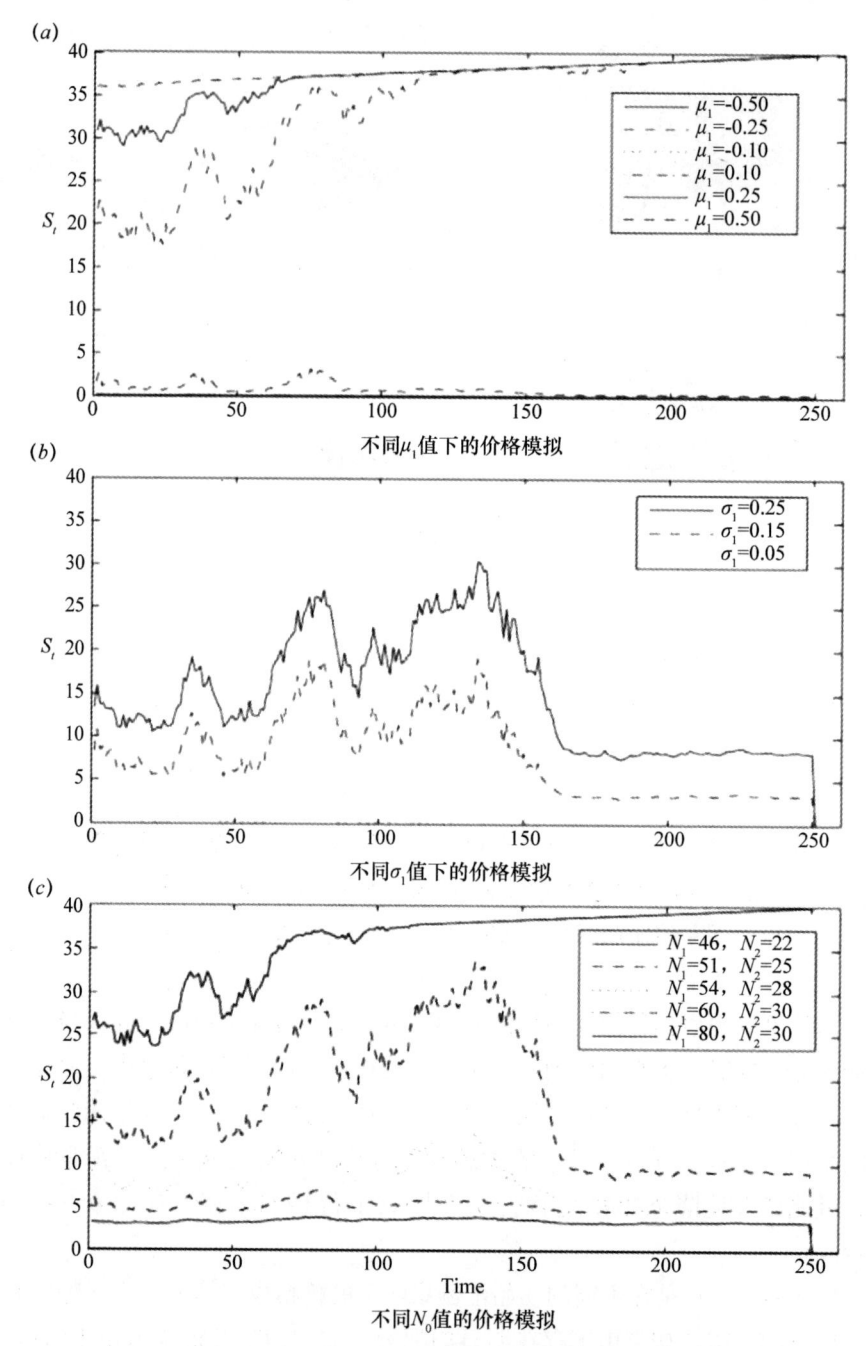

图 6-4 不同 μ (a)，不同 σ (b) 和不同的初始配额量下的许可证价格

中间的虚线价格路径非常近似于 2005—2007 年欧洲市场碳现货。经过一段时间缓慢持续的上升，当市场发现配额过剩的时候，价格几乎在一天内暴跌了 70%，之后又回到 0。这种价格反转就归因于市场参与者的净许可证头寸的不对称信息消失。截至 2007 年年底，第一阶段 EU ETS 现货价格几乎为零；然而，模型中市场只有在过剩情形出现的概率为 1 时，价格才有可能等于 0。这个特点以及之前描述的价格对于 μ 的反应，对于其他标准的金融期权合约也是很普遍的。

（四）小结

在模拟现货价格演化趋势的基础上，这一研究还进一步针对碳期货给出了对应欧式期权假设的一种封闭形式的定价公式，且用这一公式测试了 2007 年 12 月到期的看涨和看跌期权的定价有效性。

这一研究采用了典型的风险中性简约法模型，假设每个企业的污染排放遵循外生给定的随机过程，被管制的公司数量是有限的，这些公司每一交易期的初始配额为事先给定，且属于市场的公开信息。不对称信息条件具体是指，在每一个交易期，企业都了解其自身累计排放水平，但仅能获得其他公司在前几期的累计排放水平。在 T 期末，如果公司拥有的配额数少于其累计排放量，就需要为欠缺的配额提交相应的罚款，欠缺的单位配额的罚款数额是一定的。企业需要在 $T-\Delta t$ 的每一阶段确定在市场上买/卖配额的最优数量。企业每一阶段的交易决策以及市场出清条件决定了均衡价格和市场上即时交易的配额数量。模型研究证明了配额价格决定于未来配额稀缺程度的概率，也就是说每个 t 时间的配额价格反映了公司基于当时可获得的信息对于市场上配额稀缺或过量的预估。

三 混合法

Howison 和 Schwarz 2012 年的研究[①]为排放市场金融工具的定价提出了一种新的方法，该方法的结构模型介于复杂的一般均衡模型与单纯的简约模型之间。通过对产品外生给定需求，给出了碳排放累积量的来源解释，并且考虑了碳成本对产品市场碳排放水平的反馈效应。该研究既考虑了全均衡方法的一些要素，而且也保留了风险中心方法简洁的特点。下面将分步骤展示这一研究的

---

① Howison S. and Schwarz D., "Risk-Neutral Pricing of Financial Instruments in Emissions Markets: A Structural Approach", *SIAM Journal of Financial Mathematics*, Vol. 3, No. 1, 2012.

核心内容。

（一）从电力市场到碳排放

为了模拟电力和排放市场之间的相互作用，首先要阐明"优先顺序价格"（merit order price）的概念，即可用资源中，首选边际生产成本最低的资源用于电力生产。其次，需要引入并延伸"电力竞价栈"（electricity bid stack）概念。原本"电力竞价栈"是指由一系列供电投标价格按照价格高低排列构成的连续谱。一个"投标"（bid）是指一个电力生产商在一个特定价格所能够提供的电力量。假设电力公司需要将未来一天每个小时符合其帕累托最优的标底交给中央市场管理员。例如，一个企业上交的标底为（600MW，100）、（200MW，120）、（200MW，200），就表示这个生产商能够在一个特定的时间，先以100欧元提供600MW的电量，然后以120欧元提供200MW的电力，再以200欧元提供200MW的电力。市场管理者将多个企业上交的标底按照不同的价格水平对发电量进行加总，并且按照价格升序排列，先使用最便宜的电力，从而保证满足需求的每一单位电力供应都以边际价格进行供应。

在 EU ETS 的限制下，为刻画履约成本，可以将"电力竞价栈"拓展为排放栈（emission stack），来定义由最后一单位生产活动产生的边际排放按照顺序排列所形成的连续谱。

在以上变量和参数构建的基础上，还需通过市场均衡将供给和需求联系起来，从而可以得到在任意时点上满足需求所使用的技术，以及在该技术水平下整个生产过程 CO_2 的排放率。

1. 市场设置

一个在有限的时间区间 $[0, T]$ 内[1]，$(\Omega, F, (F_t)_{t \in [0,T]}, P)$ 为满足所有常用的假设的概率空间。其中 $(F_t)_{t \in [0,T]}$ 是由标准布朗运动 $(W_t)_{t \in [0,T]}$ 产生，这是市场的随机性的唯一来源[2]。

电力企业可以采用产生不同生产成本和排放强度的技术生产电力。由于配额的持有成本几乎可以忽略不计，因此完全等同于具有流动性的金融资产，会

---

[1] 首先相当于单时期，而后再考虑多期市场的情况。

[2] 为了简化符号，此后省略了限制一个随机过程在时间间隔 $[0, T]$ 的下标。只在讨论跨时期的设定且讨论衍生品的定价时标注了下标。

出现多头和空头的交易情况，如果一个公司预估其配额初始分配量无法抵消其减排量，就需要在市场上通过交易配额来进行差额的调配，这就促成了一个流通的市场，市场上也就自然形成了配额的价格。

市场上消费者的行为导致了一个外生给定的 F_t - 需求适应过程（D_t）。企业根据市场需求生产电力。在任一时间 $t, 0 \leq t \leq T$，所有企业的总体供应的电力量为（ξ_t）。

假设市场上使用目前可用的信息来决定其生产水平，而这个水平总是非负，并且小于恒定的最大生产能力 $\xi_{max} \geq 0$。因此，ξ_t 是一个 F_t - 适应的过程，并且

$$0 \leq \xi_t \leq \xi_{max}, 对于 0 \leq t \leq T$$

此外，我们假定市场上总有足够的资源来满足需求，所以

$$0 \leq D_t \leq \xi_{max}, 对于 0 \leq t \leq T$$

电力市场的需求通常被假定为完全无弹性的[1][2]，需求和供给之间的关系由瓦尔拉斯均衡建立关系[3]，市场管理员则确保总需求和总供给在每天都保持平衡[4]，即：

$$D_t = \xi_t, 对于 0 \leq t \leq T \qquad (式6-21)$$

在 $[0, t]$ 内二氧化碳总排放量由过程（E_t）描述。此外，排放密集型资源是有限的（E_t），因此假定其有界的，即：

$$0 \leq E_t \leq E_{max}, 对于 0 \leq t \leq T$$

配额总量水平决定了一定时期的最多可允许排放的累积排放量，并发放配额证书，$0 \leq E_{cap} \leq E_{max}$，在一个履约期内，如果配额不能用于履约，则在交易期末其价值为零，而短缺的配额将被处以 $\pi \geq 0$ 的罚款，$(E_T - E_{cap})^+$ 定义了需要接受处罚部分的排放量。

配额证书在市场上构成可交易的资产，其价值由过程（A_t）的表示。同

---

[1] Carmona R., Fehr M., Hinz J., et al. , *Market design for emission trading schemes*, *Siam Review*, Vol. 52, No. 3, 2010.

[2] Coulon M., Howison S., "Stochastic behaviour of the electricity bid stack: from fundamental drivers to power prices", *The Journal of Energy Markets*, Vol. 2, No. 1, 2009.

[3] Léon Walras, *Elements of Pure Economics: Or the Theory of Social Wealth*, *Economica* (New Series), Vol. 22, No. 2, 1955.

[4] 通常情况下，需求和供应的数据是用兆瓦为单位。例如，一小时的需求 60 兆瓦是相当于 60MWh。

时假定存在一个无风险货币市场，市场存在一个不变的无风险利率 $r \geq 0$。

2. 竞标与积累排放

这部分主要关注的是累计排放。需要建立 BAU 情景的电力市场，然后在这个电力市场的基础之上引入碳交易。电力市场要遵循"优先顺序价格"假定，即市场管理者确保按照优先价格次序选择电力生产的资源投入，廉价的生产资料首先用于投入生产以满足需求，以保证以尽可能低的价格提供电力。

竞标价格的水平主要取决于可变成本，因此，投入成本成为决定优先次序安排的重要因素。投标栈严格来说是一个简单递增函数，而现实中，这个过程则包含了很多复杂的步骤，从而使其逼近一个平滑函数，因此，BAU 市场的竞价堆栈可以通过一个有界函数给出定义：

$$b^{BAU}(\xi):[0,\xi_{max}] \mapsto R_+,$$

其中 $b^{BAU}(\cdot) \in C^1([0,\xi_{max}])$ 并且 $db^{BAU}/d\xi > 0$

变量 ξ 代表电力供给。相应地，$b^{BAU}(\xi)$ 表示边际生产单位（欧元/兆瓦时）的价格水平。

仿照电价竞标堆，可以进一步构建排放栈，边际排放价格堆栈同样以有界函数形式给出：

$$e(\xi):[0,\xi_{max}] \mapsto R_{++},$$

有了上面的定义，$e(\xi)$ 与特定的电力供应 ξ 的边际单位排放率相关。

BAU 市场的排放率 μ_e^{BAU} 就可以由下式给出：

$$\mu_e^{BAU}(D) := \kappa \int_0^D e(\xi)d\xi, 对于 0 \leq D \leq \xi_{max}, 其中 \kappa > 0 \quad （式6-22）$$

3. 短期减排措施下的排放栈

在 BAU 市场的基础之上，进一步引入碳排放交易体系，并且专门考虑短期减排策略对于电力竞价的影响。

假设为了维持其利润率，公司将增加的与排放相关的生产成本转嫁给消费者。每个企业就需要在竞标价格中增加一定的碳成本，增加的成本等于配额价格乘以该公司的边际排放率。因此，对于一个给定的排放配额价格 A，竞标栈变成了 g 的函数。

$$g(A,\xi) := b^{BAU}(\xi) + Ae(\xi), 对于 0 \leq A \leq \infty, 0 \leq \xi \leq \xi_{max} \quad （式6-23）$$

对于 $A=0$，（式6-23）则还是 BAU 市场的竞标函数。对于有正价格的配额，会引起映射 $\xi \mapsto g(\cdot, \xi)$ 失去单调性。

根据价格优先排序，市场管理者会重新对竞标价格进行排序。在一个给定的配额和电力价格 P 下可以定义一系列生产单位：

$$S(A,P) := \{\xi \in [0, \xi_{\max}] : g(A, \xi) \leq P\}, 对于 0 \leq A < \infty, 0 \leq P < \infty$$

（式6-24）

定义子集 $P \mapsto c\lambda(S(\cdot, P))$，其中 λ 表示勒贝格测度，是严格递增的，在此假设下，它也是连续的，因此可逆。

假设 $\lambda\left(\left\{\xi \in [o, \xi_{\max}] : \dfrac{\partial b^{BAU}}{\partial \xi}(\xi) + A \dfrac{\partial e}{\partial \xi}(\xi) = 0\right\}\right) = 0$，对于 $0 \leq A \leq \infty$

通过（式6-24），对于市场上可观测到的配额价值，市场竞价栈 b 可定义为

$$b(A, \xi) := \lambda(S(A, \cdot))^{-1}(\xi), 对于 0 \leq A \leq \infty, 0 \leq \xi \leq \xi_{\max} \quad (式6-25)$$

由此可得到电力的市场价格 P：$P = b(A, D)$，对于 $0 \leq A < \infty, 0 \leq D \leq \xi_{\max}$

在 BAU 市场 D 满足发电能力的需求 $[0, D]$（视为排放堆栈 e 的一个子集），排放交易可能会使整个间隔区间向右转移，即产生根据边际成本的变化重新按照减排体系下最优顺序价格排序安排电力生产的效果。

那么，在排放交易体下，给定的配额价格 A 及需求 D，市场排放率 μ_e 通过

$$\mu_e(A, D) = \kappa \int_{S_P(A,D)} e(\xi)d\xi, 对于 0 \leq A < \infty, 0 \leq D \leq \xi_{\max} \quad (式6-26)$$

其中 $S_p(A, D) := S(A, b(A, D))$ 给出。可见，BAU 市场排放是（式6-26）中，$A = 0$ 时 $S_p(0, D) = [0, D]$ 下的特殊情况。

如图6-5所示，在 BAU 市场情况下，投标栈 b^{BAU} 表明与间隔 $[0, D]$ 相关的资源用于满足电力生产的需求。某一时刻的碳排放通过 0 到 D 的排放栈获得。在碳交易体系的影响下，b 使得资源转移到间隔 $[\xi_1, \xi_2]$。某一时刻的碳排放则等于 ξ_1 到 ξ_2 的排放堆栈的积分。

（二）排放许可的风险中性定价

下一步则可根据电力需求及其引致的累积排放来确定配额的无套利价格。首先设定排放市场的一个履约期间，假设存在一个等价鞅测度 $Q \sim \tilde{P}$，对于

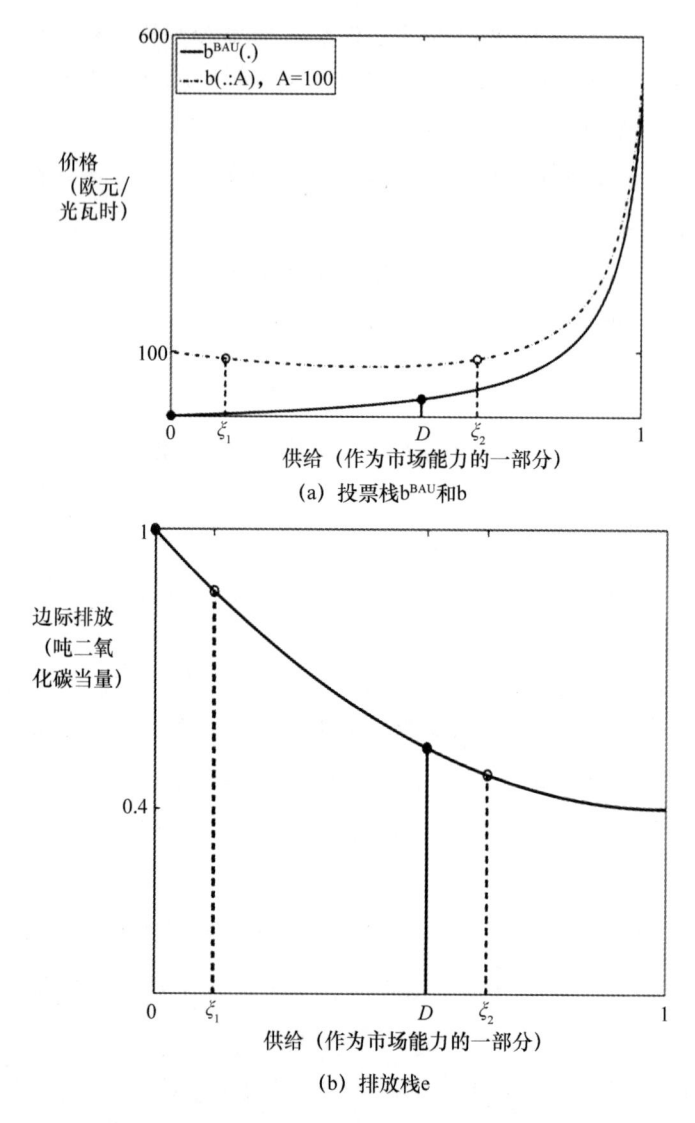

图 6-5 BAU 和总量与配额交易下的排放栈（e）

(a) 投票栈 b^{BAU} 和 b

(b) 排放栈 e

$0 \leq t \leq T$，任何流通资产打折后的价格是一个鞅。Q 为风险中性测度。只要满足以上假设，则根据资产定价第一基本定理（the First Fundamental Theorem of Asset Pricing），市场是无套利的风险中性市场。

对于电力需求（D_t）和累计排放量（E_t），假设在 $t=0$ 时对电力的需求是已知的。此后，它根据 Itô 扩散演变，即 $0 \leq t \leq T$。在测度 Q 下，对电力的需求由以下随机过程给出：

$$dD_t = \mu_d(D_t)dt + \sigma_d(D_t)d\tilde{W}_t, D_0 = d \in (0, \xi_{max}) \quad (式6-27)$$

这里（$\tilde{W}_t$）是 F_t 适应的，Q 则符合布朗运动。需求完全无弹性的假设反映在系数都是需求的函数[①]。

累积排放量在履约期初 $t=0$ 时开始累积计算，因此 $E_0 = 0$。随后由 μ_e 加总获得。$0 \leq t \leq T$ 内的累积排放过程可以通过一个有界变差过程表达（a bounded variation process）：

$$dE_t = \mu_e(A_t, D_t)dt, E_0 = 0 \quad (式6-28)$$

因为是累积过程，以上定义的（E_t）过程是非递减的。

1. 一个履约期

为了建立定价过程的模型，还需要刻画配额价格过程（A_t）的特征。与（D_t）和（E_t）不同，因为 A_t 的值在时间 $t=0$ 是未知的，但通过风险中性理论，可以确定其在履约期结束时的价值。市场中违约活动的特征是 $\{E_T \geq E_{cap}\}$。配额价格在时间 $t=T$ 是被下面约束条件给定的：

$$A_T = \begin{cases} 0 & \text{对于 } 0 \leq E_T < E_{cap} \\ \pi & \text{对于 } E_{cap} \leq E_T \leq E_{max} \end{cases} \quad (式6-29)$$

折现的配额价格是测度 Q 下的鞅。因此，配额价格则为其边界条件的贴现条件期望，即

$$A_t = e^{-r(T-t)} \pi E^Q[\mathbb{I}_{(E_{cap}, \infty)}(E_T) | F_t], \text{对于 } 0 \leq F_t \leq T \quad (式6-30)$$

这代表了配额价格过程在 $[0, \pi]$ 内取值。

当 $0 \leq t \leq T$，配额价格过程（A_t）可以通过一个正倒向随机微分方程表示：

$$\begin{cases} dD_t = \mu_d(D_t)dt + \sigma_d(D_t)d\tilde{W}_t, D_0 = d \in (0, \xi_{max}) \\ dE_t = \mu_e(A_t, D_t)dt, \quad E_0 = 0 \\ dA_t = rA_t dt + e^{rt} Z_t d\tilde{W}_t, \quad A_T = \pi I_{[E_{cap}, \infty)}(E_T) \end{cases} \quad (式6-31)$$

[①] 在现实中，电力需求呈现季节周期性，这个属性会使得 μ_d 明显地随时间变动，但在这个研究中为了简化起见，忽略了这个特征。

2. 多个履约期

原则上，拓展到两个履约期的模型给出的结果可以很容易地扩展到任意数量的交易期。但为了便于展示，这里呈现典型的案例。以 $0 = T_0 \leq T_1 \leq T_2 = T$ 为例，考虑两个合规期间 $[0, T_1]$，$[T_1, T]$ 的具体情况。为简单起见，假设每个时期对应到一年。前述的 F_t - 适应的过程 $(D_t)_{t \in [0,T]}$ 表示总的电力需求。对于 $i \in \{1, 2\}$ 的 F_t - 适应过程 $(E_t)_{t \in [T_{i-1}, T_i]}$ 测量从一开始的第 i 个履约期间到时间 t 的累计排放量，$(A_t^i)_{t \in [T_{i-1}, T_i]}$ 代表配额价格。此外，用 E^1 表示年底首次合规期间的累积排放量。每年，管制者设置大量的 $E_{cap}^i \geq 0$ 配额，罚金 $\pi^i \geq 0$。

从时间 $t = 0$ 时就给定电力需求，且需求值在整个交易期 $[0, T]$ 不断地发展演化。另外，假定在履约期初测量累积排放量。

$$E_{T_{i-1}} := 0, i \in \{1, 2\} \qquad (\text{式} 6 - 32)$$

每个过程 $(A_t^i)_{t \in [T_{i-1}, T_i]}$ 对应年份不同的配额。如果暂不考虑连接履约期的柔性机制，在第一阶段签发的证书是只适用于 T_1。如果将连接多期的柔性机制考虑在内，即配额可以在不同的履约期之间转移使用。在这种情况下，这两种年份的证书就呈现更复杂的依赖关系。例如，第二期配额的价格就不仅决定于第二期的累积排放量，也决定于上一期的累积排放量。连接机制通过时间 T_1 终端表达，记为 $\varphi_1(\cdot)$[①]。

在具有两个履约阶段的市场，碳许可证的价格 $(A_t)_{t \in [T_{i-1}, T_i]}, i \in \{1, 2\}$ 可由如下正倒向随机微分方程表示：

$$\begin{cases} dD_t = \mu_d(D_t)dt + \sigma_d(D_t)d\tilde{W}_t, & D_{T_{i-1}} = d \in (0, \xi_{max}) \\ dE_t = \mu_e(D_t, A_t^i)dt, & E_{T_{i-1}} = 0 \\ dA_t^i = rA_t^i dt + e^{rt} Z_t^i d\tilde{W}_t, & A_{T_i} = \varphi_i \end{cases} \qquad (\text{式} 6 - 33)$$

其中 $\varphi_1 := \varphi(E_{T_1}), \varphi_2 := \varphi(E_{T_2}; E^1)$ 分别表示两个履约阶段的终端条件。

对于一些 F_t - 适应过程 $(Z_t^i)_{t \in [T_{i-1}, T_i]}$，以及 $\varphi_1 := \varphi_1(E_{T_1})$ 和 $\varphi_2 := \varphi_2(E_{T_2}; E^1)$ 分别表示第一和第二履约期间的约束条件。

---

① for some (possibly singular) function φ_1.

3. 多履约期，且允许配额存储和配额罚没

配额保留与配额罚没可以将两个履约期连接起来，这也意味着两种机制都影响第二履约期的配额供给。在多履约期的研究中需要引入 E_{cap}^2 表示第二履约期间的总配额供给。由于在第一履约期结束时没有使用的配额，成为在第二履约期间履约配额的完美的替代品，即一些（$\hat{E}_{cap}^1 - E^1$）价格为 $A_{T_1}^1$，证书将在未来的履约期以价格 $A_{T_1}^2$ 交易，存储机制相当于提供了减少碳排放的一个额外的奖励。

而配额罚没则强化了对减排的激励，如果企业超额排放，在第一期差额排放的配额数不但要上交单价为 π^1 的罚款，而且在下一个交易期，还要被罚没等同于本期内拖欠的配额数。即企业在无法履约的情况下，一部分证书将以指定 $A_{T_1}^2$ 的价格从 $\hat{E}_{cap}^2$ 中撤回。

如果第二履约期的所有配额都被罚没，还不足以填补第一期的缺口，则需要接受第一期每单位配额的惩罚，并且，还要接受 $\bar{\pi}^1 \geqslant A_{T_1}^2$ 的惩罚。也就是说第二期配额的总的供给有两个来源，首先是管理者发放了一定数量的配额 E_{cap}^2；其次，还有一定的上期存储或罚没配额，因此，第二履约期的总的配额供给量为：

$$\hat{E}_{cap}^2 = (E_{cap}^2 + E_{cap}^1 - E^1)^+ \qquad (式6-34)$$

存储意味着在履约时刻，如果有 $E_{T_1} < E_{cap}^1$，第一阶段 T_1 的配额价格等于第二期在 T_1 时的价格。而如果在 T_1 出现了违约，即 $E_{T_1} \geqslant E_{cap}^1 + E_{cap}^2$，则企业需要上交超排的罚款，并且履行配额撤回，导致第一阶段配额价值等于第二阶段配额价值与惩罚金额的总和，即对于时刻的情况，第一阶段配额的价格就等于 π^1 与 $\bar{\pi}^1$ 的总和。因此，配额价格的边界条件 φ_1 通过以下方式给出：

$$\varphi_1(E_{T_1}) := \begin{cases} A_{T_1}^2 & \text{对于 } 0 \leqslant E_{T_1} < E_{cap}^1 \\ \pi^1 + A_{T_1}^2 & \text{对于 } E_{cap}^1 \leqslant E_{T_1} < E_{cap}^1 + E_{cap}^2 \\ \pi^1 + \bar{\pi}^1 & \text{对于 } E_{cap}^1 + E_{cap}^2 \leqslant E_{T_1} \leqslant E_{max} \end{cases} \qquad (式6-35)$$

在 T_2 时，配额价格的边界条件 φ_2 与第一个阶段的边界条件相同，只是总的配额供给为 $\hat{E}_{cap}^2$ [1]：

---

[1] 以同样的边界条件定义的两个履约期市场碳信用期货合同价格的研究见 Rene Carmona and Juri Hinz, "Risk-neutral models for emission allowance prices and option valuation", *Management Science*, Vol. 57, No. 8, 2011。

$$\varphi_2(E_{T_2}) := \begin{cases} 0 & \text{对于 } 0 \leq E_{T_2} < \hat{E}_{cap}^2 \\ \pi^2 & \text{对于 } \hat{E}_{cap}^2 \leq E_{T_2} \leq E_{max} \end{cases} \quad (\text{式 } 6-36)$$

4. 多个履约期，且存在借贷、存储与罚没机制

除了存储和罚没机制，借贷机制也能够把多个履约期联系起来。T_1 的存储机制使得在履约的情形下第一阶段的配额价格在履约期末从零增加到了 $A_{T_1}^2$，而在违约的情形下，从 π^1 变为 ($\pi^1 + A_{T_1}^2$) 或 ($\pi^1 + \bar{\pi}^1$)。借贷机制减少了企业违约的概率。如果市场允许借贷，违约事件则是发生在 $E_{T_1} \geq E_{cap}^1 + E_{cap}^2$ 的情况下，违约事件发生后惩罚的金额为 ($\pi^1 + \bar{\pi}^1$)。

因此，在三种机制同时存在的时候，φ_2 仍然由（式 6-35）给出，而包括了三种机制的边界条件 φ_1 则由（式 6-37）给出：

$$\varphi_1(E_{T_1}) := \begin{cases} A_{T_1}^2 & \text{对于 } 0 \leq E_{T_1} < E_{cap}^1 + E_{cap}^2 \\ \pi^1 + \bar{\pi}^1 & \text{对于 } E_{cap}^1 + E_{cap}^2 \leq E_{T_1} \leq E_{max} \end{cases} \quad (\text{式 } 6-37)$$

（三）衍生工具的风险中性定价

现在就可以在模型中排放许可证价格的基础上推导欧式衍生工具的无套利定价。首先从一个履约期的市场入手。选择的例子是欧式看涨期权 $(C_t(\tau))_{t \in [0,\tau]}$，其中到期日 T，$0 \leq \tau \leq T$，成交价 $K \geq 0$，所以它的收益是：

$$C_\tau(\tau) := (A_\tau - K)^+ \quad (\text{式 } 6-38)$$

根据研究一开始的假定，在 $0 \leq t \leq T$ 时间内，贴现的赎回价格（discounted call price）$(e^{-rt} C_t)_{t \in [0,\tau]}$ 是一个测度为 Q 的鞅。因此，它可以表述为终端条件期望的贴现值。即：

$$C_t = e^{-r(\tau-t)} \tilde{E}[(C_\tau - K)^+ | F_t], \quad \text{for } 0 \leq t \leq \tau \quad (\text{式 } 6-39)$$

正如之前对配额的讨论，贴现的看涨期权价格可以用关于布朗运动 $(\tilde{W}_t)_{t \in [0,T]}$ 的 Itô 表示。

它遵循：$d(e^{-rt} C_t) = Z_t d\tilde{W}_t$，for $0 \leq t \leq \tau$，和某一 F_t 适应过程 $(Z_t)_{t \in [0,\tau]}$。令 $C_t = v(t, D_t, E_t)$，$0 \leq t \leq \tau$，其中 $v: [0,\tau] \times [0,\xi_{max}] \times [0,E_{max}] \mapsto R_+$，$v$ 满足

$$\begin{aligned} Lv &= 0, & \text{on } U_\tau, \\ v &= (\alpha(\tau, D, E) - K)^+ & \text{on } \{t = \tau\} \times U \end{aligned} \quad (\text{式 } 6-40)$$

其中 $U_\tau:[0,\tau]\times U$，并且

$$L:=\frac{\partial}{\partial t}+\frac{1}{2}\sigma_d^2(D)\frac{\partial 2}{\partial D^2}+\mu_d(D)\frac{\partial}{\partial D}+\mu_e(\alpha(t,D,E),D)\frac{\partial}{\partial E}-r$$

（式6-41）

配额和其期权定价问题的区别是许可证价格对该企业在排放率上的影响。这反映在累积排放过程中的漂移项取决于配额证书的价格，但不取决于配额的期权价格。因此描述配额价格偏微分方程是非线性，而期权价格则是线性的。

（四）数值分析

本部分通过对模型的进一步数值化分析，阐明配额价格是如何决定于产品需求及累计排放的，并且比较单一履约期的配额价格和多履约期下引入灵活机制后的价格的演化路径有什么不同以及配额的欧式期权对配额现货价格的依附结构。

1. 模型的具体化

BAU市场情景的电力竞价堆栈函数形式如下：

$$b^{BAU}(\xi):=\underline{b}+\left(\frac{\bar{b}-\underline{b}}{\xi_{\max}^{\theta_1}}\right)\xi^{\theta_1}, \text{对于} 0\leqslant\xi\leqslant\xi_{\max} \quad （式6-42）$$

其中 $\underline{b},\bar{b}\geqslant 0$，$2<\theta<\infty$ 条件下选择的 b^{BAU} 在其定义域上是严格凸和严格递增的。参数 $\underline{b}$ 和 $\bar{b}$ 对应于模型下的最低和最高电力价格。由于很容易获得的电力市场的竞标价范围和具有代表性的市场价格，因此，在现实中很容易推断出这个价格范围。参数 θ_1 控制栈曲线的陡峭程度，表明发电的边际成本是如何快速增加的。

边际排放堆栈的形式是

$$e(\xi):=\bar{e}-\left(\frac{\bar{e}-\underline{e}}{\xi_{\max}^{\theta_2}}\right)\xi^{\theta_2}, \text{其中} \underline{e},\bar{e}\geqslant 0, 0\leqslant\theta_2<1 \quad （式6-43）$$

在这个定义下，e 在它的定义域上也是严格凸函数和递减的。参数 $\underline{e}$ 和 $\bar{e}$ 对应于市场中对排放率估计的最小值和最大值。在投入燃料仅有煤炭和天然气的情况下，煤炭与天然气相比是排放更密集的技术，将 $\underline{e}$ 和 $\bar{e}$ 分别代表天然气和煤炭的边际排放率。θ_2 是控制在市场上混合燃料使用情况的参数，θ_2 值越小，排放密集型技术服务的市场容量份额越小。

显然，b^{BAU} 和 e 满足均满足前述假设，由于严格凸函数的线性组合也是严格凸的，所以是函数 g 也是严格凸函数。此外，电力和排放堆栈 $S_p(\cdot,\cdot)$ 总是在集合 $[\xi_1,\xi_2]$ 中的，其中 $0 \leq \xi_1 \leq \xi_2 \leq \xi_{max}$。

指定在 $\tilde{P}$ 下的过程 (D_t) 满足随机微分方程

$$dD_t = -\eta(D_t - \bar{D})dt + \sqrt{2\eta\bar{\sigma}_d D_t(\xi_{max} - D_t)}d\tilde{W}_t, \quad \text{(式6-44)}$$

其中，$\bar{D},\eta,\bar{\sigma}_d > 0$。这一定义 (D_t) 的 Jacobi 扩散过程①。此外，$\bar{D} \in (0,\xi_{max})$ 和 $\min(\bar{D},\xi_{max}-\bar{D}) \geq \xi_{max}\bar{\sigma}_d$ 过程始终保持在区间 $(0,\xi_{max})$ 内，其平稳分布是 Beta 分布且其平均值由期望 $\bar{D}$ 给出。

表6-1、表6-2、表6-3汇总了以下数值分析中使用的参数值。这里并不是对应某一个具体的电力市场进行模拟，而是在这个参数设定下，研究的一个典型的中等规模的市场，设计的投入燃料主要是煤和天然气。

表6-1指定电力竞价和排放栈的参数，利用 $A_t = 0$ 和 $D_t = \xi_{max}$，在 $0 \leq t \leq T$，并且，假设每年有 24×365 个生产小时，可得出 $E_{max} = 1.6519 \times 10^8$。

表6-1　　　　　　　电力投标和排放栈的参数

$\bar{b}$	$\underline{b}$	θ_1	$\bar{e}$	$\underline{e}$	θ_2	κ	ξ_{max}
200	0	10	1.2	0.4	0.4	8760	30000

与电力需求相关的参数如表6-2所示。

表6-2　　　　　　　与电力需求相关的参数

η	$\bar{D}$	$\bar{\sigma}_d$	r
10	21000	0.05	0.05

计算 $A_t = 0$ 及平均需求水平 $D_t = \bar{D}$（对于 $0 \leq t \leq T$）时的累积排放量，可以得到 $E_T = 1.2961 \times 10^8$。因此，我们必须在这个范围以下选择配额的总

---

① 这是一个线性的，均值回复的漂移项（mean-reverting drift）和并且在边界退化（degenerates on the boundary）。

量,以达到激励减排的效用。排放交易体系的特征参数列在表6-3中。

表6-3　　　　　　　　　　排放交易体系的特征参数

E_{cap}	π	T
1.17×10^8	100	1

2. 配额价值函数

还需要给出必要的配额价格估价方程边界条件,并讨论其解决方案。

首先需要指定除了约束条件以外的边界条件,且要明确在给定了初始随机问题——(式6-31)或(式6-33)的情况下,什么样的条件设定才有意义。第一个问题通过考虑 Fichera 函数 f 给出[①]。定义 $n := (n_d, n_e)$ 为内向量的边界。对于算子 N(和 L)Fichera's 函数如下所示:

$$f(t,D,E) := \left(\mu_d(D) - \frac{1}{2}\frac{\partial}{\partial D}\sigma_d^2(D)\right)n_d + \mu_e(\alpha(t,D,E),D)n_e$$

(式6-45)

当系数 μ_d 和 σ_d 为(式6-40)中所描述的形式时,有:

$$f(t,D,E) := \eta((\bar{D} - \bar{\sigma}_d \xi_{max}) + (2\bar{\sigma}_d - 1)D)n_d + \mu_e(\alpha(t,D,E),D)n_e$$

(式6-46)

在边界点上,当 $f \geq 0$,信息向外流动,不需要特定的边界条件;在 $f < 0$ 时,信息是向内流动的,边界条件成为必需。考虑到边界对应的 $D = 0$ 和 $D = \xi_{max}$,可以发现,当且仅当 $\min(\bar{D}, \xi_{max} - \bar{D}) \geq \xi_{max}\bar{\sigma}_d$ 有 $f \geq 0$,这也是与需求过程所述的可以保证该 Jacobi 扩散停留在时间间隔 $(0, \xi_{max})$ 内的相同的条件。在 $E = 0$ 对应的边界点,可发现 $f \geq 0$。因此只有在 $E = E_{max}$ 时,才必须设定边界条件。这部分边界条件的性质取决于我们考虑一个履约期还是多个履约期。

在给定了电力需求和累计排放的值之后,表明配额价格问题的价值方程就决定了配额的无套利价格,下面会通过求解偏微分方程来阐明价格与这些因素的关联性。

[①] Olga A. Oleinik and Evgenii V. Radkevich, "Second Order Equations with Nonnegative Char-acteristic Form", *American Mathematical Society*, 1973.

对电力的需求和累积排放量进行赋值，代表配额价格问题的价值等式决定了无套利的配额证书价格。

①一个履约期间

$E = E_{max}$ 的边界条件的形式为

$$\alpha(t,D,E) = e^{-r(T-t)}\pi, [0,T) \times (0,\xi_{max}) \times \{E = E_{max}\} \quad （式6-47）$$

即只要累计超排的量，都需在 $t = T$ 时被处以 π 的惩罚。在时间 $t = T/2$，配额价格取决于累积排放量和当前的需求水平，如图 6-6（a）所示。

对于每一个固定的排放水平 $E = E_{T/2}$，$\alpha(T/2,D,E_{T/2})$ 在 D 上递增。这与直觉判断也相一致，更高水平的需求，对应的市场排放速率更大，也更容易达到排放总量限制值。同样，固定 $D = D_{T/2}$ 得到 $\alpha(T/2,D_{T/2},E)$，为在 E 上的增函数。

累计排放量的水平决定了配额的价格区间，而对电力的需求则决定了在这个区间内具体的配额价格。而且如果累积排放量超过了总量限制，则配额价格等于罚款额的贴现。合约期结束时，由约束条件（式6-29）得出 α。图 6-6（b）反映了这一时刻的价格特性，且这个价格是独立于 D 的。

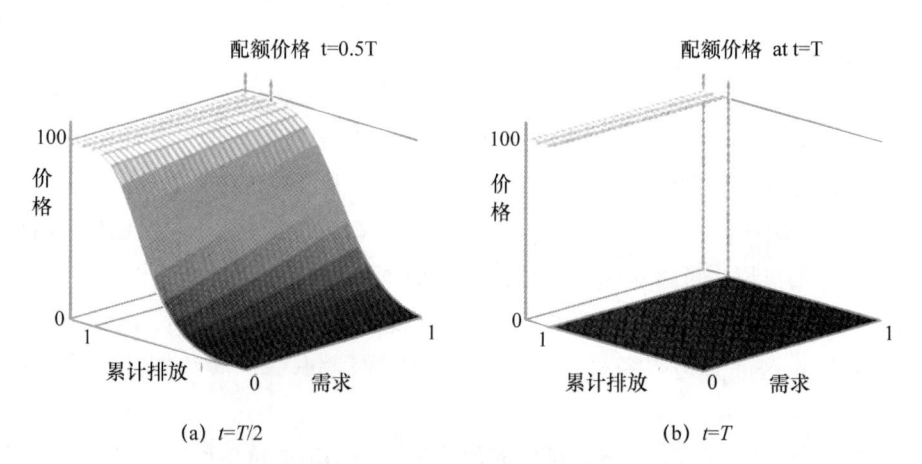

(a) $t=T/2$

(b) $t=T$

图 6-6　两个图分别为一个履约期内，不同的到期时间的配额价格

注：惩罚金额为每单位配额100欧元，价格单位：欧元。

②两个履约期下存在配额存储和撤销机制

第一期和第二期配额的价格以需求和累积排放量的函数形式来确定。对于

$i = 2$ 时，在（式 6-36）给定的约束条件 φ_2 下解偏微分方程①。另外，在 $E = E_{max}$ 时，下面的边界条件的形式为：

$$\alpha_2(t,D,E) \sim e^{-r(T_2-t)}\pi^2, [T_1,T_2] \times (0,\xi_{max}) \times \{E = E_{max}\}$$

（式 6-48）

现在的问题相当于一期的定价问题，只是配额总供给 $\hat{E}_{cap}^2$ 取决于第一期结束时的累计排放量 E^1。结果是，第二个时期的配额价格，不仅取决于 t 时间的现值，D 和 E，也取决于 E^1，即 $\alpha_2 = \alpha_2(\cdot,\cdot,\cdot;E^1)$。

当 $i = 1$ 时，在（式 6-35）形式的约束条件 φ_1 下，其中 $A_{T_1}^2 = \alpha(T_1, D, 0; E)$。在 $E = E_{max}$ 的边界条件为

$$\alpha_1(t,D,E) \sim e^{-r(T_1-t)}(\pi^1 + \bar{\pi}^1), [0,T_1) \times (0,\xi_{max}) \times \{E = E_{max}\}$$

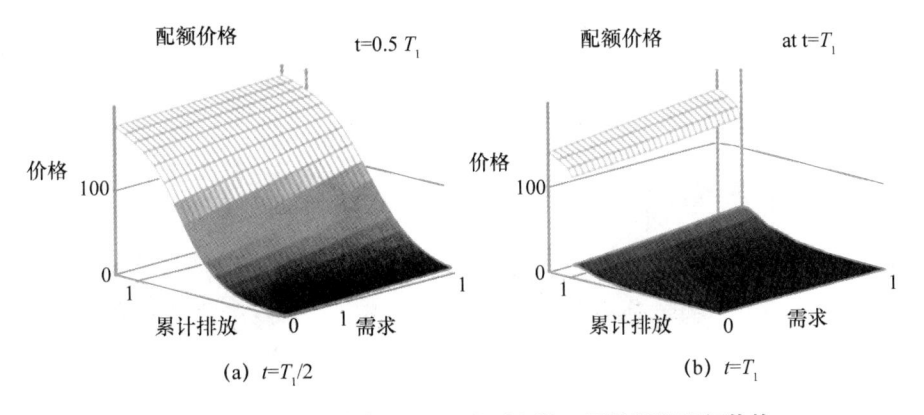

（式 6-49）

图 6-7 两个图显示在不同履约时刻第一履约期的配额价格

注：排放交易体系由两个履约期组成，并且由存储和撤销机制相连，第一期的惩罚金额为 100 欧元，价格单位为欧元。

图 6-7（a）显示的是配额在时间 $t = T_1/2$ 的价值。配额借贷的影响非常清晰，当累计排放量非常高的时候，配额价格会超出惩罚额的水平。合约期间结束时 α 由边界条件（式 6-35）给出，如图 6-7（b）所示。第二阶段配额

---

① 具体解法见 Howison S., Schwarz D., "Risk-neutral pricing of financial instruments in emission markets: A structural approach", *SIAM Journal on Financial Mathematics*, Vol. 3, No. 1, 2012。

价格行为反映出一个时期模型的初始分配 E_{cap} 被 $\hat{E}_{cap}^2$ 取代。

③两个履约期下存在配额借贷、存储和罚没机制

在第二履约期间，问题就等价于市场上只存在存储和罚没机制。假设市场在时间 $t=T_1$ 时能够实现合规，无论市场是否允许借贷，一定量的 ($E_{cap}^1 - E_1$) 经过存储可以增加到第二履约期的 E_{cap}^2；而如果市场无法实现合规，一定数量的 $\min(E^1 - E_{cap}^1, E_{cap}^2)$ 将被撤出（如果不允许借贷），或者同样数量的配额从 E_{cap}^2 被剔除（如果允许借贷）。

因此，对于 i=2，在边界约束条件（式6-36）下解偏微分方程，获得了 $\alpha_2 = \alpha_2(\cdot,\cdot,\cdot;E^1)$。随后，对于 i=1，在（式6-36）给出的边界条件下解方程，其中 $A_{T_1}^2 = \alpha_2(T_1,D,0;E)$ 在 $E=E_{\max}$ 的边界条件由（式6-47）给出，模拟价格情况如图6-8所示。

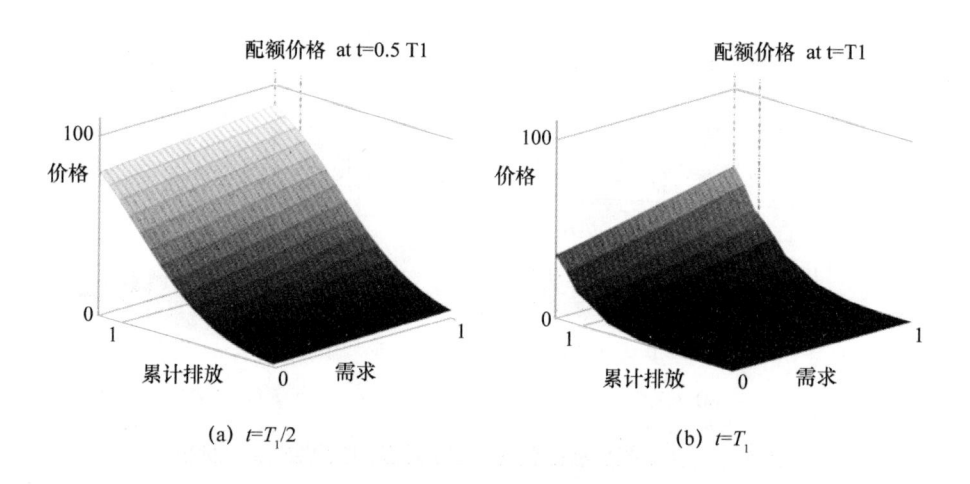

图6-8 第一阶段配额价格 $(A_t^1)_{t\in[o,T_1]}$

3. 减排效果

这部分通过设置不同水平的惩罚金额 π 来检验到履约期的最后阶段的期望累计排放水平，从而检验交易体系在达成减排目标上的有效性。研究使用蒙特卡洛方案模拟了累计排放过程 (E_t)，选择 $D_0 = 0.7\xi_{\max}$。将罚款的金额设定为0到200之间的若干水平，反复重复模拟过程，从而计算出累计排放 ET 的平均值，表示为 $\widehat{E}_T$，具体见表6-4。

表6-4　　蒙特卡洛估计的累积排放的期望 $\hat{E}_T$ 和相应的标准差 $\hat{\sigma}_{\hat{E}}$

π	0	25	50	75	100	150	200
$\hat{E}_T(1\times 10^8)$	1.32	1.23	1.20	1.18	1.17	1.16	1.15
$\hat{\sigma}_{\hat{E}}(1\times 10^3)$	5.91	7.30	6.20	5.53	5.20	4.56	4.36

为了分析渐增的累积排放，对需求的模拟要在测度 P 的情况下发生，且通过市场价格的需求风险而与 Q 相关。这个过程可以在有详细市场数据的情况下准确地估计，而在没有详细的数据可供计算分析的情况下，只能设需求风险的市场价格为常数零。在这一在数值模拟中使用了式 6-40。

10^6 路径的模拟结果如图 6-9 所示。在 BAU 市场，累计排放率将超过配额总量。在引入排放交易体系之后，在惩罚金额设定在 $\pi = 25$ 时，累计排放依然超过了总量限制。随着惩罚额逐渐增加到了 $\pi = 100$，市场整体上才达到了履约水平，此后，更加激进的政策带来的排放量的进一步减少是有限的。也就是说在一定的配额总量的前提下，交易机制不会激励企业达成比远低于总量限制低的激进的减排效果。

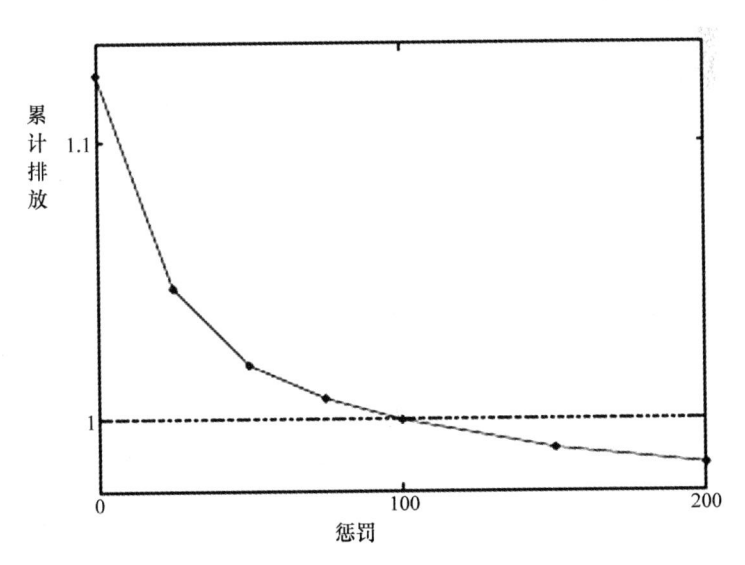

图6-9　累积排放 E_T 代表不同惩罚价格 π 的期望值

注：配额总量由破折线表示。

4. 看涨期权

对于看涨期权的数值解，运用

$$v(t,D,E) = e^{-r(T-t)}(\pi - e^{r(T-\tau)}K)^+,\text{在}[0,\tau) \times (0,\xi_{max}) \times \{E = E_{max}\}$$

（式6-50）

当 $E = E_{max}$ 时，配额证书价值 α 由 $\alpha(t,D,E) = e^{-r(T-t)}\pi$ 给出，$D = 0$；ξ_{max} 和 $E = 0$ 时边界条件不是必要的。

由于偏微分方程（式6-40）要求配额现货价格作为输入参量，计算所得数值曲面如图6-10所示。

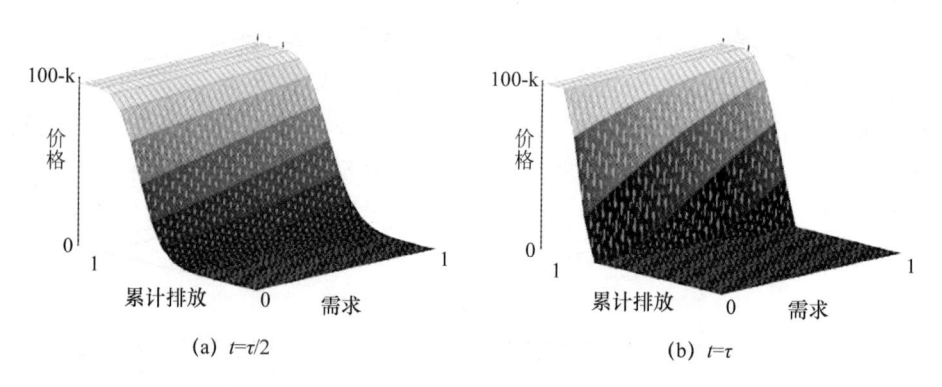

图6-10　在到期前一个履约期的期权价格数值模拟

（五）小结

该研究利用电力行业的投标栈机制拓展为排放栈来描述碳排放权价格，并且描述了在 EU ETS 下边际排放价格是如何引起电力市场供给分配变化的。通过建立产品市场（如电力市场）和排放配额市场，可以描述履约期内碳排放量的累积速率，给出减排需求这一外生随机过程，从而获得累计排放量。模型依然遵循风险中性定价思路，它定义了违约事件和边界条件，且通过正倒向微分方程的引入，对配额现货和期权价格的结构进行了描述和模拟。在此机制下，排放权的价格是终端支付为企业未履约惩罚函数的倒向随机微分方程的解。

2013 年，Carmona 等人同样基于混合法利用正倒向随机微分方程，阐述了如何利用带有终端奇异值的正倒向随机微分方程解来刻画碳现货及期权价格，并利用有限差分方法进行了数值模拟[①]。

混合法定价方法不仅能利用均衡的方法推导碳累积量形成过程，进而描述碳价格形成的反馈机制，而且它将微分方程及其计算理论引入碳金融的定价模型，使得该方法同样可以借助数值计算和数值模拟术来获得碳排放权的价格演化路径，且更好地体现了与传统金融定价理论的衔接，为模拟碳市场的动态交易过程提供了重要的方法学基础。

第二节　价格影响因素与调控机制[②]

一　碳市场价格影响因素

全球最具规模的碳市场 EU ETS 的运行，为研究碳价格波动及影响因素提供了数据支撑，作为一个商品市场，碳市场的供求是影响商品价格的基本要素，决定供给的要素包括国家分配方案的议定，配额的性质、覆盖范围及分配方式等，EU ETS 的国家分配方案在前两期是由成员国通过国家分配计划先确定并提交到欧盟委员会，配额的具体值则由欧盟委员会调整后公布。其需求则取决于获得的配额数、参与减排设施的减排成本以及排放水平，排放水平则依赖于很多因素，比如对能源需求的意外波动、能源价格（如油价、气价和煤价）以及天气状况（气温、降水量和风速）等。同时，配额的需求还受到产业更替、宏观经济走势以及金融市场的影响。

（一）配额超发和禁止储备等政策

1. 配额超发

制度因素影响碳价的最突出的例子是 2006 年 EU ETS 核证报告公布造成的冲击，这次报告使得刚刚建立的市场首次意识到出现了配额发放过量或者可

[①] Carmona, R., Delarue, F., Espinosa, G. E., & Touzi, N., "Singular forward-backward stochastic differential equations and emissions derivatives", *The Annals of Applied Probability*, Vol. 23, No. 3, 2013.

[②] 刘倩、王遥、林宇威:《支撑中国低碳经济发展的碳金融机制研究》，东北财经大学出版社 2017 年版。

以称为排放短缺的情况，而造成了碳价格的剧烈波动[①]。

2005年1月EU ETS开始运行时，EUA现货为8欧元/吨。在2005年的核证减排量还没有发布之前，EUA价格一度升至25—30欧元/吨。每年公布一次的核证数据是一次显露市场全貌的时机，且能够为未来交易期市场运行情况提供指示信息。欧盟委员会在每年5月15日发布信息，但欧盟委员会并没有禁止成员国自行公布本国的核证信息。在欧盟委员会公布数字的数周前，即4月24日至5月2日，包括爱沙利亚、荷兰、捷克、法国、瑞典以及比利时法语区都公布了信息，数据表明他们2005年均出现了配额超发，德国等其他国家也传出了配额超发的消息。于是，在2006年4月中旬碳价格出现暴跌[②]，5月15日欧盟委员会最终公布信息后，市场意识到市场上多分配了440万吨配额，此时碳价格已经跌至12欧元/吨，下挫了50个百分点。虽然8月中旬反弹到了17欧元/吨，但到了11月13日又跌到了8.45欧元/吨[③]。当年5月15日欧盟委员会正式公布核证数据后，价格有所回升，但事件的持续影响一直到2007年2月才结束[④]。可见，市场发展初期，制度因素成为长期影响市场价格的主要因素，且由于市场不成熟，价格很容易被某些单一事件所扭曲。

2. 借贷与储备限制政策

《京都议定书》的2008—2012年承诺期允许引入跨时期的灵活机制，且根据不同的配额种类规定了不同的储存规则。而有关借贷则被认为暗含在UNFCCC（2000）报告（第二部分，第15条）中，即《京都议定书》的惩罚政策，规定未履约者需要承担返还短缺配额的义务，并上交一定量的罚款，罚款相当于借贷配额的利息。

碳信用的金融性表现为两个层次，其一是碳信用可以利用期货、期权机制进行交易，规避配额供求波动及减排资金运作的风险；其二则表现在碳信用可以跨时段储存、结转及借用。以上两种灵活机制使得受管制企业可以在现期和

---

① Ellerman A. D., Buchner B. K., "Over-allocation or abatement? A preliminary analysis of the EU ETS based on the 2005-06 emissions data", *Environmental and Resource Economics*, Vol. 41, No. 2, 2008.

② 但在价格强烈下挫后，到了2006年4月28日，一个周末，市场的交易量猛增，因为很多企业要赶在4月30日之前提交配额履约。

③ 具体数据来自 www.pointcarbon.com。

④ 朱帮助、王平、魏一鸣：《基于EMD的碳市场价格影响因素多尺度分析》，《经济学动态》2012年第6期。

预期减排成本之间做出选择。这种允许跨时间维度进行交易的机制在美国二氧化硫减排计划中起到了关键作用。

EU ETS 在 2003 指令中也引入了储备机制，但第一阶段剩余配额禁止存储到第二阶段使用①。欧盟委员会采取这一限制主要出于两个考虑，第一，避免过多的配额进入第二阶段，导致市场萎缩；第二，不限制的借贷不利于实现 EU ETS 的减排目标，欧盟委员会不希望将市场设计的不完善的"后遗症"从 EU ETS "热身期"继续延续到相应的《京都议定书》的"承诺期"②。这一政策，在配额超发事件之后又进一步影响了碳价格，使得碳现货价格几乎趋近于零。

ICE-ECX 的 EUA 现货价格在受到 2006 年 5 月事件影响后在几天内大幅下降，现货价格在这之后的几个月都维持在几美分，第一阶段到期的期货（intra-phase future）价格的变化趋势与现货一致。这样的非连续性价格突变，用对数累积超长收益率法计算后，得到的结果显示其历史波幅竟然达到 95%。如果储备机制得以实施，就能够激励排放密集型企业将剩余的排放许可在更加严格的第二阶段使用，企业不会纷纷采取卖空策略，从而导致价格的暴跌。

而对第一阶段 ECX 最具流动性的期货合同的价格走势跟踪显示，2006 年 5 月事件对跨期期货价格的影响并没有现货市场激烈。且在此之后的一段时期，跨期期货的价格依然保持在较高水平，证明其价格没有受到配额超发以及跨期存储两个制度事件的综合影响。

由此可见，禁止跨期储备也导致了碳衍生品资产定价机制的分化。由于排放权不能储备，意味着排放权将在每期结束时变得毫无价值。而即使是在配额超发事件之前，跨期期货的价格的变化趋势也与现货不完全一致。2006 年 5 月以后，跨期期货市场似乎是处于溢价状态，报价远高于现货价格，这与第一阶段内期货与现货价格之间的紧密相关情况已有所不同。

在 2007 年对于第二阶段 EU ETS 配额发放情况还不得而知，而本期的剩余配额又不允许储存的情况下，做空跨期期货可能扩大产生第二阶段履约困难的风险。这个便利收益使得消费者要么买进更多的跨期期货，要么就有可能面

---

① 法国和波兰曾经允许一定量的配额储备。
② Chevallier J., "Banking and borrowing in the EU ETS: a review of economic modelling, current provisions and prospects for future design", *Journal of Economic Surveys*, Vol. 26, No. 1, 2012.

临第二期期货无法履约，需要补交配额及上交罚款的情况。因此，禁止储备的政策就导致了排放配额衍生品由于到期时间的不同而产生了不同的价格机制[1]。

（二）能源价格、能源转换及天气因素的影响

1. 能源价格

能源市场与碳市场密切相关[2]，化石燃料价格波动会直接影响碳价格[3][4]。2007 年，Mansant-Bataller、Pardo 和 Valor 最早采用计量方法，探讨了能源价格和碳市场配额价格的相互影响，结果表明，EU ETS 第一阶段，期货和现货数据都受到原油和天然气价格的影响，影响存在一定的滞后期。近期对石油市场和碳市场的观察分析表明，二者价格都具有非线性特征，且两个变量之间的长期协整关系存在不同的阈值，不同的阈值之间，价格以不同的方式在两个市场之间传导。

一方面，石油市场是大宗商品市场中对实体经济影响最大的市场之一。在各大石油交易所，充斥着大量的投机基金，容易受地缘政治因素或制度性事件的影响，因此，在不同的时间段，同样的油价所反映的市场信息区别很大。另一方面，从碳市场来看，2005 年以来，碳市场制度还在不断完善，EU ETS 不同阶段的交易规则存在着较大区别，且碳市场迅速增加的交易量也造成了碳价信息的不断变化。因此在不同的时间段内，二者的影响机理、作用程度存在着多种可能性。

2. 生产者的能源替换行为

在总量与配额交易系统下，配额的价格受到可供选择的减排策略的成本及其灵活性的影响。根据这些减排策略产生收益的时间长短，企业可以选择前期高额投资、十年或数十年才可收回成本的长期减排措施，比如优化或更换现有的高排放量生产设备，安装末端处理设施，投资 CDM 或 JI 项目等，也可以选

---

[1] Daskalakis G., Psychoyios D., Markellos R. N., "Modeling CO_2 emission allowance prices and derivatives: Evidence from the European trading scheme", *Journal of Banking & Finance*, Vol. 33, No. 7, 2009.

[2] Keppler J. H., Mansanet-Bataller M., "Causalities between CO_2, electricity, and other energy variables during phase I and phase II of the EU ETS", *Energy Policy*, Vol. 38, No. 7, 2010.

[3] Point Carbon and Chicago Climate Exchange, *What Determines the Price of Carbon?*, http://www.chicagoclimatex.com/news/publications/pdf/EU_ CO_2_ price_ drivers.pdf.

[4] European Climate Exchange, *What Determines the Price of Carbon in the European Union?*, http://www.chicagoclimatex.com/news/publications/pdf/EU_ CO_2_ price_ drivers.pdf.

择初始投资占比小,短期内能够收回成本的减排措施,比如重新安排企业生产计划或进行燃料转换。短期内,碳减排与能源和热源的原料来源息息相关,若燃料从煤炭转换为天然气,能源部门的减排费用将在短期内显著降低。

电力生产企业原本紧密关注的是"黑暗差价"(dark spread)与"点火差价"(spark spread)以及二者的差值。"黑暗差价"是指燃煤电厂每单位电价和生产每单位电能所需原料成本的差价;"点火差价"则是指燃气发电厂每单位电价和生产每单位电能所需原料成本之间的差价。这两个指标主要是用来衡量能源价格与电价之间的相互关系,但随着 EU ETS 的引入,两个新引入的指标则进一步将能源价格、电价与碳价紧密联系在一起,这两个指标分别是"清洁黑暗差价"(Clean Dark Spread)和"清洁点火差价"(Clean Spark Spread),它们代表了采用两种不同能源发电的企业在减去原料成本和碳排放成本后的收益[①]。

例如,某一地区主要采用燃煤发电,当碳价不断上升,"清洁黑暗差价"与"清洁点火差价"的差值可能为负时,就意味着不仅要考虑到生产成本,也必须考虑到碳排放成本,因为在生产相同电量的条件下,燃煤发电所产生的 CO_2 排放大约是燃气发电排放量的 2.5 倍,采用天然气发电就成为一个更优的经济选择,也就意味着发电企业将通过燃料替代而取得企业内部的减排,从而减少对 EUA 购买的依赖。有的学者将二者的差额定义为"气候差价"(climate spread)。"气候差价"被认为是碳价的一个基本驱动因素[②③]。

在 EU ETS 第一阶段初期,由于电力行业相比其他工业部门受到了更严格的管制(分配到 EUA 比预测的 BAU 情景下的排放量少),并且当时煤炭与天然气价格差距加大(煤炭价格下降,天然气价格上涨)让发电厂不得不更多地使用煤发电,因此电力生产企业普遍对 EUA 有短缺的预期,纷纷出手购买排放配额,成了碳市场上最为活跃的参与者之一。

而在 EU ETS 第一阶段的英国,当 EUA 的价格在 2005 年 4 月超过每吨 25 欧元时,与煤炭相比,燃气发电变得有竞争力,经济效益更高。到 2005 年冬

---

① 欧盟电力市场是主要的碳交易部门,由于其电力市场属于集中竞价的商品市场,因此碳价格直接影响到电力价格。
② As calculated by the Caisse des De′pôts-Climate Task Force for Tendances carbone, The methodology is available at http://www.caissedesdepots.fr/spip.php?article659.
③ Kanen J. L. M., "Carbon trading and pricing", *Environmental Finance Publications*, 2006.

天，尽管 EUA 的价格仍然高于每吨 20 欧元，但由于冬季供暖使用的增加，天然气价格走高，煤电的清洁黑暗差价再次超过了天然气发电的清洁点火差价。在 2007 年和 2008 年初，天然气价格伴随着高油价，据估计，EUA 价格需要达到每吨 40 欧元才能使天然气发电比煤炭发电更经济，这部分解释了那两年欧洲煤电厂的投资热潮。

Anna Creti 等人将天然气电厂与煤电厂边际成本相等时的碳价格定义为转换价格，如果 EUA 价格低于转换价格，则烧煤发电更经济。经检验，这一转换价格在 EU ETS 的第一阶段，对 EU ETS 的碳价格影响不显著。在第一阶段，碳价格引发的减排行为只在两个市场发生，一个是在德国，由褐煤转为无烟煤，另一个是英国，电力生产部门稍微提高了碳排放生产效率。第二阶段碳期货价格受到转换价格的显著影响[1]。Bredin 和 Muckley 也研究了碳期货价格与油价、电力生产的能源转化价格，以及欧元区斯托克 50 指数、欧盟统计局的工业生产指数等指标的关系，发现碳期货价格和能源转化价格的均衡关系只出现在第二阶段[2]。

3. 气温和极端天气的影响

传统经济活动中很多部门都是温度敏感性的生产部门，其经济产出和碳排放都会受到气候因素影响；且降雨量、风速和阳光暴晒度也会直接影响水能、风能和太阳能等无碳能源的产量和传统能源的需求量，因此，天气因素对主要的能源部门和供热部门碳排放量的水平有重要的影响[3][4][5]。气候变化对能源价格影响的研究表明温度和电力需求的关系是非线性的，即温度的升高和降低只

---

[1] Creti A., Jouvet P. A., Mignon V., "Carbon price drivers: Phase Ⅰ versus Phase Ⅱ equilibrium?" *Energy Economics*, Vol. 34, No. 1, 2012.

[2] Bredin D., Muckley C., "An emerging equilibrium in the EU emissions trading scheme", *Energy Economics*, Vol. 33, No. 2, 2011.

[3] Kruger, D., *Lessons Learned from the EU Emissions Trading Scheme (ETS)*, http://74.125.153.132/search? q = cache: c2AZgfYjusAJ: www. narucmeetings. org/Presentations/Kruger%2520NARUC%2520EU%2520ETS%2520Lessons%2520Feb%252019. ppt + eu + ets + lessons + learned&cd = 1&hl = en&ct = clnk&gl = au.

[4] Retamal, "Understanding CER Price Volatility", http://www.latincarbon.com/2009/docs/presentations/CERpriceVolatility_ Retamal. pdf.

[5] Betz, "What is Driving Price Volatility in the EU ETS?" *Centre for Energy &Environmental Markets*, *University of NSW*, http://www.ceem.unsw.edu.au/content/userDocs/PagesfromAETFReviewOctNov06_ web - 2 - 1. pdf.

有超过一定的阈值才会影响到能源需求①②。

(三) 宏观经济走势影响

EU ETS 在经历了 2005—2007 年的剧烈波动，市场表现逐渐成熟之后又受到了波及全球的金融危机的影响。2008 年的信贷危机演变为波及全球的经济衰退，这个过程可以大致划分为几个时间节点：2008 年 5—6 月，信贷市场的不确定性增加；2008 年 8—9 月，全球多个股票市场开始出现下跌，一路快速下降到 2008 年年底，直到 2009 年年初才缓慢恢复，危机的时长恰好与 EU ETS 的第二阶段的早期相互重叠。作为一个新兴的商品市场，碳金融市场是否受到经济危机的冲击，市场是否可以依赖碳市场进行适当的避险成为研究的重要关注点。Chevallier 通过宏观经济、金融和商品市场的数据研究了国际经济形势冲击对碳现货和期货价格影响的传导机制，发现碳价因为外部的全球性经济衰退而表现出负面下滑的趋势③。

EU ETS 进入第二阶段，期货和现货价格的波动基本一致，表明市场信息流通效率提高，市场逐渐成熟。2008 年 5 月，碳（现货、期货）价格都有所下降，这与美国金融机构④发展不确定性有所显现的时间段是相一致的。到 2009 年 1 月全球金融市场触底的时刻，碳市场也马上呈现出触底反弹的迹象。但反弹趋势没有长期维持下去，到 2009 年 4 月达到危机后的价格高峰，此后，价格一直围绕 15 欧元这一阶段性价格高峰上下轻微浮动。

如图 6-11 所示，通过将碳市场价格活动与全球股票市场的活动进行比较，可以发现，股票市场在 EU ETS 的第二阶段开始时已经呈现下降趋势，上证指数最早呈现下降趋势，也最早呈现反弹，其他成熟市场的几个指数的变化路径较为一致。而 EU ETS 则在当年 5 月才开始呈现下降的趋势，且股票市场反弹趋势延续的时间也比碳市场要长。

---

① Mansanet M., Pardo T. A., Mico V. I., CO_2 prices, energy and weather, University of Valencia, 2006.

② Hintermann B., "Allowance price drivers in the first phase of the EU ETS", *Journal of Environmental Economics and Management*, Vol. 59, No. 1, 2010.

③ Chevallier J., "Macroeconomics, finance, commodities: Interactions with carbon markets in a data-rich model", *Economic Modelling*, Vol. 28, No. 1, 2011.

④ 美国国际集团、贝尔斯登、房地美、房利美以及雷曼兄弟等。

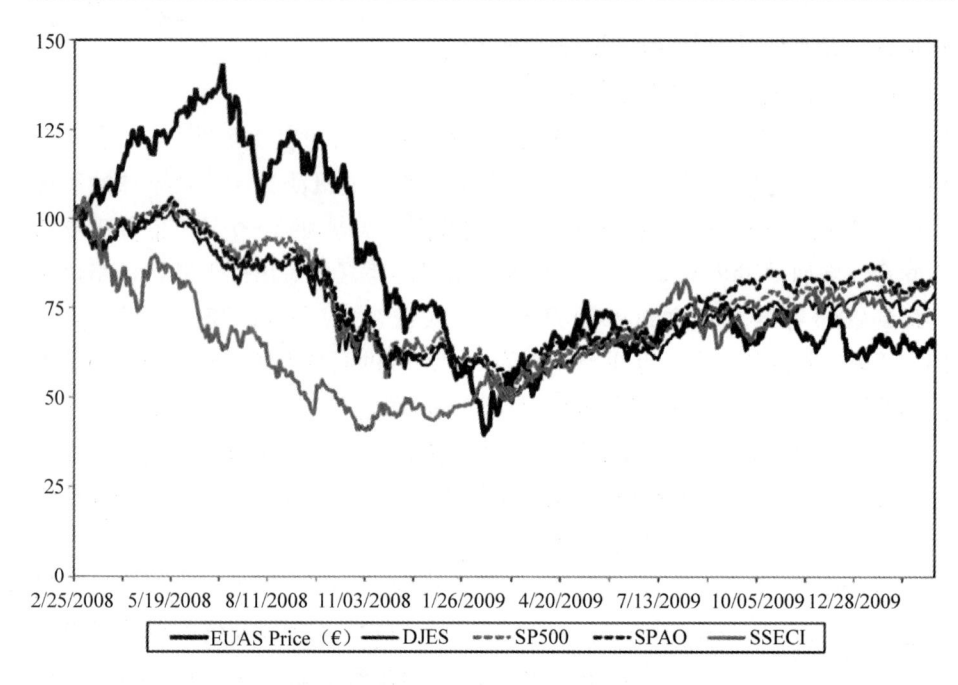

图 6-11　EUA 现货价格与其他金融市场指数的波动性

但碳市场反弹的趋势没有延续更长的时间，可能的原因有两个方面：第一，全球经济并没有很快呈现出快速回复的态势，因此，对于碳市场配额的需求依然疲软。第二，全球对于就应对气候变化达成统一协议的反应也充满不确定性，特别是 2009 年哥本哈根大会并没有就《京都议定书》第二履约期达成一致协议，碳市场的未来依然充满不确定性。

Niblock 和 Harrison 把碳市场的投资表现与道·琼斯欧洲斯托克整体市场指数①、标准普尔指数②、标准普尔 500 指数③、标准普尔所有普通股票指数④以及上证综合指数⑤等权威股指的波动情况进行了定量比较。其研究表明，EUA 的现货价格，以及 2010 年、2011 年、2012 年到期 EUA 期货的年回报率

---

① the Dow Jones EURO STOXX total market index（DJES）.
② Standard and Poors（S&P）.
③ The standard & poor's 500 index（SP500）.
④ S&P All Ordinaries index（SPAO）.
⑤ hanghai Stock Exchange Composite index（SSECI）.

均为负,且显著低于欧洲股票市场的基准回报率,这说明危机确实对碳市场和全球股市都有削弱效应。从市场波动性来看,碳市场的波动风险还要大于股票市场,从而表现出较高的系统性风险。

对几个指标的关联关系进一步进行检验,可以发现 EU ETS 的第二阶段碳市场现货与期货价格有很强的关联性,碳市场与其他股票市场的关联度虽然没有碳市场期货与现货的关联关系强,但也呈现出较高的关联度,与中国股票市场的关联度略低。

二 碳价格调控机制

从 EU ETS 前两个阶段的运行经验来看,碳市场面临的最大风险是碳价格的剧烈波动。虽然价格波动是碳市场优化配置排放资源的基础,但过高或过低的价格都不利于碳市场的健康发展。一方面,如果碳价过高,企业的碳排放成本过高,会影响经济的发展;另一方面,碳价低迷不仅降低了碳市场的流动性和非履约企业的市场参与度,也影响了企业长期减排和投资 CCS 等清洁能源和低碳技术的积极性。保持市场价格的稳定,需要在碳排放交易体系的设计中考虑多方面的因素,包括排放交易平台的功能设计、市场参与者的选择和限制、交易时段的选择、监管机制的建立、价格调节机制、储存和借贷机制、与其他系统的连接设计等。[①]

(一)避免价格双向剧烈波动的机制

1. 存储与预借

存储与预借之所以能够平抑市场波动,在于当企业持有的配额多于其排放时,可以将节余的过剩配额留存到来年使用,当企业配额数量少于排放量时,可以预借未来的配额。

理想情况下,随着碳减排法律约束逐渐收紧,减排边际成本的逐步提高,碳价格的市场预期将逐渐提高,因此,存储配额机制能够起到鼓励先期减排、结余配额以供未来履约或出售以获利的激励作用。但由于配额是人为分配的,当配额分配过多时,碳市场过剩配额会越积越多,难以消化,导致碳市场的长期低迷,并且降低对未来排放的约束力。

在现有的市场设计中,对预借配额机制的使用较少,这一机制有可能降低

[①] 段茂盛、庞韬:《碳排放权交易体系的基本要素》,《中国人口资源与环境》2013 年第 3 期。

对当期排放的约束,只有新西兰、韩国和澳大利亚(部分)规定了可预借配额。除了常规的预借外,还有一些变相的预借,譬如 EU ETS 在每年 1 月发放当年的免费配额,而在 4 月 30 日前进行上一年度的履约,时间差使得企业可以使用当年的配额完成上一年的履约任务。另外,加州出售的储备配额不限年份使用[1]。

2. 多年履约期

多年履约期相比单年履约期,有助于减少碳市场的波动。因为配额分配(决定碳市场供给)一般是渐递变化的,而生产活动由于各种原因在年际之间可能有较大波动,导致排放(决定碳市场需求)也有较大年际波动,供给和需求的不匹配带来了碳市场的动荡。在拉长履约周期的情况下,履约企业的排放变化相对比较平缓,能够减少碳价波动的幅度。同时,在多年履约期下,履约紧迫性的放松使得市场流动性提高也有益于碳市场的稳定。

3. 配额动态分配

配额动态分配是类似于货币市场调控手段的方法,主要是通过配额增加或回购、配额拍卖推迟或提前、配额退出或搁置等方法平滑配额供给曲线。以上措施一般用于短期改变市场的供求结构,调节市场供求失衡。此外,可以在履约期的起始端以固定价格提供给企业欧式或者美式期权的选择以增强信息冲击下市场的自我调节能力[2]。

配额动态分配机制的一个大胆的政策改革构想是建立碳央行。以法国气候问题专家克里斯汀·佩尔蒂(Christian de Perthuis)为代表的学者受中央货币银行启发,提出了独立的碳中央银行(Carbon Central Bank,简称碳央行)的构想,其职能类似于银行体系中的中央银行,即建立一个为实现长期减排目标对碳市场进行宏观调控的独立机构。与中央银行通过调控货币发行量来稳定币值的职能类似,碳央行通过对碳配额数量的调节来调控碳配额价格(其主要职能见表 6-5)。

---

[1] International Emission Trading Association, *Summary of Final Rules for California's Cap-and-Trade Program*, 2011.
[2] Unold W., Requate T., "Pollution control by options trading", *Economics Letters*, Vol. 73, No. 2, 2001.

表6–5　　　　　　　　　中央银行与碳央行对碳配额价格的调控

	碳央行	中央银行
政策目标	稳定碳市场价格，实现温室气体减排	币值稳定，并促进经济增长
政策工具（价格工具）	价格控制	利率
政策工具（数量工具）	公开市场操作，减排目标调整等	货币量供给（公开市场业务、存款准备金调整等）

中央银行的核心政策目标是保持货币稳定，同时促进其他经济目标（如经济增长），而碳中央银行的核心目标是在短期内稳定碳市场的价格，在长期可持续地促进温室气体减排。中央银行使用的两种主要的货币政策工具是价格工具和数量工具。碳中央银行的情况类似，价格工具包括设定底价、安全阀等。数量工具可以通过类似于货币政策的公开市场操作买入或卖出配额来调节配额的供应，也可以作为一个平准基金，通过市场操作提高市场活跃度，并且拥有制定碳预算目标等更大时间尺度的政策调节手段。

很多研究机构关于碳央行的设想远不止于作为配额价格调控的工具而已，与中央银行作为货币发行者、货币政策制定者、执行者并同时是银行和金融体系的监管者角色一样，碳央行也可承担配额数量制定、配额的创建与发放、抵消信用签发与管理、碳市场监管等职能，即用碳央行替代现有的ETS行政管理机构。可见，在这一构想下，碳央行不仅仅是价格调控的政策手段，还可以是实施这些调控机制的独立机构，能够发挥价格调控与监管的双重职能，并且有义务根据对碳市场运行的监管结果向政府提出关于气候政策的改进建议。

碳央行的设计相当于创建一个全新的机构，并完全颠覆现有的管理体制，在实践层面，面临着一系列关键性的决策问题，包括调控资金的来源、资金规模多大、哪个机构负责实施、如何进行监管等，因此短期内实施的制度障碍较大。

4. 市场连接

市场连接即接受体系外的排放配额或信用进入本体系中，承认并允许其完成本体系的履约义务。将不同的排放交易体系进行连接，可以扩大体系覆盖范围，增加市场参与单元，提供更具多样化的减排途径，若设计和对接得当，能够起到减缓交易价格波动、提振市场活力的作用。然而市场连接涉及诸多市场设计细节的协调,包括减排目标、配额分配方法、抵消信用使用比例、来源、市场惩罚水平、价格调控机制等。

(二) 控制价格过高的机制

1. 抵消机制

抵消机制是指使用 ETS 范围外的减排信用来抵消排放,抵消信用可用于完成履约责任。抵消机制为配额市场引入价格较低的抵消信用,有助于降低企业的履约成本。在配额体系中,抵消机制的设计主要需要考虑允许使用的减排机制类型、来源地、方法学和使用比例等几个要素。

减排机制、来源地和减排项目类型的选择共同决定了抵消信用的供给水平。例如,EU ETS 目前的配额过量就与抵消信用(CER、ERU)的过量不无关系。EU ETS 从第三阶段开始只接收来自最不发达国家(LDCs)的 CDM 项目所产生的 CERs。

抵消信用的使用比例是指抵消信用使用量占全部履约责任的比重,使用比例决定了抵消信用的需求。各国按自身情况设置抵消信用比例。

2. 价格安全阀和储备配额

价格安全阀的原理是当配额价格上升到一定值时允许增加碳市场配额或抵消信用的供给,从而抑制配额价格的上升趋势。价格安全阀最早出现在美国为进行京都履约而设计的市场方案中①,Kopp(1997)②和 McKibbin(1997)③认为需要在碳交易中允许额外以固定价格出售排放许可,以控制全球减排的成本。早期的设计方案多为设置绝对的价格上限,即碳价高于安全阀时,可以安全阀价格无限购买配额(或信用)。这种价格上限存在的一个隐患是有可能破坏总量控制碳交易的减排效果④。此后,各地尝试将价格安全阀与储备配额机制、价格触发机制等手段进行融合改进,从而保证调节供给数量的同时也能够

---

① Jacoby H. D., Ellerman A. D., "The safety valve and climate policy", *Energy Policy*, Vol. 32, No. 4, 2004.

② Kopp R., Morgenstern R., Pizer W., "Something for everyone: A climate policy that both environmentalists and industry can live with", *Policy Brief*, *Washington*, *D. C.*: *Resources for the Future*, 1997.

③ McKibbin W. J., Wilcoxen P. J., "A Better Way to Slow Global Climate Change", *Australian National University*, *Economics and Environment Network*, https://www.miga.org/climate-change.

④ Pizer W. A., "Combining price and quantity controls to mitigate global climate change", *Journal of public economics*, Vol. 85, No. 3, 2002.

达成减排目标。Murray（2009）[①] 首次提出将"储备配额"与价格上限结合在一起的碳交易设计方案。储备配额与创建之后就确定以免费发放、拍卖等方式投入市场的常规配额不同，只有在一定条件下才可以进入市场，例如，与价格安全阀相结合的时候，只有配额价格高于安全阀时，储备配额方才投入市场。价格安全阀主要有三种形式的运用。

（1）绝对价格上限（hard cap），即设定价格上限，对达到价格上限的交易设定相应政策。另外，对于超标排放的处罚也相当于变相的绝对价格上限。为保证处罚的警诫效果，处罚价格必须大幅高于预期的配额价格。例如，EU ETS 第一阶段对于每吨超标排放处以 40 欧元/吨的罚款，第二阶段开始则为 100 欧元/吨，因此每吨配额的价格不可能超过处罚值。

（2）"价格安全阀"配合"固定价格出售的储备配额"，以 WCI（Western Climate Initiative）下的加州和魁北克为代表，即在安全阀价格上对出售的配额进行数量限制——这部分配额在加州被称作价格控制储备（Price Containment Reserve，PCR）。在这种融合机制下，绝对价格上限变为软性价格上限，控制成本的同时保证了对排放数量的控制[②]。同样，企业购买的储备配额也必须直接用于履约，而不能再在二级市场上交易。

（3）增加抵消信用或储备配额的价格触发机制，即当市场价格触碰到价格安全阀时，允许市场增加储备配额供给或允许企业使用抵消信用。这种价格的触发是条件性的。例如，RGGI 在 2013 年 2 月改革前后采用了两种不同的触发机制。在原有设计中，当每个 3 年控制期的前 14 个月过了之后，如果配额价格连续 12 个月的平均值超过 7 美元，则允许使用抵消信用的比例可从 3.3% 提高到 5%，超过 10 美元时提高到 10%，而且当提高到 10% 时，允许使用国际抵消信用。7 美元和 10 美元是两个层级的价格安全阀。在 2013 年 2 月通过的修订案中，RGGI 取消了上述机制，引入了有固定数量的成本控制储备（Cost Containment Reserve，CCR）。在新的机制下，当拍卖价格高于 CCR 触发价格（CCR Triggers Prices）时，CCR 配额就可进入拍卖。相比之下，原机制计算非常复杂，何时触发对市场参与者来说判断非常困难，且新机制增加配额

[①] Murray B. C., Newell R. G., Pizer W. A., "Balancing cost and emissions certainty: An allowance reserve for cap-and-trade", *Review of Environmental Economics and Policy*, Vol. 3, No. 1, 2009.

[②] Ibid..

数量直接调控价格而不是通过抵消信用间接调控，因此，CCR 比原触发机制更简洁、透明和直接，能够更便捷地起到市场调节作用。

在以上三种方案中，第一种绝对价格上限属于硬的价格限制，第二种和第三种价格安全阀则属于软的价格限制。不过，二者的界限并不是绝对的，当储备配额的数量逐渐增大时，价格软限制在实际价格控制效果上将逐渐转为刚性，即当储备配额数量足以满足安全阀价格水平上的市场需求时，配额价格将不会突破价格安全阀。事实上，从无价格安全阀的传统总量控制交易方案到带有储备配额的价格安全阀方案再到绝对价格上限的价格安全阀方案，可以看作储备配额数量从零到无穷的渐变形态，如图 6-12 所示，硬价格限制可以看作储备配额供给数量无限的极端情况，传统的纯粹基于数量控制的总量控制交易则可以看作储备配额供给为零的另外一种极端情况。价格安全阀和储备配额机制的核心要素是安全阀的价格水平和储备配额的规模。

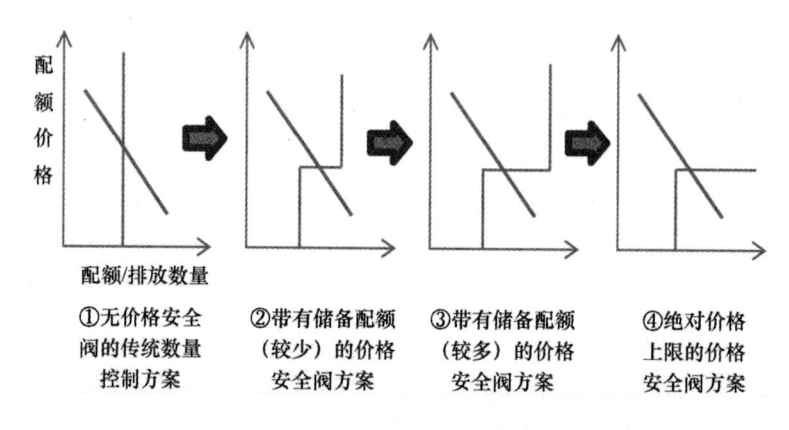

图 6-12　储备配额数量变化的不同碳交易体系方案[①]

通过研究软、硬价格限制下，储备配额数量变化对减排成本、碳价格波动、排放量的影响可以发现：一方面，只要设计了价格限制就能够有效降低减排成本并减少碳价格的波动，且最初的储备配额对减排成本和价格波动的控制作用最为明显，随着储备配额规模的扩大，边际效应递减；另一方面，

---

① Murray B. C., Newell R. G., Pizer W. A., "Balancing cost and emissions certainty: An allowance reserve for cap-and-trade", *Review of Environmental Economics and Policy*, Vol. 3, No. 1, 2009.

在储备配额较少的情况下，软价格限制导致的排放升高并不明显，但每增加一单位的储备配额，排放升高的边际效应就会逐渐放大，绝对价格上限会导致排放的大幅增加。因此，带有适度规模的储备配额的价格安全阀方案优于绝对价格上限的价格安全阀方案，设计储备配额数量的原则是在获得主要收益（控制减排成本和碳价格波动）的同时，避免过多的副作用（排放增加）[1]。目前，储备配额与价格安全阀的结合已经成为碳市场价格调控的主流手段。

（三）控制价格过低的机制

1. 价格下限与配额回购

价格下限是指通过一定的价格或数量手段使得碳价格保持在一定水平上。在碳市场中设计价格下限的主要目的是控制价格的剧烈波动；在价格低迷的情况下保证刺激最低限度的减排；提供稳定的碳价格信号，以保证对低碳技术和清洁能源投资的激励作用，促进长期减排。

在碳交易的整体设计中考虑价格下限与价格上限的关系。为保证气候政策的有效性，如果引入价格上限，就应引入价格下限[2]。因为，在价格上限限制低碳投资的最高回报的前提下，如果没有价格下限，"收益有上限、风险无下限"的预期将会打击低碳投资者的信心，因此价格下限作为价格上限的对应体显得非常必要[3][4]。

价格下限一般可通过三种途径实现：第一，一级市场中的拍卖保留价格（reserve price）；第二，二级市场中的配额回购；第三，在碳配额价格的基础上对排放企业额外征收税费[5]。

拍卖保留价格指配额拍卖中的最低投标价，当配额价格低迷时，设置保留价格可以达到减少进入二级市场的配额数量的目的。在现有的政策设计中，拍卖保留价格是应用最广的方案，一方面是因为除了价格下限本身对减排和

---

[1] Fell H., Burtraw D., Morgenstern R. D., et al, "Soft and hard price collars in a cap-and-trade system: A comparative analysis", *Journal of Environmental Economics and Management*, Vol. 64, No. 2, 2012.

[2] Philibert C., "Price caps and price floors in climate policy", *IEA Information Paper*, 2008.

[3] Burtraw D., Palmer K., Kahn D., "A symmetric safety valve", *Energy Policy*, Vol. 38, No. 9, 2010.

[4] Fell H., Morgenstern R. D., "Alternative approaches to cost containment in a cap-and-trade system", *Environmental and Resource Economics*, Vol. 47, No. 2, 2010.

[5] Wood P. J., Jotzo F., "Price floors for emissions trading", *Energy Policy*, Vol. 39, No. 3, 2011.

低碳投资的刺激作用之外，配额拍卖中的价格下限还将保证拍卖收入的稳定性，而拍卖收入是政府进行低碳投资的重要资金来源；另一方面，配额拍卖作为配额交易的一级市场，与二级市场相独立，一级市场的价格下限不是整个碳市场的价格下限——在保留价格的情况下，并不妨碍二级市场配额价格降低到保留价格以下，因此拍卖保留价格的政治影响远小于二级市场价格下限。

二级市场的配额回购是指政府承诺出资以固定价格从碳市场中回购配额，当配额价格下降到该价格时，政府回购将减少市场供给。这一政策使用得较少，可以作为碳市场价格过低时的一种救市措施。

与拍卖保留价格不同，利用配额回购来实现二级市场价格下限的政策属于直接的政府干预市场的措施，这一措施的使用存在较大政策阻力。一方面，回购配额的资金来源是一大难题，如果配额大部分以免费方式分配，回购资金只能从其他财政资金中挪用，即使有足够的配额拍卖收入，用于配额回购也将影响原有的拍卖收入用途；另一方面，如果与国际碳市场相连接，在进口碳价低于本土碳价的情况下，配额回购的资金需求可能是无底洞，财政风险被放大，政府很难履行回购承诺。

如果二级市场价格下限不通过配额回购实现，而是以行政指令强制实施，则可行性更低，原因是这种措施直接干预市场交易，对市场效率影响较大，会降低市场流动性，也很有可能使很多交易从场内走到场外[①]。另外，也有观点认为，只要在拍卖中设计了保留价格，就没有必要同时在二级市场中设计价格下限，特别是拍卖在初级配额分配中所占比例较大的ETS，保留价格已经足够起到对市场的支撑作用。

在碳市场之外，再针对碳排放征收税费，是碳税（价格手段）与碳交易（数量手段）的直接叠加。税率既可以是固定的，又可以是浮动的。固定税率是传统的碳税，保证碳价高于碳税税率，但如果配额价格也较高，将会带来过高的双重碳成本；浮动税率指事先设计价格下限，价格下限与配额价格的差值设为税率水平，难点是配额价格的预测。两者相比之下，后者更为合理和可行。与碳市场预期配额价格相挂钩的浮动碳税最典型的案例是英国最低碳价

---

① Gerard Wynn, Reuters, "COLUMN-EU readies second - best carbon market fix", http://www.reuters.com/article/2012/01/04/carbon-idUSL6E8C30TO20120104.

(Carbon Price Floor）政策，英国从 2013 年 4 月开始在电力行业实施该政策，通过对电力燃料征收碳税来达到支撑碳价的目的，税率水平根据预测的两年之后的配额价格提前两年确定。

2. 配额退出或搁置机制

配额退出（retirement）或搁置机制是指 ETS 管理者将其多余配额永久或暂时退出市场，以解决或缓解配额过量问题的补救措施。目前运用的配额退出或搁置机制包括三种：未拍出配额的搁置和退出、未出售储备配额的退出、未分配预留配额的退出。这些配额退出机制是一种事后调整机制，除了拍卖配额的搁置和退出以外，其他配额搁置机制均在每一阶段结束后才能实施。

拍卖配额的搁置和退出一般须与价格下限（即拍卖保留价格）相结合。这种搁置机制在配额过量的情况下将持续减少市场上的配额供给，帮助碳价尽快回到浮动状态，同时又不改变长期的配额总量。

调节总量的储备配额，预留给新入的排放企业或作特殊用途的配额，在每一阶段结束后如果未用尽也可退出市场。例如，EU ETS 第二阶段部分成员国决定将未发出去的预留配额退出市场[1]；RGGI 第一阶段 0.33 亿吨预留配额中有 0.16 亿吨退出了市场[2]。

3. 配额总量更新机制

如果配额过剩现象（即配额创建数量多于排放量）已经出现，对于过剩配额，根据配额持有者的不同，有两种解决手段。第一种手段针对的是 ETS 管理者手中持有的过剩配额，这部分配额直接退出市场，即将其从管理账户中注销；第二种手段针对的是私人（即非管理者）持有的过剩配额，由于配额已经发放下去，所有权不属于管理者，无权再直接对这部分配额进行处置。管理者可以选择对下一阶段的配额总量进行更新，即在原来设计的配额总量的基础上扣减过剩配额数量（两种手段的基本原理见表 6-6）。若管理者和非管理者手中均持有过剩配额，可以同时采用配额退出与总量更新机制。

---

[1] Ellerman A. D., Convery F. J., De Perthuis C., *Pricing carbon: The European union emissions trading scheme*, Cambridge University Press, 2010.

[2] Regional Greenhouse Gas Initiative, *Inc. RGGI First Control Period CO_2 Allowance Allocation*, http://www.rggi.org/docs/Allowance-Allocation.pdf.

表 6-6　配额退出与总量更新机制

	第一阶段配额总量	第二阶段配额总量
原有设计	C_1	C_2
配额退出机制	$C_1 - a$	C_2
配额总量更新机制	C_1	$C_2 - b$

注：a 为管理者持有的过剩配额；b 为私人持有的过剩配额。
资料来源：作者整理。

碳交易体系某一阶段结束以后，已通过免费分配、拍卖等方式发放的配额超过碳市场的基本需求（即企业的排放量）的，在下一阶段开始的时候可以将两者的差值在新的配额总量计算中扣除。在 2013 年的 RGGI 改革方案中，RGGI 的 2014—2020 年配额预算须扣除前期的过剩配额。配额总量更新机制的作用是避免前期过剩配额对未来碳市场需求的影响，与配额退出机制一样，属于一种事后调整的措施。

4. 拍卖后置

拍卖后置（back-loading）指将当前年份的拍卖配额后置到未来进行拍卖。拍卖后置并不属于常规的价格调控机制，而是 EU ETS 在应对碳市场危机时提出的一种解决方案[①]。欧盟提议将 9 亿吨配额拍卖时间从 2013—2015 年推迟到 2019—2020 年。该方法将减少短期内的配额供给，在一定的时间内对碳价起到支撑作用，并且有助于提高初期的配额拍卖收入。因此，该方法相当于一个应急措施，整个阶段的配额供给不变，而后置配额重新进入市场后仍将再次对碳价形成冲击。

延伸阅读

1. 张跃军：《碳排放权交易机制：模型与应用》，科学出版社 2019 年版。
2. 刘倩、王遥、林宇威：《支撑中国低碳经济发展的碳金融机制研究》，东北财经大学出版社 2017 年版。
3. 曾诗鸿、刘琦：《碳金融：理论模型与探索》，知识产权出版社 2013

---

① European Commission, *Report from the Commission to the European Parliament and the Council, the State of the European Carbon Market in* 2012, COM (2012) 652 final, 2012, http://ec.europa.eu/clima/policies/ets/reform/docs/com_2012_652_en.pdf.

年版。

4. 魏一鸣、王恺等编著：《碳金融与碳市场——方法与实证》，科学出版社 2010 年版。

练习题

1. 简述碳市场价格形成机制的主要研究方法。
2. 分别描述模型法中简约法和混合法的侧重点。
3. 影响碳市场价格的因素有哪些？
4. 控制碳市场价格过高和过低的机制分别有哪些？简述其主要内容。
5. 简述避免碳市场价格双向剧烈波动的机制。

第七章

气候金融风险和监管体系

气候金融监管，是指监管主体运用法律、经济及行政等手段，对与气候金融相关的市场、工具、机构等相关的问题进行监督和管理。从体系构成来看，气候金融监管包括监管制度、监管机构和权限、监管范畴及监管内容等方面；从市场分类来看，气候金融中与信贷、证券、保险等相关的传统金融监管，仍处在原有的金融监管体系之中，但会涉及相应的改革和创新。而碳金融是完全的金融创新，如何将碳金融纳入原有金融监管体系，或者新增相应的碳金融监管，成为气候金融监管体系中的重点。

第一节 碳金融风险和监管体系[①]

碳市场的监管是对碳排放权的初始分配、权力行使、权利交易等行为及其与碳排放权交易相关的问题进行监督和管理，并不涉及排放及减排活动的监管。EU ETS 和 RGGI，都是在缺乏系统的监管框架下发展起来的，随着市场的不断发展和经济、金融市场格局的不断演化，碳金融市场风险识别及风险监管框架也在不断的完善之中。

一 碳金融市场风险

对碳市场可能存在的风险和市场整体发展存在的挑战进行记录、分析和预

---

① 本节部分内容参考和引用了刘倩、王遥、林宇威《支撑中国低碳经济发展的碳金融机制研究》，东北财经大学出版社 2017 年版。

估是制定政策调整手段和构建监管体系的前提。根据对先期运行的碳市场的发展的跟踪，碳市场在发展过程中可能面临的风险主要包括市场基础风险、市场运行风险和市场滥用风险三个方面。

(一) 市场基础风险

1. 配额的合理供给

EU ETS 第一阶段配额的超额供给导致配额价值一度趋近于零，使得其市场有效性及可持续性遭到质疑。实践证明，配额过度分配或是分配不足都会打击市场信心。此外，部分金融市场参与者担心，如果未来衍生品的数量迅速增长，以至于金融合约数量超过了发放的配额数量的总和，也会对碳金融衍生品市场产生不利影响。

2. 市场主体诚信

碳市场设计的初衷是应对气候变化，高效地实现经济体的节能减排目标。因此，对于市场主要参与者、需要履行减排目标的企业、投资者、金融工具的设计者而言，碳市场发展与节能减排总体目标之间的关联度尤为重要。任何来自碳市场的微观市场行为以及宏观发展上与节能减排的总体目标背道而驰的评价都有可能对市场长期、有序发展带来不利的影响。例如，在应对气候变化的大背景下，很多投资机构为了迎合这一主题，向投资者推销新的主题产品，但如果这些产品无法达到其诉求的减排效果，投资者发现产品不符合其利益诉求，则会导致大量资本流失，进而导致市场失调，损害消费者利益和市场信心。

3. 市场初级阶段风险

碳市场发展历史较短，缺乏有规律性的数据积累和成熟的避险工具，给参与企业的风险管理带来了更多的不确定性。同时，对于一个年轻的市场，无论是市场设计者还是操作者的经验积累都非常有限，受管制的公司和投资、咨询机构也缺乏相应的人才储备和能力准备。这些因素都可能导致市场操作失误或出现事故的概率较高，从而损害投资者的利益。因此，参与企业需要尽快开发和建立完善的碳资产管理体系，控制和管理碳风险，并且仔细考虑碳资产管理工具可能存在的缺陷及其影响。同时，碳金融市场工作人员的从业资格以及能力保障体系也应该在市场建立之初就考虑在监管体系的设计范围之中。

（二）市场运行风险

1. 信息风险

透明度是建立市场信息的基石。市场发展的有序性在很大程度上取决于市场参与者以及公众是否能够及时、准确地获得有关交易规模、质量、价格等方面的信息。因此，需要由官方建立信息发布体系，明确信息发布的内容、频率和渠道，做到有序、及时地整理和发布有关市场设计规则执行情况的报告。此外，第三方对市场信息质量及市场运行情况的评估对于提升市场透明度、避免市场信息混乱也十分关键。

2. 流动性风险

一般情况下，市场是否围绕着具有较高流动性的交易所运行，这取决于市场本身的商品化程度，从而使参与者针对相对较少的产品寻求风险管理解决方案。如果市场的发展致使交易工具可替代性低，进而导致流动性低，则会有损市场信心。低流动性阻碍了参与者的自由交易，会给市场和潜在投资者带来风险。

3. 垃圾碳资产风险

目前，全球碳交易包括配额交易和项目信用两种。项目交易包括一级、二级 CDM 交易和 JI 交易。CDM 和 JI 二级市场主要是由碳基金的投资行为建立的规模庞大的不受国际法约束的碳金融市场。在不同机制形成不同产品的同时，又形成了在交易所等平台上完成的场内交易和交易平台之外的场外交易，并且衍生出远期、互换、期货、期权等产品，呈现出碳货币证券化和发展为套利交易产品的趋势。将来碳证券产品可能发展得更多、更加复杂，可能会有不同来源和类型的碳资产捆绑在一起。随着交易变得更加复杂，产品也会变得更加不透明。如何衡量这些金融产品的质量将成为方法和评估技术上的难题，这种技术上的不确定性将使碳衍生品交易变得更加不透明，更易于隐藏和传递风险。

（三）市场滥用风险

2009—2010 年，EU ETS 连续发生了多起系统安全事故和利用碳交易系统进行非法牟利的行为。例如，利用碳市场作为工具的严重犯罪行为，包括欺诈、洗钱、为恐怖活动筹资等。典型的就是增值税欺诈事件，或以碳市场为目标的盗窃犯罪行为，包括利用网络钓鱼或者黑客攻击登记系统来盗取账户中的配额或减排信用。这类犯罪行为会严重损害市场的信誉并打击市场参与者的信心。另外,还有可能出现市场操纵和内幕交易等问题。操纵市场是指利用资金、信息等优势或滥用职权,影响市场价格,扰乱市场秩序的行为。内幕交易是指内幕人员和以不正当手段获取内幕信息的其他人员违反法律、法规的规定,泄露内幕信息,根据内幕信息进行买卖或者向他人提出买卖建议的行为。操纵市场和内幕交易的行为人为地扭曲了市场的正常价格,是市场竞争机制的天敌,违背了金融市场透明和公平的原则。

二 碳金融监管体系的基本原则和目标

实施"总量限制交易"(Cap-and-Trade)的碳排放交易体系,就意味着有相当数量的纳入碳排放交易的企业将会受到上述风险的实质性影响。因此,无论是从碳金融市场的可持续发展、相关经济部门和市场稳健发展还是从公共利益出发,保证有效的交易和定价机制、避免欺诈和价格操纵、平衡信息透明度及保密程度为基本原则和目标,尽早完善碳金融市场监管安排就显得尤为关键。

(一)保证有效的交易和定价机制

有效的交易和定价机制是市场成熟发展的根本,因为碳市场价格及其传导机制直接影响排放企业、碳市场投资者及相关能源、高新技术等市场的投资决策,因此市场是否能够形成一个权威的价格信息放射源成为关键。一个流动性更强的市场上,众多的交易者通过其买卖行为将信息带到了价格决定过程之中,形成的价格发现机制是最有效的。

目前,价格机制的运行还没有成为欧美碳市场监管者对碳金融市场监管的要点。这一领域一般都还是依赖于交易所的功能和自我监管。事实上,很多商品现货市场都从期货交易所中获得时价,在交易所内每一秒都会有新价格产生、记录并几乎在同一时刻传输出去[①],碳市场也是如此。但是,监管者需要确保交易所没有将实时价格数据作为私有产品出售而赚取额外费用。价格信息的可获得性也取决于监管范围和监管规则的设置,由于碳衍生品的交易绝大部分是场外交易,因此,场外市场的监管和若干规则设计是市场发展、价格机制形成过程中需要谨慎考虑的领域。

---

① Jickling M., Parker L., "Regulating a Carbon Market: Issues Raised by the European Carbon and US Sulfur Dioxide Allowance Markets", *Congressional Research Service*, *Library of Congress*, 2008.

(二) 避免欺诈、内幕交易和价格操纵

对排放权交易的监管需要考虑欺诈、内幕交易和价格操纵行为，交易者或中介商对其他投资者的欺诈、内幕交易和价格操纵，会损害市场参与者和消费者的利益，危及整体市场发展。

1. 谨防投资者欺诈

金融监管部门在防止和惩罚欺诈上积累了很多经验和案例，也有合适的监管工具。这些类似的监管保护目前在欧美国家也适用于在受监管的交易所完成的碳现货和衍生产品交易。随着碳市场的建立，在减排体系范围内的企业为数众多，将为监管带来巨大的压力，但不同市场交易形式的监管压力不同。通常指定交易所或其他交易平台进行的交易在传统金融监管部门的监管之下，可依靠原有的证券市场和衍生品市场的监管经验及其监管功能的延伸以防止投资者诈骗。但场外市场的碳交易参与者一般在该领域不具备丰富的投资经验，因此，对这一市场参与者的监管和保护需要有针对性地设计更为详尽的监管框架，完善相关的法律法规。

2. 控制内幕交易

欧洲的经验表明，可能会出现利用内部非公开信息进行交易的情况发生。然而，内幕交易这个概念在证券市场和期货市场上却不尽相同。在证券法下，对"内部人"的定义在最近几十年已经通过立法和法庭裁决有所扩展，除了公司内部人，在特定环境下投资银行、记者和委托人都会被包含在内[1]。而期货市场则不存在"内部信息"这样一个概念，期货价格的发现过程正是取决于这些融入价格之内的各种信息[2]。

在美国，商品交易法案和美国商品期货交易委员会（CFTC）主要监管柜台交易员（或理事会或委员会成员），防止其使用通过职务之便获取的未公开信息来进行交易，或者"提示"其他人使用这些信息进行交易。但这种禁令不会涉及市场中所有的交易者[3]。

---

[1] Seitzinger M. V., "Federal Securities Law: Insider Trading", *CRS Report for Congress*, (2002) http://www.iwar.org.uk/news-archive/crs/8043.pdf.

[2] Environmental Financial Institutions Advisory and Financial Regulatory Paper, Proposed Regulation of EU Emissions Allowances as Financial Instruments, 2011.

[3] Jickling M., Parker L., "Regulating a Carbon Market: Issues Raised by the European Carbon and US Sulfur Dioxide Allowance Markets", *Congressional Research Service*, *Library of Congress*, 2008.

此外，碳现货交易市场是除了柜台交易（OTC）市场以外，另一个可能由于滥用信息而引起经验丰富的机构交易者和经验匮乏的散户交易者之间产生信息不对称问题的市场。如果市场参与者很容易获得实时价格数据，滥用信息的可能性将会被大大降低，因此明确现货监管部门以及现货交易的数据报告责任显得极为重要。

3. 防止市场操纵

配额市场也同样会面临垄断和市场挤压的风险。人们会担心某家排放量很大的厂家，或者几家可联合行动的厂家，会有足够的影响市场的能力。市场操纵者可以大量囤积配额，同时持有期货或远期头寸以要求其他人在未来向他们交货。如果对市场的挤压成功了，那些负有交货义务的交易者就没有其他选择，只能从市场操纵者手中以其控制的价格买入配额，然后再将这些配额以期货和远期合同中规定的较低的价格卖回市场操纵者手中。这种市场操纵会导致配额价格在较长时期内远远超出市场正常（有效）水平。

美国商品期货委员会（U. S. Commodity Futures Trading Commission，CFTC）有一系列适用于现货和期货市场的监管手段防止这类操纵行为，例如大型交易者汇报系统（large trader reporting system），任何持有合同超出某一特定额度的企业必须每日报告其投资额；持续监控商品可交付的供给量，尤其是当期货合同接近到期的时候。如果可交付供给量出现了意外短缺，CFTC 就会采取一些补救措施。然而，CFTC 没有能力也没有明确的法定职责对现货交易进行全面的监控。

由于能源市场与排放权市场是紧密联系的，因此，未来也有可能存在跨市场的价格操纵问题，对这类问题的监管也应该通过与能源市场监管部门的协调尽早考虑到市场监管框架之中。由于一般有操纵市场意图的交易者会通过价格操纵在 OTC 市场积累市场势力，因此预防透明度普遍不高的 OTC 市场的价格操纵也必须在监管政策制定者的考虑之内。

（三）平衡信息透明度与保密性

如何在碳市场信息透明度和保密性之间找到平衡，这是政策制定者较难把握的问题。当市场透明度超过一定程度，信息的披露可能会超过投资者可以负担的合理成本，或者破坏了交易参与方的保密性而对市场有害。例如，在很多交易市场上，大型交易者为了防止其他交易者在其进行交易的时候跟风、模仿其交易决策进行交易，会选择匿名交易，从而避免增加交易成本。

为了及时监管市场风险，很多监管机构必须掌握市场参与者不愿意提供的信息，比如，CFTC 需要投资者每日汇报其大额期货投资额，但这类信息监管者不会向公众公开。在碳交易市场，政府部门可以获得大量的价格敏感信息，比如负责设定和分配配额的部门将掌握所有有关配额数量的信息，也将会获得企业现实排放量的信息，这些信息都会对市场价格信号产生关键的影响。对这类信息需要设计披露程序和相关法律条款以保证不会产生提前泄露信息的问题。

三 欧盟碳金融监管框架

目前，EU ETS 一级市场交易的远期合约一般有严格的管理机构和第三方核证机构来确保减排信用的有效性。在一级市场上，监管者主要致力于追踪配额的初始所有权、配额拍卖的实施以及碳抵消信息的创造和核证。

二级市场上兼有现货交易与期货交易，根据欧盟颁布的《金融工具市场法规》(Market in Financial Instruments Directive, MiFID)，二级市场即时交割的排放配额交易，目前在欧盟一级市场不受监管。因此，早期二级现货市场对大部分欧盟 ETS 来说都是监管的"真空地带"。

碳衍生品市场一般与其他衍生品一样，被直接纳入金融监管的范畴之内。在欧洲，碳衍生品符合市场滥用指令 (Market Abuse Directive, MAD) 关于"金融工具"的定义，因此只要在受监管的市场上交易，就必须遵循 MAD 的规定，从而降低了操纵市场和内幕交易等市场违规行为的风险。另外，碳衍生品只要在有监管的市场或多边交易场所 (Multilateral Trading Facility, MTF) 进行交易，就在 MiFID 的管制范围之内，提供碳衍生品投资服务的金融中介机构必须得到 MiFID 的授权，并受相应金融法规的监管，以满足一系列商业行为规则和市场信息报告的要求。

2009—2010 年，EU ETS 连续发生了多起系统安全事故和利用碳交易系统进行非法牟利的行为。这些事故一部分是由于系统设计上存在漏洞，另一部分是由于管理制度上存在缺陷。值得注意的是，这些事故全部发生在二级现货市场上，这与前面提到的二级现货市场处于监管"真空地带"不无关系。相反，市场份额大得多的衍生品市场由于处在金融法规的监管范围内，所出现的问题也较少。

专栏7-1 EU ETS 已发生的监管事故

一 增值税欺诈（VAT fraud）

按照欧盟的税收规定，欧盟内部商家从本国供应商处购买的商品或服务的价格中包含增值税，但商家可以向税收机关申请退还这笔税款；如果是从另一个成员国供应商处购买，价格中则不包含增值税，因此，便存在向政府骗取退税的操作空间。增值税欺诈促使EUA的现货交易量在2009年出现激增，4月时达到高峰，全年的交易额从2008年的75亿美元猛涨到2009年的268亿美元。这种"旋转木马"的增值税欺诈行为不仅发生在碳市场，而且广泛存在于计算机芯片、手机、贵金属和香水等交易中。2009年年底，欧盟委员会对这5种交易实行"反向征收机制"，对EUA交易来说就是向EUA买方而非卖方征收增值税，这个政策杜绝了EUA被用作增值税欺诈工具的可能性。"反向征收"政策出台以后，EUA的现货交易便大幅度减少。

二 网络钓鱼和黑客攻击

2010年1月，网络钓鱼第一次出现在欧洲碳市场，少数德国账户持有人接到了一个假的电子邮件并做出回复，提供了公司账户的登录细节等信息。2010年11月，更为复杂的涉及"特洛伊木马"病毒的钓鱼事件发生了，虽然并未成功，但是德国登记处为以防万一将交易关闭了数天。当月，罗马尼亚水泥生产商Holcim的账户也受到类似攻击，160万吨EUA被盗，最后只追回了60万吨，另外100万吨已被转移到列支敦士登。截至2011年1月，EU ETS至少有300万吨的配额可能被盗并被网络犯罪分子迅速转手重新进入市场，造成的损失可能超过5000万欧元。如果被盗的配额不能被用来履约，这一欺诈会严重影响市场的供需平衡，同时严重打击市场参与者的信心。为了防止进一步的攻击，欧盟委员会于2011年1月19日决定关闭所有国家登记系统并冻结所有现货交易，各国只有在证明其登记系统符合最低的安全标准后才能重新开放，时间最长的列支敦士登关闭了3个月之久。

造成如此混乱的局面有多方面的原因。首先，EU ETS每个成员国拥有单独的登记系统，并且系统之间相互连接，根据"木桶短板"的原理，最弱的系统决定了整个体系的安全等级,因此东欧国家登记系统账户出现问题,会直接波及整个 ETS 的登记系统和现货交易。其次,欧盟各国对碳排放权的监管分类不同,例如,罗马尼亚将 EUA 归类为金融工具,而奥地利则将其归类为商品,这使得监管体系非常混乱,配额流出国境后没有统一的法律进行跨国监管。最后,虽然受到攻击的国家登记系统及时发布了被盗配额的序列号信息,但由于这些信息是由账户持有者提供的,既无法保证无遗漏,又无法保证时效,而当时欧盟没有权力也没有能力获得所有被盗配额的序列号信息,也就无法进行统一的信息发布。因此,在这些系统安全事件发生后,欧盟针对 EU ETS 的监管体系展开反思,并进行了一系列的改革措施。一方面,管理权限上移,建立统一的登记系统,管理员、监管机构、执法部门有权获得数据信息;另一方面,提议将二级现货市场纳入金融监管体系中去,利用已有的成熟监管体系保证碳金融市场的安全。

三 CER 重复使用

2010 年 3 月,EU ETS 成员国匈牙利将已经提交用于履约的 170 万吨 CER 再次在现货市场上出售。这种违规行为为碳市场所特有,减排信用的重复使用,破坏了减排的环境完整性,对以控制温室气体排放为目标的碳交易体系来说是巨大的伤害。针对这种制度漏洞,欧盟 2010 年的《登记系统管理规定》[Commission Regulation (EU) No. 920/2010]对 2004 年的版本进行了修订,提出已被提交的 CER 或 ERU 不能再次被提交,且不能转移到履约账户或个人账户,更重要的是提出设立"退休账户"(retirement account),提交的 CER 或 ERU 只能转移到退休账户。法律修改以后,减排信用重复使用的漏洞就此堵上。

欧盟的碳金融监管框架主要由相关法律法规、各层级的监管机构以及登记系统和交易日志三个方面构成,下面将分别从这三个方面对欧盟碳金融监管框架的现状及为应对这一新兴市场漏洞可能做出的政策调整进行详细的说明。

(一)欧盟碳市场监管的相关法律

欧盟碳交易监管的法律主要由碳市场的相关指令、金融市场与能源市场的相关立法构成。其中,碳交易的相关指令明确了碳减排的目标、碳指标的分配方式、受控碳排放源的范围、指标登记、监测、报告、转移、追踪等制度以及碳交易的监管机构等。由于金融机构开发出一系列以配额或信用为标的的金融工具及产品，因此，与此相关的部分金融立法也适用于监管碳市场的市场行为。这些立法包括《市场滥用指令》《金融工具市场法令》以及有关市场交易的一些规定。这些法律要求被确定为金融产品的排放配额衍生品应该受到相应的管制，例如，必须在受规制的市场上交易，入场交易需满足一定的资格要求，遵守交易规则，按规定披露信息，禁止内幕交易及市场操纵，成员国的监管机构有责任监督市场运行、防止市场滥用等。此外，包括《拍卖法令》在内的其他金融法律以及与能源市场相关的法律都会影响到碳金融市场运行和监管[1]。

国际金融危机后对各种金融业务进行综合监管和国际协调已经成为明显的趋势。这些文件中的部分内容同欧盟碳市场金融监管理念及监管制度息息相关。

1.《金融工具市场法规》

《金融工具市场法规》(*MiFID*)最初是协调对投资公司的金融监管的一项法规，于2007年11月正式实施，目的在于加强对投资者的保护，改善跨境准入以及促进整个欧盟金融市场的竞争。2011年，欧盟启动了 *MiFID* 的修订工作，2014年，发布了修订后的版本，此次修订将原 *MiFID* 修改为两部相互独立的法案：《金融工具市场法规（第二版）》(*MiFID* II) 和《金融工具市场规定》(*MiFIR*)，并于2018年1月3日起适用。其中对于碳金融市场最直接的影响包括[2]：

（1）关于排放配额现货交易。根据新的议案，包括 EUAs、CERs 和 ERUs 等在内的排放信用单位都将被包括在法规的"金融工具"的定义之中。当事人只有在获得了成员国相应的金融监管机构［比如，在英国，需要获得英国金融服务监管局（Financial Services Authority，FSA）］或 EU 其他金融监管部门的授权后，才能够提供与以上排放权配额的现货交易相关的投资服务或将承接这类投资活动作为其主要的商务活动。

---

[1] 李挚萍：《碳交易市场的监管机制研究》，《江苏大学学报》（社会科学版）2012年第1期。

[2] Directive 2014/65/EU of the European Parliament and of the Council of 15 May 2014 on markets in financial instruments and amending Directive 2002/92/EC and Directive 2011/61/EU（recast），https：//eur-lex. europa. eu/legal-content/EN/TXT/? uri = CELEX：02014L0065 – 20160701.

(2) 关于 EU ETS 的合规买家。大多数情况下，ETS 的合规买家，都是在交易系统管制下的公司，如能源生产企业、制造企业或者航空公司。作为工业部门，交易、买卖 EUAs 或京都排放单位是其主营业务之外的附属经营活动。将交易排放配额作为其附属经营活动的企业不需要得到监管部门的授权，只要符合交易体系下的成员资格标准就能够直接参与到碳现货和衍生品的市场交易。但将碳交易作为其主营业务的企业则必须得到监管部门的授权。因此，如何界定"附属经营业务"就很关键。现阶段 *MiFID II* 中明确表示欧洲证券及市场管理局（ESMA）应制定监管技术标准草案，以确定何时将某项活动视为集团层面主要业务的附属活动的标准。这些标准至少应考虑以下因素：第一，辅助活动应是集体层面的少数活动；第二，应当考虑与该资产类别的整体市场交易活动相比，其交易活动的规模。

在确定辅助活动在集团层面上构成少数活动的程度时，ESMA 应考虑用于执行与开展主要业务所用资本与执行相关的辅助活动所需的资本。但是，在任何情况下该因素都不能成为判断该活动是否为主要业务的附属活动的唯一标准。此处所指的活动应在集体层面进行审议。

（3）关于 EU ETS 交易人员。在经营交易场所内进行交易的投资公司或市场经营者，也将会被纳入到 *MiFID II* 的监管。主要的监管活动包括：第一，公布每周报告（仅适用于人数及其空缺职位均超过最低门槛的情况），其中包括不同类别人士在其交易地点交易的不同商品衍生工具或排放配额或衍生工具的总头寸，并指明按此类别划分的多头和空头头寸的数量，自上次报告以来，每个类别所代表的未平仓合计总数百分比和在每个类别中担任职位的人数，并将该报告通知主管当局 ESMA。ESMA 应集中公布这些报告中包含的信息。第二，至少每日向主管当局提供所有人（包括成员或参与者及其客户）在该交易地点所持头寸的完整细目。

2. 《市场滥用法规》

《市场滥用法规》（*Directive 2003/6/EC*）于 2003 年 1 月正式实施，旨在协调各国法律，禁止内部交易和操纵市场。该法规于 2014 年完成最终修订，2016 年 7 月施行，此次修订把 MAD 修改为两部相互独立的法案：《市场滥用规定》（MAR）和《市场滥用的犯罪处罚法规》（CSMAD），尤其是 MAR 的条例涵盖配额在一级和二级市场中的拍卖、交易等行为。与碳金融市场最直接相关的内容包括以下三个方面[①]：

（1）披露内部信息的责任。因符合 *MiFID II* "金融工具" 的定义，欧盟排放配额和京都排放单位被纳入 *MAR* 和 *CSMAD* 管理范围内。将这种金融工具（及其衍生品）纳入市场滥用管理体制下，是该体制的一次重大的扩展。任何涉及欧盟排放配额和京都排放单位的违禁行为，例如，拥有内部消息同时进行交易或者进行市场操纵，将会被以市场滥用罪名处以数额最高无上限的罚款，并接受成员国监管部门进行的其他处罚。

根据新的规定，任何参与到欧盟排放配额和京都排放单位交易中的个人，都有向公众披露内部信息的义务。内部信息指的是这些信息一旦被公开，将会显著影响到相关金融工具的价格。且不同于证券市场，仅有发行商承担披露内部信息的义务，碳市场的披露信息的义务适用于其行为可以对排放配额的价格产生实质影响或导致间接内幕交易风险的实体（例如拥有和使用某种温室气体排放设施）。实际上，一般情况下，只有 EU ETS 大型排放源的信息（如隶属于欧盟能源部门）才有可能会对欧盟排放配额的价格产生显著的影响。欧盟委员会根据这些排放源年度排放量或热输入或两者组合，确定临界值，临界值以下的参与者不需要承担披露内部消息的义务。

（2）局内人列表。发行人和其他接触到内部信息的当事人应当按照有限的免责条款，尽快披露其掌握的内部信息。在延迟公开披露的情况下，发行者必须制定一张"局内人列表"，其中包括了能够接触到内部信息的人员的详细信息，其目的是给监管者提供一份详细的联系表单，以帮助他们来确定是否有与任何市场公告相关的异常交易。根据其排放数据，排放交易系统市场的大型参与者也将有义务制作和维护这种"局内人列表"。

（3）关于市场操纵。现有规定，通过对于市场上基于排放配额的拍卖产品供求信息的虚假披露或给出误导性信号，或者进行人为订单交易，以此确保相关产品的价格达到异常水平或者人为制定的水平的行为，属于市场操纵行为。如通过媒体（包括互联网）或通过任何其他方式传播虚假的供应信息；

[①] Regulation (EU) No 596/2014 of the European Parliament and of the Council of 16 April 2014 on market abuse (market abuse regulation) and repealing Directive 2003/6/EC of the European Parliament and of the Council and Commission Directives 2003/124/EC, 2003/125/EC and 2004/72/EC Text with EEA relevance, https://eur-lex.europa.eu/eli/reg/2014/596/oj.

或下达交易订单并影响或可能影响一种或多种相关现货商品合约或基于排放配额的拍卖产品的价格。这些行为都将受到监管当局的监管。

3. 其他相关的欧盟法案

另外,与碳市场交易最直接相关的主要是《拍卖规定》《反洗钱法》《大宗能源产品诚信和透明度监管》《结算终局法案》《资金要求法案》《场外衍生品的管理规定》等,这些法律(新议案)对于碳市场场外衍生品交易的参与者基本上都适用,除非某些参与者符合草案中有限的几个非金融企业的豁免条款。

(1)《拍卖规定》(Auctioning Regulation)

2010 年欧盟颁布的《拍卖规定》为 EU ETS 第三期的排放指标拍卖建立了管制框架。该规定要求拍卖平台及金融机构的活动即使是在典型的二级市场之外进行也需要遵守大致相同的规定,一些排放指标即使不具备金融工具的特质(如一些拍卖的产品或两天的现货合同)也要纳入管制的范围。根据该规定,《反洗钱法》的若干措施也适用于拍卖的参与者。此外,《拍卖规定》要求拍卖平台发现或怀疑存在市场滥用、洗钱、恐怖分子融资及其他犯罪活动,应拒绝批准其拍卖中的投标,撤销或暂停已经批准的投标,并有义务向监管机构报告。

(2)《反洗钱法案》(Money Laundering Directive, Directive 2005/60/EC)

该法案旨在阻止利用金融系统进行洗钱或者资助恐怖主义的活动。根据《拍卖规定》,《反洗钱法》的若干措施也适用于拍卖的参与者。排放配额的拍卖将受到新的客户尽职调查要求的约束,会针对现货市场参与者实施客户尽职调查的附加要求。

(3)《大宗能源产品诚信和透明度监管》(Wholesale Energy Market Integrity and Transparency Regulation)

2010 年 12 月,欧盟委员会根据《第三次能源市场自由化一揽子计划》采纳了《大宗能源产品诚信和透明度》的立法监管建议,以加强欧洲能源批发市场的透明度和市场诚信。该规定明确禁止电力及其相关产品的批发市场和天然气及相关产品的批发市场上的市场滥用行为。这个规定不直接适用于碳市场,但适用于与碳市场有重要关联的情况,且其引入对于同时参与能源及碳市场的成员有规制作用,见表 7-1。

表 7-1　　　　　　　　　　其他可能有相关性的监管法案

名称	内容
《最后清算法案》(Settlement Finality Directive, Directive 98/26/EC)	该法案颁布的主要目的是降低与支付和结算系统相关的系统性风险，尤其是参与者破产的相关风险，在欧盟排放配额和京都单位被界定为金融工具后，排放配额的交割将通过清算中心完成，相关的清算活动受此法案保护
《资金要求法案》(Capital Requirements Directive)	根据巴塞尔协议，任何受到 MiFID 监管的投资公司，也必须满足《资金要求法案》所规定的监管资金要求；新的资本要求管理体系《资金要求法案》（第四版）（CRD IV）执行巴塞尔协议Ⅲ①
《场外衍生品的管理规定》(Regulation on OTC derivatives, central counterparties and trade repositories)	该条例要求对于场外衍生品引入报告义务，对于合格的 OTC 衍生品引入结算义务（由欧洲证券及市场管理局 ESMA 确定），并减少双边结算的场外衍生品交易对手信用风险和操作风险

资料来源：笔者根据相关文献整理。

（二）主要的监管机构

碳市场建立初期，欧盟的金融监管体系可以分为四个层次。第一个层次是框架性、原则性的立法层次，由欧盟委员会提出立法建议，由理事会、委员会和议会三方共同决策。第二层次包括欧洲银行委员会、欧洲证券委员会、欧洲保险和职业养老金委员会以及欧洲金融集团委员会。委员会拥有"准规则制定权"，其主要职责是建议、确定和决定与第一层次的指令和法规的实施有关的规则，解决法律实施的程序问题，并建立一套法律和法规体系。第三层次由欧洲银行监督员委员会、欧洲证券监督员委员会和欧洲保险和职业养老金监督员委员会组成。该委员会主要作为欧盟委员会和各国监管机构之间的平台和桥梁，促进各国监管机构之间的信息交流，推动监管趋同，其指令均为非约束性。第四个层面，即执行层面，是国家监管机构对欧盟指令和条例的执行，欧盟委员会也有监督和促进执行的责任。具体到碳市场的监管，目前最直接相关的监管机构主要是欧盟委员会和各成员国的监管机构。

1. 欧盟委员会

作为欧盟政治体系的执行机构，欧盟委员会负责提交议案并贯彻执行欧盟

---

① the proposed Regulation and Directive at http：//ec. europa. eu/internal_ market/bank/regcapital/index_ en. htm.

理事会①和欧洲议会②的决策。具体到 EU ETS，根据《欧盟建立温室气体排放权交易机制指令》（*Directive 2003/87/EC*，以下简称 ETS 法令）所授予的权利，欧盟委员会是提出 ETS 方案并完成后续监管工作的机构，负责制定碳市场监管法规，监督市场运作，防止市场滥用以及其他可能导致市场扭曲的违规行为。同时，欧盟委员会还负责拍卖行为、交易流向和交易量等一系列具体事务的监管，以及审核各国提交的年度交易报告，协调欧盟内各国交易事宜，对不正常的市场行为和市场趋势发出建议和报告。

2. 成员国的监管机构

在欧盟的监管体系中，执行层次的责任主要由各国监管机构承担，各国监管机构执行并实施欧盟指令、条例，欧盟委员会则承担监督、促进实施的责任。成员国的碳市场监管机构多为其环保、金融或能源监管部门。这类部门在 EU ETS 前两个交易期中也承担着国内登记处的运行维护工作，并具体负责本国碳金融市场的监管工作。

例如，在英国，由环境、食品与乡村事务部③（DEFRA）主管京都减排单位，而国家登记处则由英国环境厅管理。同时，包括公司、个人和其他归属英国金融服务监管局监管的机构，若想在英国从事碳信用的金融活动，都需要在金融服务管理局（FSA）进行注册。FSA 对碳交易和相关产品的监管同其他金融活动一样，从各个方面对其进行全方位的保障和服务。

对于交易所的监管，欧盟碳交易所从属的监管体系足以媲美美国商品期货交易委员会（Commodity Futures Trading Commission，CFTC）对美国期货建立的监管体系④。交易所本身必须满足许多注册条件，包括进行市场监督以制止欺诈和市场操纵，对于各种报告设定要求（其中包括对于交易和价格数据的公开）等，交易所的规章制度一般都受到监管、监督或需要经过批准。

（三）欧盟登记系统与交易日志

如果碳信用交易环节被称为碳金融交易市场运行的"前台"，注册和结算登记环节就是碳金融交易市场运行的"后台"，登记系统不仅承担着排放指标的在线储备功能，还负责记录排放单位的持有、交易、排放报告以及用来履约

---

① Council of the European Union.
② European Parliament.
③ Department for Environment, Food and Rural Affairs (DEFRA).
④ CFTC 的监管在很多方面都仿照证券交易委员会（SEC）对股票市场的监管。

的排放单位的提交，其效率性、安全性以及和交易系统的匹配性是促进气候交易市场有效发挥经济功能的基础。

根据欧盟议会的 280/2004/EC 号决议，欧盟要求所有的成员国都设立一个全国性的注册平台，欧盟的这些交易平台又通过欧盟交易日志（Community Independent Transaction Log，CITL）连接起来。CITL 是记录发行、转让和清除指标的电子记账系统，用于记录各成员国国内的交易转移和成员国之间的交易转移，对每一笔交易进行自动记录并供检查。为了进入碳市场，任何参与者都必须在相关的登记处持有至少一个账户。

在 EU ETS 第二运行阶段（2008—2012 年），时间跨度与京都议定书第一承诺期对接。2008 年，CITL 实现了和联合国国际交易日志 ITL（Independent Transaction Log）的对接，ITL 记录着《京都议定书》下各减排机制的指标的交易情况。EU ETS 前两个交易期采用的是分权化的管理模式，大部分管理权限都在各个成员国，登记系统体系也在 30 个国家登记系统（National Registry）的分权体制下运行。由于网络钓鱼和黑客攻击等事件反映出分散的登记体系框架在安全性方面受到了诸多挑战，因此出于风险隐患且国际碳市场的延续性不确定等方面的考虑，欧盟在 2009 年通过的《ETS 修正指令》（*Directive 2009/29/EC*）提出计划在 2013 年前建立与京都市场完全独立的登记体系，即欧洲登记处（Union Registry）。

2010 年和 2011 年通过的《新登记系统管理规定》（*Commission Regulation NO910/2010*）确定建立一个新的统一欧盟登记系统取代原有的分散体系，同时用欧盟交易日志（EUTL）代替原来的 CITL，原有的国家登记系统仍保留京都登记系统（Kyoto Registry）的职能，仅通过 ITL 进行京都单位的转移①。

碳市场的"配额"实际上除了在登记处记录一串带有独特性的编码以外，并不以物理形式存在。在 2005 年 EU ETS 推出之时，专家们对市场违规行为的担心大都集中于占市场交易份额 85% 左右的衍生品市场。但经过 7 年的运行，EU ETS 衍生品市场并无重大问题产生，所有重大违规行为都出现在监管规则不统一、监管框架分散的现货市场上。因此，除了在 ITL 构架上对 EU

---

① 2012 年 4 月 27 日，EC 宣布欧盟登记系统正式全面激活，这意味着将从多个国家登记系统中转移超过 3 万个 EU ETS 的账户信息至新的登记系统。5 月 3 日，EC 公布了具体的转移流程，从 5 月 14 日开始，分 3 步进行，至 6 月 20 日结束。在此期间，各交易所的交易业务也因登记处账户转移而休市。

ETS 提出了监管改进外，EC 还对登记系统的安全监管措施进行了一系列升级，从提高管理员权限，加强与其他部门的配额以及严格开户审核等方面提高了登记系统的监管等级。

四 美国碳金融监管演化

（一）美国 SO_2 市场监管部门及其权限

美国 SO_2 市场[①]涉及的监管部门主要有美国环境保护署（Environmental Protection Agency，EPA）、联邦能源管理委员会（Federal Energy Regulatory Commission，FERC）、商品期货交易委员会（CFTC）以及证券交易委员会（The Securities And Exchange Commission，SEC），其监管范围和主要的问题见表 7-2。

表 7-2　　　　　　　　美国 SO_2 配额交易市场的监管[②]

机构	监管范围	主要的问题
EPA	监管排放配额以及市场的拍卖和二级市场的配额转移；其在一级市场上收集到的数据对于监管二级市场非常重要	与 CFTC 和 SEC 相比，在监管交易市场上经验不足
CFTC	对市场进行监管以阻止或发现欺诈及操纵行为	缺少资源和法定效力来执行其工作
FERC	对进入市场交易之前的各种配额确定与分配做出监管，FERC 监管范围内的配额持有者需要根据 FERC 的统一会计系统（USofA）保留公司账簿和记录，USofA 为 FERC 监管下的企业按照 FERC 不同形式的要求递交报告提供了详细的指南	与 SEC、CFTC 相比，在市场监管和执行方面的经验有限，但目前并没有在监管 SO_2 配额市场上扮演积极的角色
SEC	SEC 也有一些合适的监管工具能够运用到排放市场当中，这些工具包括对内部交易以及对市场上企业信息披露报告的监管，随着未来投资银行在排污权交易市场上的重要性逐渐增强，SEC 在监管投资银行碳业务中也将扮演重要角色；此外，排放权衍生品合同或指数也很有可能在证券交易所中交易	监管资源和权力不足

资料来源：刘倩、王遥、林宇威：《支撑中国低碳经济发展的碳金融机制研究》，东北财经大学出版社 2017 年版。

---

① 其法律依据是 1990 年《大气净化法案》第四章的修正（Clean Air Act Amendment，Title4，1990 Public Law 101-549）。

② 刘倩、王遥、林宇威：《支撑中国低碳经济发展的碳金融机制研究》，东北财经大学出版社 2017 年版。

EPA 的职责是管理 SO_2 配额的交易、储存和拍卖。1990 年的《空气清洁法》规定了配额分配计划后,即由 EPA 负责具体的法律解释。EPA 对这些方案进行了详细阐述并创建了国家配额数据库(National Allowance Data Base,NADB)和补充数据文件(Supplemental Data. File,SDF),并详细说明了每个企业获得 SO_2 排放配额的计算方法。

每年的配额拍卖是保证 SO_2 市场流动性的一个重要机制,自 1993 年起,EPA 每年要以现货和预付两种方式拍卖 25 万个配额单位。投标者需最晚在拍卖开始前 3 个交易日将包含数量、类型、价格以及付款额的密封投标交给 EPA。拍卖根据投标价格出售配额,从最高投标价开始,直到售完所有配额或者没有新的报价为止,并不设置最低价。在最初的 13 年,芝加哥交易所(Chicago Board of Trade,CBOT)受 EPA 所托举行拍卖。CBOT 既不会因提供服务获得补贴,也不允许收取费用。从 2006 年 3 月开始,CBOT 决定不再举行此拍卖,现在 EPA 自己直接举行拍卖。

CFTC 是美国的金融监管机构之一,负责监管商品期货、期权和金融期货、期权市场,其主要任务在于保护市场参与者和公众不受与商品和金融期货、期权有关的诈骗、市场操纵和不正当经营等活动的侵害,保障期货和期权市场的开放性、竞争性的和财务上的可靠性。CFTC 不会监管现货(或现金结算)商品交易,或者以实物形式结算(也可视为现金结算)的期货合同交易①。也就是说,CFTC 完全没有监管 SO_2 配额现货交易的权力,只有按要求受监管的交易所内发生的碳期货和碳期权交易,以及特定的受监管程度弱于交易所的市场中发生的碳衍生品交易才会受到 CFTC 的监管。

1993 年 3 月,依据最新修正的大气净化法案,美国联邦能源管制委员会(Federal Energy Regulatory Commission,FERC)首次发布排污权交易会计处理的委员会文件,该报告对排污权分类、价值评估、费用确认及报告等做了详细规范。按规定,FERC② 监管范围内的配额(或称排放许可证持有者)需要根

---

① CFTC 偶尔会对现货市场中的欺诈采取措施。

② FERC 成立于 1977 年,是美国电力、天然气和石油等能源市场的独立监管机构,其使命是通过适当的监管和市场手段来帮助消费者以合理价格获得更为可靠、有效以及可持续的能源服务。美国国会 2005 年通过的《能源政策法案》以及 2006 年通过的《新反操纵法》,要求 FERC 加强对电力、天然气及相关能源衍生品市场的监管,以防止出现市场操纵现象,扩大了 FERC 的监管与执法权。《新反操纵法》还给予 FERC 一把市场监管的"尚方宝剑"——可对与其所监管交易有联系的所有经济实体进行调查并处罚,而且该法对 FERC 在认定市场操纵行为时是否需要提供证明、证据不做明确要求,这大大增强了 FERC 的监管自由裁量权限,也意味如果该能源期货市场的交易者同时也参与能源现货交易,或 FERC 认为能源期货市场上的违规交易行为与现货市场有关联的,都可以调查并处罚。

据 FERC 的统一会计制度（Uniform System of Accounts，USofA）保留他们的公司账簿和记录。USofA 为 FERC 监管下的企业按照 FERC 不同形式的要求递交报告提供了详细的指南。除了投机外，企业出于其他目的持有的配额都按照成本，根据具体情况计入 158.1 号配额存货①账目，或者 158.2 号保留配额②账目。出于投机性目的持有的配额计入 124 号其他投资账户③。通过以历史成本的形式定义配额价值，由 EPA 分配到企业的配额被定价为零。USofA 也提供了记录销售配额的盈利和亏损的账户④。FERC 要求支持性账目 158.1 和 158.2 的记录应具有"足够的细节以在到期年提供配额编号和相关成本"。

此外，SO_2 市场的经纪商趋向于在证券交易委员会（SEC）和市场自律机构，如美国金融业监管局（FINRA）内注册；但是参与这一市场的企业并不在 SEC 监管范围内。

总的来说，在 SO_2 交易项目中，监管机构呈现分散的监管特征，每个监管机构都没有明确的监管范围，针对 SO_2 市场，还没有形成很好的协同和合作，如果能够为协作监管提供一个统一的平台，有助于防止市场中监管漏洞或监管冲突的产生。

（二）RGGI 的监管框架⑤

目前美国联邦政府还没有形成统一强制性的碳市场，在运作中的碳市场主要是美国区域温室气体减排行动（RGGI）这一由东北部十个州共同合作的，以总量限制与配额交易为核心机制的区域减排项目，首次配额拍卖于 2008 年 9 月 29 日举行。

在美国，州与州之间缔结的条约的合法性以获得美国国会同意为前提。在美国退出《京都议定书》的背景下，作为 RGGI 签署州之间达成强制性减排的"协议"难以获得国会的批准，因此 RGGI 签署州以"倡议"的形式规避了"协议条款"的约束，并通过制定"模板规则（Model Rule）"对各州的监管事项进行指导。事实上，模范规则本身不具有强制执行效力，具体执行事项应

---

① 原文为 Allowance Inventory。
② 原文为 Allowance Withheld。
③ 原文为 Other Investments。
④ 美国国税局（Internal Revenue Service，IRS）也将由 EPA 分配到企业的配额以零成本基础计价。
⑤ 此部分参阅并引用了李挚萍《碳交易市场的监管机制研究》，《江苏大学学报》（社会科学版）2012 年第 1 期。

当为各州立法机关所吸收并以州的名义颁布实施方能产生法律效力,这意味着RGGI实际上将强制性减排的监管权保留给了各签署州自行行使。各州行使市场监管的主体一般都是州环保行政机构及能源监管机构。在各州内,通常由环境保护部门制定与其他RGGI成员州一致的年度预算,能源监管机构(主要是公用事业局)则制定相应的原则,保障市场的公平、公正和诚信,最大限度地保护消费者利益及实现其他目标。

RGGI通过碳配额跟踪系统(RGGI COATS)记录和跟踪每个州的碳市场产生的数据。受管制的电厂需要将数据汇报给RGGI参与州的政府,每个电厂的数据均记录在EPA的清洁空气市场部门(CAMD)下的数据库中。公众能够通过RGGI COATS定制和下载碳市场活动的报告和数据,可公开获得的市场信息包括以下八类:(1)碳配额交易的日期、价格及交易类型;(2)注册在COATS的账户列表;(3)账户代表,包括所有账户的详细联系方式;(4)每类受管制的电厂及其位置;(5)受规制企业的业主、经营者;(6)政府特殊批准分配配额的详细信息;(7)碳抵消项目的申请和批准;(8)每类受管制电厂的排放量和10个区域汇总的二氧化碳排放量。

由于美国宪法中"协议条款"的约束,RGGI市场也不可能设立一个超越各州之上的具有行政主体资格的监管机构来行使法定监管权。2007年9月,RGGI各签署州授权成立一个名为RGGI, Inc. 的非营利性公司,其任务是为签署州的碳减排计划提供行政和技术服务的支持。RGGI, Inc. 的任务包括:开发和系统维护已监测排放源的数据,并跟踪配额;运行配额平台拍卖;监测碳配额的拍卖和交易市场;签署州审查碳抵消项目申请提供技术援助;为签署州评估和修改州的RGGI方案提供技术援助。但RGGI, Inc. 并没有监管或执行的权力,所有监管权力均归属于每个签署州。

虽然各州都保留了碳市场监督的权力,但实际的监管工作,如核准交易、确定是否出现价格操纵、调查守法及违法行为等监管事务主要委托给几个第三方机构进行,如世界能源代表RGGI负责组织拍卖活动、Potomac Economics咨询公司则被授权负责一级和二级市场的监管,以确保一级市场配额的拍卖符合拍卖的程序,保证结果公开、公正,且市场不存在价格操纵及串谋的现象。每次拍卖后立即发布独立的市场监测报告,其中包含竞价的结果,并列出所有的投标人提交的出价的意向书。在每个季度末,发布一份二级市场报告,包含RGGI的配额及期货合约交易的分析和数据。Potomac Economics也对世界能源拍卖管理行为进行调查评估，对违反公平竞争原则的不当行为进行调查，调查结果报告给 RGGI 的成员州[①]。

（三）美国对碳市场监管主要关注的方面[②]

自 2008 年以来，美国每一部联邦气候议案都包括了规范和监管碳金融市场交易的规定。《2008 气候安全法案》，也被称为《华纳议案》（The Lieberman-Warner bill），提出对碳市场的运行进行为期两年的研究，并在市场运行六个月以内提交一份关于"碳市场波动性"以及排放配额的平均价格的报告，标志着碳市场监管问题第一次出现在联邦气候法律之中。2008 年 6 月，众议员 Ed Markey 向众议院递交了《对气候行动的投资和保护法案》（The Investing in Climate Action and Protection Act），也被称为《Markey 议案》。这一议案首次详细列举了与管理配额交易有关的金融市场活动的规定，也为此后一系列主要的联邦气候议案奠定了基本的模式。

随后的许多议案，都沿用了《Markey 议案》建立的基本市场监管框架。这些议案大多数以限制投机和预防系统风险为内核，重新配置监管权，从局部监管扩展到全面界定监管范围，对监管机构的责任安排也从以金融机构为主导逐步转向以其提供的产品所体现的金融功能为主导进行划分，将投资者的权益保护作为重要的监管价值追求。基于美国在市场监管上的经验，对于碳市场的监管主要关注三个方面。

第一，碳价格的准确性决定了消费和投资，因此对碳市场的监管应当引导市场产生的价格信号充分反映减排的成本信息。

第二，保证碳市场信息的透明度，以减少交易成本；降低市场的不确定性，从而最大限度地减少市场主体和市场参与者的风险。碳市场透明度主要包括三个方面的内容：一是政府监管部门可以获得信息以促进政策实施和有效监管；二是市场参与者可获得反映市场活动的信息（价格、数量以及交易工具的类型）；三是公众也可以获得有关市场的信息。

第三，必须保证碳市场对市场参与者是普遍公平的，防止市场被操纵和扭曲。这一问题是能源和金融市场辩论中不断重复的问题。议案的制定者认为配

---

① RGGI, *Market Monitor Reports*, http://www.rggi.org/market/market_monitor.

② Joshua Schneck, Jonas Monast, "Financial Market reform and the implication for carbon trading", Duke Nicholas Institute, http://nicholasinstitute.duke.edu/sites/default/files/publications/financial-market-reform-implications-carbon-trading-paper.pdf.

额的逐步收紧以及限额市场潜在稀缺性，会为碳市场的欺诈和操纵提供机会。另外，担心碳市场出现价格飙升不仅影响碳市场，还会波及能源等相关市场，从而导致碳市场和其他相关市场的消费者经历极其显著的价格波动。

围绕以上三个主要问题，碳议案在监管措施的设计中主要涉及以下七个方面：

（1）监管机构及其监管权限；（2）防止市场操纵、过度投机和欺诈；（3）持仓限额；（4）强制的交易所交易和结算要求；（5）对注册的要求；（6）对报告的要求；（7）碳抵消机制。

（四）《多德-弗兰克法案》中有关碳监管的规则

2010年7月，为了应对金融危机，美国国会颁布了《多德-弗兰克华尔街改革和消费者保护法案》（以下简称《多德-弗兰克法案》）。这部正在执行中的法案在给整个经济带来结构性变化的同时赋予了监管部门制定和解释新的条例的自由裁量权，这使得这部法案的全部效果只能在几年之后才能逐步地完全显现[①]。

《多德-弗兰克法案》中有两条专门涉及碳交易的规定。第一条是要求由一个高级别跨部门的工作组进行关于碳市场现货和衍生品市场监管的研究。第二条要求创建"能源和环境市场咨询委员会"，作为一个讨论平台，就CFTC关注的与能源和环境市场相关的监管议题，在交易所、公司、最终用户和监管部门之间进行公开讨论。这些要求暗示了政策制定者可能在将来重新审视碳市场监管，并且除了以上那些在《多德-弗兰克法案》中实施的措施以外，很有可能发展更多针对碳市场的附加监管措施。

从某种程度上说，《多德-弗兰克法案》中的规定与气候议案中的若干规定极其接近甚至完全一致。美国联邦碳市场政策的制定者在设计未来的碳市场监管体系时，很有可能以《多德-弗兰克法案》为蓝本，兼顾碳市场的独特性，再涵盖一些额外的监管要求来应对这一特有的问题，而不是重新建立一系列与《多德-弗兰克法案》有重叠甚至是相互冲突的对于碳市场的监管要求。《多德-弗兰克法案》中与碳市场直接相关的监管条款如表7-3所示：

---

① 对该法案的概要介绍请可参看黎四奇《〈多德-弗兰克华尔街改革和消费者保护法〉之透析及对中国的启示》，《暨南学报》（哲学社会科学版）2019年第9期。

表7-3 《多德-弗兰克法案》中与碳金融市场相关的规则

监管机构和监管权限	·碳市场的衍生品工具将受到CFTC的监管，但《多德-弗兰克法案》并没有提到现货交易市场，因此也就没有为监管碳现货市场指定监管机构
市场操纵、过度投机和诈骗	·衍生品交易者和被定义为"主要掉期交易参与者（major swap participants）"的大型交易商，将受制于以下新要求：核实合同参与者资格；揭露风险信息或在掉期交易中可能出现的利益冲突；遵守任何其他CFTC可能会认定为"与公众利益一致，为了保护投资者，或者在某些方面可以促进本法案目标的实现"的标准 ·对注册的衍生品交易所的要求包括：进行实时市场监视，需要强制执行联邦或者特定交易规则以及具备施行紧急权力的能力以阻止市场操纵；注册的衍生品交易所也必须制定以最小化其决策制定阶段的利益冲突 ·为提高案件诉讼的成功率，《多德-弗兰克法案》为向CFTC提供违反《商品贸易法》的信息的检举者提供新的激励和保护措施 ·《多德-弗兰克法案》也扩展了针对市场操纵的禁止条例，任何人直接或间接地在掉期交易中，在州际商品贸易售卖的任何合同中，或在已注册的交易所进行的远期交割中使用任何操纵性或欺诈性的策略，或违反CFTC在接下来一年中强制执行的任何规定的行为都被认为是违法。这一条款在法律上意味着，以往需要证明嫌疑人有故意影响价格的证据才能够裁量定罪，而现在，则根据对于嫌疑人是否知晓他的行为将会影响价格的判定就可以做出裁决
持仓限额	·显著地扩大CFTC的权力，准许其设定整个衍生品市场的持仓限额；（1）减少、消除或者预防过度投机；（2）制止或者预防市场操纵、挤压和恐慌；（3）为良性的套期保值者保证足够的市场流动性；（4）确保基础市场的价格发现功能不被破坏，《多德-弗兰克法案》也为良性套期保值交易提供了头寸豁免，且明确规定CFTC可以为这些持仓限额添加其他的豁免条款
强制的交易所交易和结算要求	·要求绝大多数的标准化的衍生品交易实行交易所交易和结算，但给予了CFTC灵活处置权，让其决定哪些合同是非标准化的，从而使这些合同豁免于交易所交易和结算的要求 ·在以下两种情况下免除了对终端用户的交易所交易和结算的要求：（1）终端客户为了对冲或者消除商业风险；（2）按照法案规定的方式向CFTC汇报终端客户如何履行他们与未结清互换交易相关的金融义务；在可以申请豁免的情况下，终端用户仍然可以要求结算互换交易或者进行交易所交易；CFTC则应当制定规则以及对必要规则进行解释说明，以防止终端用户豁免权被滥用
对注册的要求	·将CFTC的监管范围扩展到场外交易的衍生品，要求从事碳市场衍生品交易经纪商和顾问在CFTC注册 ·添加了经销商和衍生品的被定义为"主要掉期交易参与者"大型交易商的注册要求；《多德-弗兰克法案》也为衍生品创建了一个新的受监管的平台，称为"掉期合约执行系统"；这项新规定包含了一大批之前未被监管的不符合指定合同市场定义的交易平台（例如：受到CFTC最高级监管的交易机构的交易平台） ·经济顾问委员会（CEA）要求在处理合规衍生品工具的结算所进行注册

续表

对报告的要求	• 要求实时报告所有已结算的衍生品交易和价格数据，包括不需要依据终端使用者豁免条款进行结算的衍生品；非标准化的衍生品交易也要在 CFTC 决定的时间框架内报告给公共数据库 • 根据《多德－弗兰克法案》，监管部门将拥有掉期交易数据库中的未结清衍生品信息的直接访问权，但这部分交易数据的公开报告则为半年一次的总体数据；CFTC 必须防止泄露市场参与者的身份信息，也就是说报告大规模的名义掉期交易需要一个合适的时间延迟；并且要考虑到公开报告是否会显著降低市场流动性 • 经销商和主要掉期交易参与者们要遵守《多德－弗兰克法案》要求的报告和保存记录的要求，其中包括提供一份完整的用于交易重建的审查跟踪记录
对市场参与的限制	•《多德－弗兰克法案》禁止美国联邦保险银行及其附属机构将自有资金用于交易衍生品，这其中就包括了碳衍生品；但法案对于特定的承销和做市活动，以及代表消费者进行买卖等活动给予了豁免权；在银行为了承销和做市相关活动允许有限度的购买被限制的金融工具的情况下，《多德－弗兰克法案》没有就购买额度给出固定限制，规定这些行为"满足这样一个限度……并不是故意地超过委托方、客户和交易对手的合理预期的短期需求"即可

资料来源：刘倩、王遥、林宇威：《支撑中国低碳经济发展的碳金融机制研究》，东北财经大学出版社 2017 年版。

《多德－弗兰克法案》针对金融市场上风险主要来源的场外交易衍生品市场缺乏有效监管的问题拓展了监管范围。其中很多条款与气候议案中要求的监管条款要求是一致的，包括授权 CFTC 监管碳衍生品，要求对碳金融工具进行交易所交易和结算，要求增加价格和交易数据的公开报告，要求监管部门明确市场的头寸限额，并且包含了防卫市场欺诈的强化措施等。在某些情况下，《多德－弗兰克法案》中的市场监管措施比气候议案的监管措施还要进一步，特别是对衍生品经销商和大型交易者的更多的资本、准备金和汇报要求，以及以制止市场欺诈和操纵为目的的附加措施等。然而，《多德－弗兰克法案》对于在指定的结算中心结算，以及在指定交易所交易的相关规定中为终端用户提供的豁免条款将适用于碳市场上大部分主要的交易活动，而且碳现货市场以及碳抵消项目的信用交易的监管问题也是《多德－弗兰克法案》中未明确涉及的问题，还需要碳市场政策制定者或有权设立规则的监管部门进一步明确监管细则。

第二节　传统金融风险和监管体系

由前文可以看出，碳金融监管事实上应纳入原有金融监管体系之中。同理，对于银行、证券、保险等传统金融中所进行的气候金融创新，也意味着原有金融监管的改革和创新。应首先识别气候金融风险，并设计有效的金融监管以实施风险管理。

一　识别气候金融风险

气候金融风险是一定数量的气候金融资产在未来时期内预期收入遭受损失的可能性，如市场风险、信用风险、流动性风险、操作性风险、法规和政策风险、人事风险和自然灾害风险等。

（一）市场风险

市场风险是由于股指、利率、汇率等市场因素的变化导致资产价值损失的风险。在气候金融市场上，这些因素依然存在。气候灾害的频繁发生，会导致气候金融资产价格和成本的波动，保险机构、银行、基金公司等都将受到影响。首先，大部分气候金融资产涉及跨国交易，必须进行外汇结算，因此汇率波动对于买卖双方的收益有重要影响。其次，部分资产的资金回转周期较长，如CDM项目从开发到最终交易需要几个月乃至几年的时间，期间利率水平的变化会影响到贷款人的收益。最后，由于气候金融资产并不像其他资产一样是企业经营的必需品，当宏观环境恶化时，企业会选择退出气候金融市场。

（二）信用风险

交易对手由于种种原因无法履行合同条款将造成气候金融资产持有者的损失。对于银行来说，主要是客户违约风险，如发生重大气候灾害后借款人还款违约；此外，以CDM项目抵押贷款为例，项目审核流程、CERs的价格波动、国家政策变化均可能造成项目受阻。而经济进入紧缩期、行业发展瓶颈、经营管理不善、突发恶性事件（如自然灾害）等又可能导致借款人经营业绩下降，无力履行合约。当借款人利用信息不对称以质量较差的项目获得资金时，又容易发生道德风险。此外，衍生品交易时不履行交易义务，如果即将到期时市场价格低于合约价格，交易对手会倾向于违约，特别是标准化气候金融衍生品容易在交割时发生信用风险。对于保险机构而言，灾害的频繁发生会给其带来巨大的业务损失，同时也会面临客户的道德风险、逆向选择以及再保险机构的倒闭等问题。

（三）流动性风险

交易市场的缺失或不完善以及价格的波动性均可能造成气候金融资产变现

困难或价格偏离期望值。气候金融市场作为创新的市场，在产品类型、产品市场化程度、交易参与者、交易制度上均未发展成熟，流动性低导致资产持有者不能够顺利进行产品交易，无法及时出售持有的气候金融资产，则会给持有者带来流动性风险。长期资产如相关信贷产品，如果不能到期全额收回，或无法满足新的借款要求，也会引起损失。

（四）操作性风险

操作风险与内部人员、操作系统以及外部事件有密切关系。与传统金融业相比，气候金融作为新兴产物，内部人员对其业务流程、规章制度、操作方法均不熟悉，容易在操作过程中出现问题。从产品特征来看，各类气候金融工具由于其创新性，可能面临审批时间长、流程复杂的问题，甚至涉及长期跨国交易，由于跨国交易主要依托电子系统，系统硬件、软件的稳定性是保证交易顺利进行的基础，这些都增加了操作风险产生的可能性。而对于金融业的所有部门来说，极端天气的发生，都可能导致业务操作的中断，并使操作更加复杂。

（五）法规和政策风险

气候金融资产的交易本质上起源于世界各国针对气候变化的法规政策，因此国家法规政策的调整对气候金融有重要的影响。一方面，国家对气候变化以及减排环保政策的延续性是确保气候金融资产价值的基础。如果一国降低对本国企业的减排要求或不再重视气候变化，将会导致资产价值的暴跌。另一方面，根据国家宏观经济的发展以及科学技术的进步，政府可能会提出更加严格的技术口径，调整认证标准，或者将新的气候灾害或排放物纳入要求范围内，这将引发气候金融产品的新一轮洗牌。原有的气候金融资产可能被淘汰，将有新的金融产品取而代之。同时由于大部分气候金融资产存在跨国交易，受到相关国家法律法规的限制，并涉及多个市场主体、法律适用地域等问题，因此在实际交易中也容易产生风险。

（六）人事风险

气候金融发展时间短，具有独特的交易规则，大多企业以及金融机构对气候金融业务的盈利模式、操作流程、风险管理、利润空间以及产品开发、项目审批等没有充分的了解和认识。相关专业机构和专业人才仍然处于积累发展阶段，尚未完善，导致目前气候金融专业人才缺失，无法满足金融机构对气候金融的发展诉求，也无法对现有的气候金融资产进行合理的管理。对产品认识的不充分以及管理理念、技能的缺乏存在引起气候金融资产管理不当的可能性。

二 美国金融监管体系

（一）美国金融市场监管概况

美国作为世界上金融市场最发达、金融创新最活跃的国家，其金融监管制度也最为完备，金融的发展和创新与监管的完善和健全呈螺旋式上升，共生共荣。美国现代金融监管体制的正式形成以1933年《格拉斯－斯蒂格尔法》的颁布为标志，奠定了银行、证券、保险分业经营的基调。此后，美国国会相继颁发了《联邦储备制度Q条例》《1934年证券交易法》《投资公司法》等一系列法案，形成了美国金融分业经营制度的基础。

20世纪80年代初，随着国际金融产业日益融合，美国开始了金融管制放松的过程。《1999年金融服务现代化法案》是美国监管制度的一次重大变革，它允许银行、证券公司和保险公司以金融控股公司的方式相互渗透，实现混业经营。美国监管体制也逐渐形成一种介于分业监管和统一监管之间的新的监管模式，即所谓的"伞形监管模式"。在这种模式下，金融控股公司的各子公司根据业务的不同接受不同行业监管机构的监管，而联邦储备理事会为金融控股公司的伞状监管者，负责评估和监控混业经营的金融控股公司整体资本充足性、风险管理的内控措施以及集团风险对存款子公司的潜在影响等，如图7-1所示。

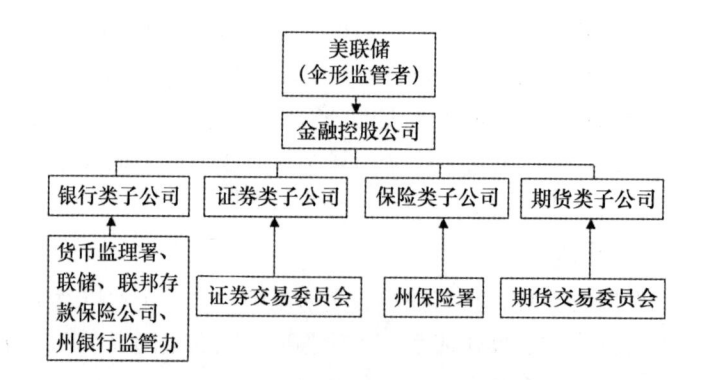

图7-1 美国"伞式"功能监管体制

资料来源：李承惠、吴敬琏：《美国银行监管的模式、特点及其启示》，《中国经济时报》2008年1月8日。

在2008年国际金融危机爆发前，美国"双重多头"监管体系已得到较好的发展与运用。所谓"双重"是指联邦和各州均有金融监管的权力；"多头"则是指在一个国家有多个履行金融监管职能的机构。美国实行的这种"双重多头"式金融监管体制既是美国联邦制度高度分权所要求的，也是在多次出现金融危机以后不断总结经验教训、不断修正监管体制的结果，该体制在21世纪初期较好地支持了美国金融业的发展与繁荣。

然而，2008年国际金融危机的爆发对美国金融监管体制提出了极大的考验与挑战，暴露出监管中依然存在的问题。美国政府迅速行动，应对危机，布什政府领导下的财政部于2008年3月31日公布了《现代金融监管框架改革蓝图》，提出对美国金融监管体制进行重建，建立以目标为基础的监管模式，并认为这种监管模式能够鼓励和支持金融创新，促进金融体系有效竞争，同时更好地管理金融风险。

国际金融危机全面爆发后，2009年3月底，针对造成危机的制度和监管原因，奥巴马政府领导下的财政部公布了《金融监管改革框架》，首次提出要关注如何抑制系统性风险，并显示出从严监管的思路，如要求所有超过一定规模的对冲基金实行注册等。

随着国际金融危机暴露的美国监管体制的种种弊端，美国各界对金融监管体系改革的呼声越来越高，奥巴马政府于2009年6月17日公布了《金融监管改革——新基础：重建金融监管》，并将方案细化为立法草案送交国会参、众两院。该法案对危机进行了全面的反思，旨在从金融机构稳健运行、金融市场全面监管、消费者保护、危机应对和国际合作等方面全面革新美国金融监管体系。

2010年7月21日，《金融监管改革法》正式生效，其内容[①]主要针对国际金融危机爆发中显现的问题，但是触角也指向美国金融体系多年试图改革的很多领域，主要涵盖了以下四个方面：（1）鉴于此次金融危机中系统性风险的全面集中爆发，该法案包含"成立金融稳定监督委员会"等多项举措以防范未来可能的系统性风险；（2）针对过去几十年金融市场的大规模扩张和金融机构高杠杆运营得愈演愈烈，该法案包含"提高资本金要求""限制银行从事

---

① 樱舟舟：《美国金融监管改革法案：历程影响和借鉴》，http://www.360doc.com/content/15/0618/09/17392843_478922736.shtml。

高风险业务"等多项措施，以期降低杠杆率，提高安全性；（3）针对长期以来对冲基金监管缺位以及评级机构在金融市场中影响力与约束机制高度不对称等问题，该法案试图逐步弥补一些监管漏洞和监管真空；（4）针对衍生品市场出现的过度投机和金融产品的高度复杂性，该法案强调了投资者保护机制、维护消费者利益、增加衍生品等金融产品透明度等内容。

总体来说，该法案在试图强化监管、维护金融系统整体稳定、防止类似危机再次爆发的同时，也兼顾了金融市场发展和繁荣的诉求，并在充分认识到现代金融体系复杂性的基础上，在很多问题上只是提出了原则性的改革方向，留下了较为广阔的空间和余地。

1. 多管齐下，防范系统性风险

（1）设立金融稳定监督委员会（FSOC）[①]。为了防范和化解未来可能再次出现的金融市场系统性风险，《金融监管改革法》要求设立金融稳定监督委员会，负责发现、分析、化解金融体系中的系统性风险，促进监管机构之间的监管合作，并有权向相关监管部门建议修改监管法规，对大型、复杂的金融机构实施更严格的监管规则（包括提高资本金要求等），避免可能出现的系统性风险。委员会由 10 位拥有投票权的成员组成，其中财政部长担任主席，其他成员包括美联储、美国证监会、美国商品期货交易委员会（CFTC，以下简称美国期监会）等机构的主要负责人，以及一位由总统任命的独立人士。该委员会还有 5 名无投票权的成员。在委员会 2/3 成员投票表决同意后，金融稳定监督委员会可以强制要求非银行金融机构接受美联储的监管，并可以批准美联储对于可能造成系统性风险的超大型金融机构，依法强制拆分。

（2）化解金融机构"大而不能倒"的风险。为了避免未来美国政府再次动用财政资金救助具有系统重要性的金融机构，增强机构自身抗风险能力，《金融监管改革法》力图增加金融机构扩张规模的成本，制定了对经营失败的大型金融机构进行有序破产清算的机制。

首先，金融稳定监督委员会有权向美联储提出政策建议，对规模不断扩大的金融机构，特别是具有系统重要性的金融机构，在资本金、杠杆率等方面提出更高的要求，削弱这些机构不断扩张规模的冲动。其次，建立有序的破产清

[①] 祁斌、王欧、杨希、孙美芳、雍旭、利亚涛、任婧：《美国金融监管改革法案：历程、影响和借鉴》，《今日财富》（金融发展与监管）2010 年第 7 期。

算机制。破产机制将遵循破产法的规定，公司股东和无担保债权人将首先承担破产所带来的损失，还将追究破产公司高管的责任。监管机构将通过对资产超过 500 亿美元的金融机构收费，用以偿还大型金融机构破产清算费用。最后，金融稳定监督委员会要求大型金融机构，特别是具有系统重要性的金融机构定期上报一旦经营失败所需的迅速、有序的破产清算预案（所谓的"葬礼计划"），以便在经营失败时可以根据计划快速有序地关闭金融机构，降低对金融市场的风险。

（3）对美联储监管权限的调整。金融危机中，由于没有及时发现并妥当处置金融体系中的风险，在对"大而不倒"机构的救助中前后不一致等，美联储的表现备受质疑。《金融监管改革法》在扩展美联储监管范围的同时，加强了美联储权力的监督和审计。

一方面，该法案规定美联储将负责监管所有资产规模超过 500 亿美元的银行控股公司，这些公司总资产规模超过了美国银行业资产总规模的 95%。由此，美联储将承担美国银行业监管的责任。为此，美联储将新设一个专职副主席，该职位的人选由总统任命，负责向美联储提出相关监管政策的建议，并具体负责监管事项。

另一方面，为了防止美联储"擅自"救助类似贝尔斯登、AIG 等濒临倒闭的金融机构，该法案规定未来美联储的任何紧急贷款计划必须获得财政部的批准，并且只能用于缓解流动性。法案还规定，美国审计署将对金融危机时期的紧急贷款进行审计，公布贷款的细节，并向议会递交相关报告。美国审计署还将要求美联储定期披露紧急贷款、贴现贷款、公开市场操作等的详细信息，并拥有对这些信息进行审计的权力，以规范美联储的货币政策和金融监管职能。

2. 强化监管，弥补监管漏洞

过度投机是此次金融危机爆发的重要原因之一，为此，《金融监管改革法》采取了多项措施，以降低金融机构的风险，拟制过度投机，并在消除长期以来的一些监管盲点（如评级机构和对冲基金）等方面迈出了重要的步伐。

（1）强化资本金管理机制，促使金融机构稳健运行。对于规模不断扩大的金融机构，尤其是那些可能造成系统性风险的金融机构，该法案在资本金、流动性、杠杆率以及其他相关方面提出了更为严格的要求。该法案还要求资产规模大于 150 亿美元的银行不能将"信托优先证券"等混合型资本工具作为一级资本。同时,该法案要求研究建立逆周期的资本金分配机制,即在经济扩张时期增加对机构的资本金水平的要求,而在经济紧缩时相应降低资本金要求,从而使银行的资本金水平和经济周期相匹配,有利于机构的安全和稳定。

(2)限制商业银行从事某些高风险业务。例如,禁止银行从事与客户服务无关的自营交易,以降低自营交易带来的潜在风险;规定银行在对冲基金、股权投资基金中的权益,不能超过其自身一级资本的3%等。但是,上述规定是否能够真正落到实处,还需要时间的检验。

(3)限制场外市场衍生品交易。该法案的改革重点之一是加强场外衍生品市场的监管,要求场外衍生品交易进行中央清算,并逐渐转移到交易所市场交易,以增强衍生品市场的透明度,控制可能出现的市场风险。该法案规定由美国证监会和美国期监会共同负责衍生品市场的监管,并共同制定相关的规则。对于可以进行中央清算的衍生品交易合约,将要求全部进行中央清算并纳入场内交易。对非中央清算的衍生品交易将实行保证金制度,以控制可能出现的系统性风险。同时,法案要求商业银行将信用违约互换(CDS)、商品和股票互换交易等业务剥离至资本充足的子公司,但可以保留为对冲自身风险进行的互换交易、利率互换、外汇互换等交易。

(4)加强对信用评级机构的监管。该法案要求在美国证监会内新设评级机构监管部,以强化对评级机构的监管,提高评级的精确度和保证评级不受利益冲突的影响。该部门将配备专门的稽查力量,有权对违规的评级机构进行处罚。该法案要求,美国证监会必须对获得评级资格的信用评级机构进行年检,并将关键结果公布于众。对于严重违规或多次出现重大评级失误的评级机构,SEC将有权撤销其注册资格。并且,该法案废除了评级机构享有的免责条款。此后,对评级机构故意或严重渎职所造成的评级失误,只要投资者能够证明被恶意误导,可以提起司法诉讼。

(5)强化对对冲基金和私募基金的监管。该法案填补了原来对冲基金、私募基金等的监管空白,强制要求管理资产超过1亿美元的基金管理机构到美国证监会注册,同时要求基金管理机构提供其交易和投资组合的相关信息,以便监管机构对基金的系统性风险进行必要的评估。那些具有过大规模和高风险的基金,还将被置于美联储的监管下,面临更高的资本金、杠杆率、流动性等要求。此外,美国证监会要对所有注册的基金进行定期检查,并每年向国会报告,以达到保护投资者,控制市场风险的目的。

3. 强化机制,加强对投资者和金融消费者的保护

《金融监管改革法》在证券化产品、上市公司(包括金融机构)的高管薪酬和公司治理、市场监管等方面进行了改革,加之前面所述的加强信用评级机构和对冲基金监管等举措,力图进一步完善投资者保护机制。同时,该法案提出了加强金融消费者保护、防止金融欺诈的有关内容。

(1) 降低证券化产品的风险。对于由债权人组织并销售的资产担保债券,要求债权人自身持有5%的债券,并要求被保留的5%债券不能进行套期保值,这就有利于资产担保债券的发行人和投资者共同承担风险。

(2) 完善公司治理和增加高管薪酬透明度。《金融监管改革法》规定,股东大会拥有对上市公司(包括金融机构)高管人员薪酬和"黄金降落伞"机制不具约束力的投票权(Non-bindingVote),以使股东获得对公司高管人员薪酬的知情权和表决权。该法案还授权美国证监会同意股东通过委托投票机制(proxy vote)选举公司董事,要求即使在没有竞争对手的情况下,候选董事也必须获得股东大会的多数票方可当选。同时,该法案要求公司提供高管薪酬和公司财务状况的对比,以及所有员工年度薪酬的中间值和公司CEO的年度薪酬的比较。此外,该法案还要求上市公司建立机制,收回高管人员因虚假财务信息获得的薪酬和奖励。

(3) 加强资本市场监管。美国资本市场的两大监管机构美国证监会和美国期监会的监管权限和监管职责均大幅加强。在该法案涉及的一共243项规则制定中,美国证监会、美国期监会所需制定的规则分别为96项和61项,占比达到39%和25%,二者合为64%,此外,美国证监会和美国期监会还需要向国会提交数十项与提高资本市场监管相关的报告。

为了能与日益扩大的监管职能相匹配,《金融监管改革法》增加了监管机构的经费。除了继续得到划拨的财政预算外,SEC还获准用收取的一部分注册费,成立SEC储备基金(SEC Reserve Fund)。该法案规定,每个财政年度SEC可以从储备基金中获得高达1亿美元的额外经费,用于充实监管队伍,有效履行SEC的监管职责。与此同时,该法案也加强了对监管机构的审计工作。

(4) 加强金融消费者保护。该法案要求在美联储内建立一个新的独立监管机构——消费者金融保护局,全面负责所有面向消费者的金融产品的监管。该局的主管由总统任命,并要通过参议院的批准。

消费者金融保护局具有相对独立的权限,能自行拟定消费者保护法规,管

理所有提供消费者金融服务、资产规模超过 100 亿美元的银行、所有与消费者金融产品相关的金融机构，以及这些机构发行的信用卡、按揭贷款等金融产品，以保证消费者在购买金融产品时，不受隐性费用、欺骗性条款和欺诈行为等的损害。

（二）美国金融监管法律

美国联邦金融监管的立法在国会。主要法案包括相关的机构法如《联邦储备法》《银行控股公司法》以及金融行业发展方面的法案如《格拉斯－斯蒂格尔法》《1999 年金融服务法》等。相关监管机构在各自职责范围内依据上位法制定部门监管规章。这些监管规章主要收集在《美国的联邦监管法典》（*Code of Federal Regulations*，*CFR*）内。该法典是美国联邦政府部门和机构颁布的有关监管规章的集大成者。法典共分 50 个部分，对应不同的联邦监管内容。其中，有关金融监管的规章包含在第 12 部分（银行及银行业）、第 17 部分（商品及证券交易）和第 19 部分（货币与金融）。另外，美国各州也有权制定各自辖区的银行监管法规和保险监管法规。这些监管法规未包含在《联邦监管法典》中。

1980 年美国在环境领域的立法《超级基金法》，这是美国气候金融制度立法中的一部重要法律。《超级基金法》通过规定基金来源，基金支持项目和方向，排放有害物质的责任划分、赔偿、清理以及政府紧急反应等，将政府、企业以及个人均纳入绿色经济中。其中重要的是本法对银行的环境治理责任提出了明确的行动准则，贷款银行需要对债务企业应当支付的治理费用负责，引发了银行在其放贷、资产管理和投资中进行环境因素评价。保险机构在接受企业保单时也需要注重企业经营中潜在的环境风险。1990 年修订的《清洁空气法案修正》对排污权交易制度做出了规定，主要针对有害气体的总量控制和配额交易。

在金融监管的现代化进程以及金融危机后的监管改革中，气候金融和碳金融领域的金融监管已经越来越受到当局的重视。特别是在次贷危机后，为了防范在碳金融领域的投机泡沫与风险，美国国会议员提出了许多与碳金融密切相关的改革法案。

美国 2009 年《金融衍生品透明与问责法案》（又称《彼得森法案》）和《清洁能源与安全法案》（又称《韦克斯曼法案》），均体现了将碳排放权作为一般商品或衍生工具进行监管的特征。彼得森法案的一般条款不以机构划分而以提供的产品或服务所体现的金融功能为规制对象，合理配置监管权能。其将碳排放权界定为农产品，将碳排放权规制类推适用更严格的农产品法律。韦克斯曼法案不仅在制度层面引入了"总量控制"制度来控制温室气体的排放，还在监管机构层面授权美国联邦能源管理委员会对碳现货市场进行监管，授权正在监管区域温室气体减排行动和其他相关排放权交易的美国商品期货交易委员会对碳衍生品市场进行监管，授权其颁布规则以防止欺诈操纵等扰乱市场秩序行为。

美国 2009 年《个人消费者金融保护署法案》和 2010 年《多德-弗兰克法案》均对消费者金融保护做了大量规定。在保护碳金融投资者利益方面，《多德-弗兰克法案》强调通过制定严格的规定，对金融产品和金融活动进行更为严格的监管，法案的相关规定均适用于碳排放权交易，由于相关法案将碳排放权作为一般商品或衍生工具进行监管，这些法案关于经纪人和投资基金的监管、提高证券和投资产品的透明度等内容当然适用于碳金融市场。

（三）美国金融监管机构和权限

在美国双重监管体系的框架下，联邦和州都设有金融监管机构。根据机构性监管进行分类，美联储（FRS）、美国货币监理署（OCC）、联邦存款保险公司（FDIC）、储蓄机构监管署（OTS）、国家信用社管理局（NCUA）以及州政府的相关部门共同负责对银行业的监管；美国证券交易委员会负责对证券业的监管；美国全国保险监督官协会以及各州设立的保险局负责对保险业的监管；美国商品交易委员会负责对期货业的监管。

1. 对银行业的监管

目前，美国银行业分为州和联邦两级注册，其银行监管体系表现出"双线"特征，即由联邦政府和州政府监管机构对各银行机构实施监管；而受三权分立、相互制衡的政治体制影响，美国银行监管体系又具有"多头"特征，银行监管机构众多。除州政府监管机构以外，联邦层面主要包括联邦储备体系（FED）、货币监理署（OCC）、联邦存款保险公司（FDIC）三大主力监管机构，此外还包括国际金融危机后新设立的消费者金融保护局（CFPB）及金融稳定监督委员会（FSOC）两大监管部门。

（1）美联储（FRS）

美联储（FRS）根据国会《1913 年联邦储备法》（*Federal Reserve Act of 1913*）设立，负责履行美国的中央银行的职责，是美国最高货币政策主管机关，由联邦储备委员会、12 个联邦储备银行分行和联邦公开市场委员会组成，职责包括：通过公开市场操作、银行准备金率、再贴现等调控工具实现货币政策；监管美国本土银行在海外活动以及外国银行在美国活动；批准各联储银行的预算及开支；实施保护消费信贷的相关法律。此外还承担金融稳定和金融服务职能。

（2）联邦存款保险公司（FDIC）

联邦存款保险公司（FDIC）是美国政府针对 20 世纪 30 年代金融危机，根据《格拉斯－斯蒂格尔法》于 1933 年成立的监管机构，旨在通过提供存款保险，维护公众对银行体系的信心，监督银行安全运营，维护存款人利益。FDIC 对投保的非联储成员州立银行负有主要监管职责，同时对其他投保银行和储蓄机构负有辅助监管职责。

（3）货币管理署（OCC）

货币管理署（OCC）成立于 1863 年，隶属于财政部，负责对在联邦注册银行的业务活动进行全面监管，确保美国整个银行体系的稳定健康和有效竞争，职责包括：对申请在联邦注册的商业银行（包括外资银行）进行审批，对其机构增设撤并和资本金调整等事项进行审批，对联邦注册的全国性银行的境内外各项经营活动开展监管。

（4）消费者金融保护局（CFPB）

消费者金融保护局（CFPB）为 2008 年国际金融危机后增设的机构，隶属财政部，对向消费者提供信用卡、按揭贷款等金融产品或服务的银行或非银行金融机构进行监管，职责包括：通过数据分析和研究，对相关金融市场进行监管，并评估产品和服务的适当性；根据现行消费者金融法设立规则，并采取适当强制执行处理违规事件；保护弱势消费者。CFPB 下设金融知识办公室负责金融知识教育，并设立社区热线，处理金融消费者投诉。

（5）金融稳定监督委员会（FSOC）

金融稳定监督委员会（FSOC）也是 2008 年国际金融危机后增设的机构，成员包括 9 家金融监管机构首脑，美国财政部长同时担任 FSOC 主席。具体职责包括：认定系统重要性非银行金融机构；促进成员机构、其他联邦或州监管机构之间的信息共享，协调政策制定、检查、报告和处罚等事项；跟踪国内外金融监管和金融发展动态，并向国会提出建议；为资本充足率、杠杆率、流动性、风险集中度等制定和实施更严厉的监管标准，针对金融机构可能导致流动性风险或引发金融体系连锁反应的业务，向监管机构提出提高监管标准的建议；认定具有系统重要性的金融市场基础设施；探寻可能影响金融稳定的监管真空。

2. 对证券和期货的监管

美国的各类证券市场，包括国债、市政债券、公司债、股票、衍生品市场等，由美国财政部、市政债券决策委员会（MSRB）、证券交易委员会（SEC）、全美证券交易商协会（NASD）以及商品期货交易委员会（CFTC）等不同的监管机构负责监管。

（1）财政部

美国国会于1986年通过了《政府债券法案》（*Government Securities Act*），赋予财政部监管整个政府债券市场的权力，具体监管政府债券经纪商和交易商的交易行为，以保护投资者，建立公平、公正和具有流动性的市场。在1993年通过的《国债法修正案》中，美国国会授予了财政部对国债市场的永久管理权。美国国债管理的主要目标包括：尽可能获得最低的债务融资成本；确保在战争或紧急情况下为政府提供无限信贷；促进有效资本市场的形成。

发行计划方面，现行美国国债的管理制度是由财政部与美国联邦储蓄局（以下简称"美联储"）商议，确定年度国债发行规模，并在年初公布国债发行日历，包括详细的拍卖日期和发行种类，并不随意变更。

为了支付公共债务，美国财政部通过公开拍卖向机构和个人投资者出售票据、债券、浮动利率票据（FRN）和财政通货膨胀保护证券（TIPS）。国库券拍卖会定期进行，并有固定的时间表。拍卖有三个步骤：公告拍卖、竞标和购买证券的发行。2018年美国财政部进行了284次公开拍卖，共发行约10.194万亿美元证券。

（2）市政债券决策委员会（MSRB）

美国国会于1975年设立了市政债券决策委员会，赋予其发布有关监管法规的职责，即监管证券公司和银行承销、交易和销售市政债券等行为的法规。MSRB是自律性组织，受证券交易委员会的监管，有权制订旨在"防止欺诈和操纵行为和做法，促进公正和公平的贸易原则，促进与参与管理、清理、解决和处理信息的人员的合作与协调"的规则促进市政证券交易，促进清除市政证券自由开放市场障碍和完善机制，保护投资者和公众利益。

2010年《多德-弗兰克华尔街改革和消费者保护法》扩大了MSRB的规则制定权限，以规范所谓的市政顾问，其中包括财务顾问、互换顾问、担保投资合同经纪人和其他市场参与者，为发行市政证券，并向州和地方政府、公共养老基金和其他市政实体提供有关市政衍生品，投资策略和其他财务事项的某些其他类型的建议。

（3）证券交易委员会（SEC）

1934年SEC根据证券交易法令而成立。美国的证券立法赋予了SEC对全国和各州的证券发行、证券交易所、证券商、投资公司等拥有根据法律行使管理和监督的权力。SEC的职能是在监督一系列法规的执行，以维护证券发行者、投资者和交易者的正当权益。防止证券活动中的过度冒险、投机和欺诈活动，维护稳定的物价水平，配合联邦储备委员会以及其他金融监管机构，形成一个明确、灵活、有效的金融体系。

（4）金融业监管局（FINRA）

FINRA前身是全美证券交易商协会（NASD）。NASD是证券业自律性组织，负责纳斯达克（NASDAQ）市场以及场外市场（OTC）的运营和监管等。2007年，NASD与纽约证交所（NYSE）监管委员会合并，成立金融业监管局（FINRA），负责监管经纪商、交易商与投资大众之间的业务。

FINRA监管约4250家经纪公司，约162155家分公司和约629525名注册证券代表。FINRA监管股票、公司债券、证券期货和期权交易。所有不受另一个SRO监管的证券交易公司，如市政证券规则制定委员会（MSRB），都必须是FINRA的成员公司，FINRA也会定期对其受监管机构进行监管检查。此外，FINRA向个人发放许可证并决定是否允许公司进入某个行业，编写规则来管理他们的行为，检查他们是否符合监管要求，并受美国证券交易委员会（SEC）批准，对注册代表和未遵守联邦证券法律和FINRA的规则和条例的成员公司进行监管。它为行业专业人士提供教育和资格考试。它还向许多股票市场和交易所出售外包监管产品和服务；如美国证券交易所（AMEX）和国际证券交易所（ISE）。

（5）商品期货交易委员会（CFTC）

CFTC设立于1974年，负责监管美国商品期货和期权市场[①]。CFTC通过

---

① 吴星：《后危机时代美国银行业监管政策调整及相关启示》，《金融发展评论》2018年第8期。

鼓励市场加强美国商品期货和期权市场竞争力和效率，确保市场完整性，保护市场参与者免受操纵市场、欺诈等交易行为的侵害以及确保清算流程的财务完整性来确保期货市场的实用性。除了新监管的掉期交易商和主要掉期参与者，CFTC 不直接规范个别公司的安全性和稳健性。《多德－弗兰克法案》为 CFTC 的监管设定了资本标准。通过监督，CFTC 使期货市场能够发挥价格发现和抵消价格风险的作用。

3. 对保险业的监管

美国的保险监管职责主要由各州的保险监管局承担，包括市场准入以及监测检查等日常监管。在 2008 年国际金融危机之前，一些政策制定者和保险公司，主张在保险监管方面发挥更大的联邦作用。参议院和众议院都提出了立法制定可选的联邦宪章，这使保险公司可以选择由联邦机构而不是州监管机构作为主要监管机构。

美国国际集团有一个联邦监管机构，即节俭监管办公室（OTS），由于未能充分监督美国国际集团和其他大型储蓄机构，在 2007—2008 年破坏了金融体系的稳定性，因而备受批评。国会决定反对 OFC，但授权扩大联邦参与保险业务和解决与保险有关的财务问题的权力。在《多德－弗兰克法案》中，国会建立了金融稳定监督委员会（FSOC）。FSOC 最初指定三家保险公司为具有系统重要性的金融机构。尽管美国政府对该裁决提出上诉，但 2016 年联邦法院推翻了其中一项此类裁决。国会还授权 FSOC——其中包括具有保险专业知识的投票成员和作为州保险专员的非投票成员向州保险监管机构提出建议，以解决保险公司的具体行为和做法。

此外，国会在财政部内设立联邦保险办公室（FIO）和金融研究办公室（OFR），授权 FIO 监督保险市场，代表美国参加国际保险监督协会（IAIS）会议，并签订"涵盖协议"与其他国家一起管理某些保险活动；授权 OFR 要求保险公司提供报告，并对保险市场和做法进行研究。国会还赋予美联储董事会对系统性重要的保险公司以及与保险存款机构有关联的保险公司的监管和监管权[1]。

特朗普上台以后，一直要求新政府实施金融监管改革，简化金融监管的基

---

[1] Bipartisan Policy Center, *Improving U. S. Insurance Regulation*, https：//bipartisanpolicy. org/wp-content/uploads/2017/04/Improving-U. S. -Insurance-Regulation. pdf.

本诉求，并要求财政部和金融稳定监察委员会等对美国现行监管金融制度安排进行重新审查，以评估是否符合其提出的金融监管改革最优"核心原则"。2018年5月，美国金融监管放松改革，形成了《经济增长、放松监管和消费者保护法》，这是特朗普政府上台以来最为重要的立法之一，也是《多德－弗兰克法》实施以来的首次重大修订。

新法案强化了对保险业的监管要求。该法要求美联储成立一个保险咨询委员会，在2024年年底前提供年度报告并接受全球保险监管的政策质询，特别是全球保险监管政策对美国消费者和保险市场的影响。同时要求财政部长、美联储主席、联邦保险办公室主任联合发布国际保险监管标准的影响报告，此报告必须在国际最终标准达成之前发布。

4. 金融改革后新增的监管机构

2010年美国通过《金融监管改革法》，该法案主要针对金融危机爆发中出现的问题，规定新设立金融稳定监督委员会（FSOC）、消费者金融保护局（CFPB）。

设立金融稳定监督委员会（FSOC）是为了防范和化解未来可能再次出现的金融市场系统性风险，FSOC负责发现、分析、化解金融体系中的系统性风险，促进监管机构之间的监管合作，并有权向相关监管部门建议修改监管法规，对大型、复杂的金融机构实施更严格的监管规则（包括提高资本金要求等），避免可能出现的系统性风险。

消费者金融保护局（CFPB）的设立是为了全面负责所有面向消费者的金融产品的监管。消费者金融保护局具有相对独立的权限，能自行拟定消费者保护法规，管理所有提供消费者金融服务、资产规模超过100亿美元的银行，所有与消费者金融产品相关的金融机构以及这些机构发行的信用卡、按揭贷款等金融产品，以保证消费者在购买金融产品时，不受隐性费用、欺骗性条款和欺诈行为等的损害。

（四）美国金融监管范畴

不同的监管机构在美国监管体系中承担了不同的责任，在监管范畴上有所不同。

OCC有关监管标准包括：（1）最低资本充足率规定以及低于充足水平需采取及时整改行动的程序；（2）有关银行经营活动的规定；（3）有关财务报告等信息披露的规定；（4）有关银行安全制度要求、可疑交易报告要求以及遵守《银行保密法》规定的要求；(5)执行《社区再投资法》规定的要求；(6)银行安全稳健的标准；(7)保护客户隐私的规定；(8)执行公平信贷报告的有关规定等。

FED 有关监管标准包括：(1)国民银行成为美联储成员银行的要求；(2)对成员国民银行特定投资的限制以及发放某类贷款的要求；(3)有关从事证券业活动的监管规定；(4)最低资本充足率规定以及低于充足水平需采取及时整改行动的程序；(5)不动产贷款及评估的标准；(6)有关银行安全制度要求、可疑交易报告要求以及遵守《银行保密法》规定的要求；(7)有关银行持股或控股的附属金融机构有监管规定等。

FDIC 有关监管标准包括：(1)信息披露的规定；(2)保护客户隐私的规定；(3)有关银行安全制度要求、可疑交易报告要求以及遵守《银行保密法》规定的要求；(4)执行《社区再投资法》规定的要求；(5)执行公平信贷报告的有关规定；(6)有关银行不稳健不合规行为的监管规定等。

CFTC 有关监管标准包括：(1)《商品交易法》下的有关监管规定；(2)注册要求；(3)报告制度；(4)有关期货、期权等交易工具的监管规定；(5)信息披露要求；(6)有关保护客户利益的监管规定；(7)保护客户信息安全的监管规定；(8)对全国期货协会等自律性组织的监管规定；(9)数字货币（比特币）监管规定等。

SEC 有关监管标准包括有关法案下的监管规定。这些法案包括《1933 年证券法》《1934 年证券交易所法》《1935 年公用事业控股公司法》《1939 年信托合同法》《1940 年投资公司法》《1940 年投资咨询师法案》等。

2008 年国际金融危机后，美国政府对金融监管提出了新的目标与改革方向，其监管范畴进一步扩大。美国金融监管体系改革的短期目标是强化对金融风险的防范与控制，恢复市场信心，遏制金融危机的进一步发展，稳定经济增长，使经济、金融重新恢复到稳定发展的轨道上来。通过强化对机构投资者的监管，尤其是对对冲基金、货币市场基金和场外衍生品等强化监管，提高监管要求和标准，有效降低金融机构的杠杆比率。同时加大风险监管的覆盖范围，包括流动性风险、交易对手风险、声誉风险等，创新监管手段、技术和方法，有效防范和控制金融风险。美国金融监管的长期目标是在恢复市场信心和稳定经济、金融发展的基础上，设立单一机构监督所有主要的金融机构，创立一套全新的监管制度对金融机构和市场进行有效的监管。根据金融监管改革的目标，美国金融监管的改革将覆盖系统性风险控制、微观的投资者保护、监管漏洞的填补以及国际的监管合作等多个方面。金融改革后新增的两个机构也对应不同的监管范畴。

FSOC 主要职能有：（1）促进监管协调；（2）促进信息共享和收集；（3）指定非银行金融公司进行综合监管；（4）指定系统性金融市场公用事业和系统性支付，清算或结算活动；（5）推荐更严格的标准；（6）撤销对金融稳定构成"严重威胁"的公司。

CFPB 主要职能有：（1）在消费者金融方面执行联邦反歧视法律；（2）制定规则，监督并执行联邦消费者金融保护法；（3）提醒消费者注意金融市场可能存在的风险；（4）限制滥用，欺骗或其他不公平的做法；（5）开展消费者行为研究；（6）调查消费者投诉；（7）教育消费者关于金融的知识。

（五）美国金融监管的内容

为了保护公众利益和国家经济，防止金融恐慌的发生，美国政府长期以来执行了以下六个方面的金融监管。

1. 准入限制

州银行和保险委员会以及货币审计办公室（联邦政府财政部所属）对批准单位或个人设立金融中介机构制定了非常严格的规定。想设立金融中介机构（如证券公司、保险公司或银行等）的个人或单位必须从州政府或联邦政府获得特许经营权。只有没有违法、违规信用记录和具有足够启动资金的公民或单位才会被考虑给予特许经营权。

2. 信息披露

美国对金融中介机构有要求严格的汇报制度。金融中介机构的会计账目必须遵从严格的会计准则，而且要接受周期性的审查。金融中介机构还必须及时向公众披露应该披露的信息。

3. 对资产和业务的限制

美国州政府和联邦政府对金融中介机构能够从事什么样的业务和拥有什么样的资产具有明确的限定，该限定是为了确保存户或投资者资金安全。过度投机是 2008 年国际金融危机爆发的重要原因之一。为此 2010 年颁布的《金融监管改革法》采取了多项措施，以降低金融机构的风险，抑制过度投机。

（1）强化资本金管理机制，促使金融机构稳健运行。对于规模不断扩大的金融机构，尤其是那些可能造成系统性风险的金融机构，该法案在资本金、流动性、杠杆率以及其他相关方面提出了更为严格的要求。该法案还要求资产规模大于 150 亿美元的银行不能将"信托优先证券"等混合型资本工具作为一级资本。同时，该法案要求研究建立逆周期的资本金分配机制，即在经济扩张时期增加对机构的资本金水平的要求，而在经济紧缩时相应降低资本金要求，从而使银行的资本金水平和经济周期相匹配，有利于机构的安全和稳定。

（2）限制商业银行从事某些高风险业务。例如，禁止银行从事与客户服务无关的自营交易，以降低自营交易带来的潜在风险；规定银行在对冲基金、股权投资基金中的权益，不能超过其自身一级资本的 3% 等。但是，上述规定是否能够真正落到实处，还需要时间的检验。

（3）限制场外市场衍生品交易。该法案的改革重点之一是加强场外衍生品市场的监管，要求场外衍生品交易进行中央清算，并逐渐转移到交易所市场交易，以增强衍生品市场的透明度，控制可能出现的市场风险。

该法案规定由美国证监会和美国期监会共同负责衍生品市场的监管，并共同制定相关的规则。对于可以进行中央清算的衍生品交易合约，将要求全部进行中央清算并纳入场内交易。对非中央清算的衍生品交易将实行保证金制度，以控制可能出现的系统性风险。同时，法案要求商业银行将信用违约互换（CDS）、商品和股票互换交易等业务剥离至资本充足的子公司，但可以保留为对冲自身风险进行的互换交易、利率互换、外汇互换等交易。

4. 存款保险

美国政府能够给金融中介机构提供资金的任何人在金融中介机构破产时提供保险。美国提供这种保险最重要的机构是 FDIC，FDIC 给在商业银行或共同存款银行的每个存款账户提供最高 10 万美元的保险赔偿。所有商业银行和共同存款银行（极个别除外）都要定期向 FDIC 的银行保险资金支付一定量的资金。存款人不需要申请 FDIC 保险，只要在 FDIC 保险银行开立存款账户，保险就会自动进行，FDIC 银行保险资金将用来在某银行倒闭时作为保险赔偿金支付给该银行的存户。

FDIC 存款保险只承保存款产品，包括传统类型的银行存款账户、支票和储蓄账户、货币市场存款账户（MMDA）和存款证（CD）。非存款的投资产品，如共同基金、年金、人寿保险单、股票和债券，不在 FDIC 存款保险范围内。在美国除了 FDIC 外，还有类似政府机构，如全国信用联盟股份保险基金给信用联盟的存款者提供保险。

5. 对竞争的管制

美国的政客们经常说金融中介机构之间没有约束的竞争会导致对公众造成伤害的失败。虽然支持政客们言论的证据非常少,但美国联邦政府和州政府没有停止过加强对金融机构的限制规定。银行控股公司有可能利用银行分支机构的存款来给他们所拥有的其他业务放贷,这将会给他们带来不公平的竞争优势。1956 年发布的《银行控股公司法案》解决了这个问题,《银行控股公司法案》对持有多家银行的控股公司所能从事的业务活动范围进行了限制,并且 1970 年的修正案将该法案的适用范围扩大到只拥有一家银行的银行控股公司。1987 年,美国发布了《竞争性平等银行法》,重新界定了银行的定义,该法明确指出,银行是接受联邦存款保险公司保险覆盖的金融机构(无论它是否吸收活期存款或发放商业贷款),或者是吸收定期存款并发放商业贷款的机构。

6. 对资本充足率的要求

美国的资本监管法规随着《巴塞尔协议》的修改而调整,更新联邦监管法典中的相应章节。美联储于 2007 年 11 月通过决定,对美国大型国际活跃银行机构实施《新巴塞尔资本协议》(Basel Ⅱ)的风险资本监管要求,即核心银行机构要按照 Basel Ⅱ 框架下内部评级法的高级法来计算风险资本,从而提高其风险计量和管理水平;而非核心银行机构则可自主选择是否采用高级法。2013 年 7 月,美国货币监理署、美联储以及联邦存款保险公司联合公布了美国版巴塞尔协议Ⅲ,在参照国际版《巴塞尔协议Ⅲ》的基础上,对部分条款提出了结合自身特点的监管要求。

美国版的巴塞尔协议Ⅲ由《巴塞尔Ⅲ的规定》《标准立法规定》和《高级法和市场风险规定》三份法规组成。在适用范围上,《巴塞尔Ⅲ的规定》《标准立法规定》适用于除小型银行控股公司以外的所有银行业机构,《高级法和市场风险规定》仅适用于国际活跃的银行。在整体要求上,以上三份法规与巴塞尔Ⅲ国际规定基本保持一致。其中,除核心一级资本、其他一资本和二级资本的定义与《巴塞尔协议Ⅲ》保持完全一致以外,在最低资本要求的过渡期安排上同样保持一致。即截至 2019 年,核心一级资本比率不低于 4.5%,一级资本比率不低于 6%,总资本比率不低于 8%。

同时,考虑到中小型银行和大型银行在资本调整上的成本差异,仅对应用高级法的银行使用逆周期资本。在实施时间上,对于实施逆周期资本的银行,监管当局会在正式实施前12个月进行通告，以为银行留出足够的调整时间。对于资本金不足的银行和储蓄机构，应采取及时矫正制度。监管机构通过设定总资本比率、一级资本比率、核心一级资本比率和一级资本杠杆率等阈值，为参加存款保险的银行划分五类监管资本充足级别，即完全资本、充足资本、资本不足、资本明显不足和资本严重不足。对未能满足这些监管阈值的机构，采取限制股东分红、高管薪酬等手段，一旦银行进入"资本严重不足"级别时，90天内便会被联邦存款保险公司下达停止经营指令[①]。

三 中国金融监管体系

（一）中国金融监管制度概述

中国20世纪80年代的金融改革带来了金融监管体制的重大变化。中国金融监管体制演变主要经历两个阶段：第一阶段是1983年到1992年，由中国人民银行作为中央银行，承担货币政策制定和金融监管职责，实行银行、保险、证券的集中统一的金融监管模式。第二阶段是1992年至今，中国开始实行分业监管模式。随着中国金融业与国际接轨，成立了证券交易所、建立了股份制商业银行和保险公司等，原有集中统一的金融监管体制越来越不利于中国金融业的发展。从1992年开始证券监管职能、保险监管职能和银行业监管职能相继从中国人民银行独立出来，1995年，对证券公司的监管移交中国证监会；1998年，保险业的监管移交到保监会，到2003年4月中国银行业监督委员会的成立，标志着中国形成了由中国人民银行、中国证券监督委员会、中国保险监督委员会和中国银行业监督委员会"一行三会"的分业监管格局。中国人民银行负责货币政策制定与监督，"三会"分别负责对证券业、保险业和银行业的监管。

近年来，面对目不暇接的金融创新与混业经营大趋势，以"一行三会"为代表的分业监管开始显得力不从心，混业经营发展趋势与"碎片式"分业监管体制之间矛盾突出，功能监管与穿透式监管缺失，监管协调不力问题亟待解决，由此催生了"一委一行两会"金融监管新框架。

2017年7月14—15日，第五次全国金融工作会议在北京召开。本次会议

---

① 徐翀、高硕、安娜、赵炎、张扬、郎澄、蔡洁、蔡峥、谢君来：《巴塞尔协议Ⅲ的全球实施进展与启示》，《华北金融》2017年第3期。

强调，要加强金融监管协调、补齐监管短板，并决定设立国务院金融稳定发展委员会（以下简称"金稳委"），强化中国人民银行宏观审慎管理和系统性风险防范职责。2017年11月8日，金稳委正式成立，作为国务院统筹协调金融稳定和改革发展重大问题的议事协调机构，将在金融改革发展、行业规划及监督协调，货币政策与监管政策等相关政策的协调，防范系统性金融风险和维护金融稳定，指导地方金融改革、发展和监管方面担当顶层设计和重大决策的关键职责。金稳委的设立意味着中国分业监管体制正在发生方向性改变，统筹协调监管的新模式已经开启。总体来看，金稳委的设置是当前一个较为多赢的设置方案，既契合中国实际又在最大限度上解决了金融监管"碎片化"问题。

2018年3月13日，十三届全国人大一次会议审议通过了国务院机构改革方案。该方案明确提出，"深化金融监管体制改革，解决现行体制存在的监管职责不清晰、交叉监管和监管空白等问题，强化综合监管，优化监管资源配置，更好统筹系统重要性金融机构监管"，决定将中国银行业监督管理委员会和中国保险监督管理委员会的职责整合，组建中国银行保险监督管理委员会，作为国务院直属事业单位，为正部级机构。2018年4月8日，中国银保监会举行了揭牌仪式，并正式挂牌运行。从部门设置来看，经过调整后，中国银保监会最终形成"26+1"的部门设置安排，即26个监管职能部门和1个机关党委。值得关注的是，本次部门新增"重大风险与案件处置局"和"公司治理监管部"。"重大风险案件处置局"主要负责拟订银行业和保险业机构违法违规案件调查规则；组织协调银行业和保险业重大、跨区域风险事件和违法违规案件的调查处理等。"公司治理监管部"主要负责拟订银行业和保险业机构公司治理监管规则。协调开展股权管理和公司治理的功能监管，指导银行业和保险业机构开展加强股权管理、规范股东行为和健全法人治理结构的相关工作。

"一委一行两会"金融监管格局出现后，将更倾向于根据金融市场的性质来进行划分监管，以推动同一类业务不同行业资本监管标准的协调一致，促进市场公平竞争。在加强中国人民银行宏观审慎管理职能的同时，推动从机构监管向功能、审慎和行为监管的转变，且强调了对金融消费者的保护。①

---

① 时磊、李立群、李琪、安嘉理：《格局变迁：中国金融监管的"分与合"》，《中国银行业》2019年第1期。

(二) 中国金融监管法规

中国金融监管法律体系是以《中国人民银行法》《商业银行法》《保险法》《银行业监督管理法》和《证券法》等法律为核心，以《人民币管理条例》《储蓄管理条例》《外汇管理条例》《贷款通则》《金融违法行为处罚办法》等行政法规和规章为主体，金融司法解释为补充的。金融监管法律体系的构建，为中国金融监管提供了基本的法律依据，为维护金融业的稳定、促进金融业的健康发展提供了必要法律保障。2012年以来，中国金融法治建设全面推进，《存款保险条例》（2014年）是加强金融监管、完善金融机构市场化退出机制、防范金融风险的重要举措，有利于完善中国金融安全网，保护存款人合法利益，提高公众对银行体系和金融制度的信心，维护金融稳定。《国务院办公厅关于加强金融消费者权益保护工作的指导意见》（2015年），明确保障金融消费者八项基本权利，对金融机构行为提出规范措施，建立了监督管理和保障机制。此外，《关于促进互联网金融健康发展的指导意见》（2015年）明确了鼓励创新、防范风险、趋利避害、健康发展的总体要求和互联网金融领域具体规则边界、监管职责分工。

近年来，随着国家对应对气候变化的重视不断加强，相关配套政策也相继出台。"十一五"前提出加速环境法制建设，出台多项环境资源保护法律法规；2006年首次提出具有法律约束力的节能减排目标；2010年国务院提出要确保实现节能减排目标；"十二五"规划提出大力推动经济结构调整、降低温室气体排放强度、积极应对气候变化，将建设资源节约型、环境友好型社会作为加快转变经济发展方式的重要着力点。

"十三五"规划提出支持绿色清洁生产，推动低碳循环发展，建立健全用能权、用水权、排污权、碳排放权有偿使用制度，以提高环境质量为核心，实行最严格的环境保护制度，形成政府、企业、公众共治的环境治理体系。《"十三五"控制温室气体排放工作方案》中提出，到2020年，单位国内生产总值二氧化碳排放比2015年下降18%，碳排放总量得到有效控制。

在2014年颁布《碳排放权交易管理暂行办法》后，2016年开始制定《碳排放权交易管理条例》及有关实施细则，并于2017年年底宣布启动了全国碳排放权交易市场。

《"十三五"控制温室气体排放工作方案》还提出要推动制定应对气候变化法，适时修订完善应对气候变化相关政策法规，加强节能监察，强化能效标准实施，促进能效提升和碳减排。

在金融领域，监管机构配合国家发展战略，出台指导性及鼓励性政策引导金融资本投向应对气候变化领域，鼓励金融创新，发挥多层次资本市场的融资功能。

2006年中国出台多项政策要求改进和加强节能环保领域金融服务，全面推进绿色信贷、绿色证券及绿色保险等制度。2007年国家环保总局、中国人民银行与银监会联合发布了《关于防范和控制高污染行业贷款风险的通知》，实行有差别的贷款激励与监管政策。2012年年初银监会发布的《绿色信贷指引》明确提出，银行业金融机构要配合国家节能减排战略的实施，充分发挥银行业金融机构在引导社会资金流向、配置资源方面的作用。

2016年8月31日，中国人民银行、财政部、发展改革委、环境保护部、银监会、证监会、保监会七个部委联合发布《关于构建绿色金融体系的指导意见》，将构建绿色金融体系提上日程，对包括绿色信贷、绿色债券、绿色股票指数和相关产品、绿色发展基金、绿色保险、碳金融等绿色金融产品的发展做出了系统性的规划与设计。

2017年6月，中国人民银行等5部门联合发布了《金融业标准化体系建设发展规划（2016—2020年）》，将绿色金融标准化工程作为"十三五"时期金融业标准化的重点工程之一。该规划重点部署了绿色信用评级标准、环境信息披露标准、绿色金融产品标准等任务，并研究金融信息和统计数据共享标准，推动中国绿色金融标准化进程。

（三）中国金融监管机构和权限

目前中国实行的是以国务院金融稳定发展委员会、中国人民银行、银保监会与证监会为主的金融监管体系，各个金融监管部门在国务院的授权下发挥监管的职能。由"一行三会"向"一委一行两会"转变，中国金融监管理念变为按照经营业务性质划分监管对象，从行业监管转向功能监管，可以认为是中国正在由分业监管向混业监管转型的一大标志。

2017年7月14日至15日，北京召开的全国金融工作会议宣布设立国务院金融稳定发展委员会，旨在加强金融监管协调、补齐监管短板。2017年11月，经党中央、国务院批准，成立国务院金融稳定发展委员会。主要职责是强化中国人民银行宏观审慎管理和系统性风险防范职责，强化金融监管部门监管职责，确保金融安全与稳定发展。

中国人民银行是 1948 年 12 月 1 日在华北银行、北海银行、西北农民银行的基础上合并组成的。1983 年国务院决定中国人民银行专门行使国家中央银行职能。中国人民银行为国务院组成部门，是中华人民共和国的中央银行，是在国务院领导下制定和执行货币政策、维护金融稳定、提供金融服务的宏观调控部门。

中国证券监督管理委员会成立于 1992 年，是国务院直属正部级事业单位，依照法律、法规和国务院授权，统一监督管理全国证券期货市场，维护证券期货市场秩序，保障其合法运行，其职权范围随着市场的发展逐步扩展。

2018 年 3 月 12 日，根据国务院总理李克强提请第十三届全国人民代表大会第一次会议审议的国务院机构改革方案的议案，组建了中国银行保险监督管理委员会。其主要职责在于依照法律法规统一监督管理银行业和保险业，维护银行业和保险业合法、稳健运行，防范和化解金融风险，保护金融消费者合法权益，维护金融稳定。

随着气候金融的不断发展与创新，各监管机构在各自领域不断加强监管职能，在绿色信贷、绿色证券、绿色保险等领域出台相应的指导措施及意见。

（四）中国金融监管范畴及内容

针对气候金融这一新兴领域，很多交易涉及多方参与及金融创新，全面协调监管显得尤为重要。"一委一行两会"在维护金融市场稳定方面发挥巨大作用，各自履行监管职责。

金融稳定委员会起着监管协调之责，是国务院统筹协调金融稳定和改革发展重大问题的议事协调机构。主要职责为：（1）落实党中央、国务院关于金融工作的决策部署；（2）审议金融业改革发展重大规划；（3）统筹金融改革发展与监管，协调货币政策与金融监管相关事项，统筹协调金融监管重大事项，协调金融政策与相关财政政策、产业政策等；（4）分析研判国际国内金融形势，做好国际金融风险应对，研究系统性金融风险防范处置和维护金融稳定重大政策；（5）指导地方金融改革发展与监管，对金融管理部门和地方政府进行业务监督和履职问责等。

中国人民银行作为在宏观上进行调控的监管机构，其主要监管内容包括：（1）拟订金融业改革和发展战略规划，承担综合研究并协调解决金融运行中的重大问题、促进金融业协调健康发展的责任，参与评估重大金融并购活动对国家金融安全的影响并提出政策建议，促进金融业有序开放；（2）起草有关法律和行政法规草案，完善有关金融机构运行规则，发布与履行职责有关的命令和规章；（3）依法制定和执行货币政策；制定和实施宏观信贷指导政策；（4）完善金融宏观调控体系，负责防范、化解系统性金融风险，维护国家金融稳定与安全；（5）负责制定和实施人民币汇率政策，不断完善汇率形成机制，维护国际收支平衡，实施外汇管理，负责对国际金融市场的跟踪监测和风险预警，监测和管理跨境资本流动，持有、管理和经营国家外汇储备和黄金储备；（6）监督管理银行间同业拆借市场、银行间债券市场、银行间票据市场、银行间外汇市场和黄金市场及上述市场的有关衍生产品交易；（7）负责会同金融监管部门制定金融控股公司的监管规则和交叉性金融业务的标准、规范，负责金融控股公司和交叉性金融工具的监测；（8）承担最后贷款人的责任，负责对因化解金融风险而使用中央银行资金机构的行为进行检查监督；（9）制定和组织实施金融业综合统计制度，负责数据汇总和宏观经济分析与预测，统一编制全国金融统计数据、报表，并按国家有关规定予以公布；（10）组织制定金融业信息化发展规划，负责金融标准化的组织管理协调工作，指导金融业信息安全工作；（11）发行人民币，管理人民币流通；（12）制定全国支付体系发展规划，统筹协调全国支付体系建设，会同有关部门制定支付结算规则，负责全国支付、清算系统的正常运行；（13）经理国库；（14）承担全国反洗钱工作的组织协调和监督管理的责任，负责涉嫌洗钱及恐怖活动的资金监测；（15）管理征信业，推动建立社会信用体系；（16）从事与中国人民银行业务有关的国际金融活动；（17）按照有关规定从事金融业务活动；（18）承办国务院交办的其他事项。

　　银保监会的主要监管内容包括：（1）依法依规对全国银行业和保险业实行统一监督管理，维护银行业和保险业合法、稳健运行，对派出机构实行垂直领导；（2）对银行业和保险业改革开放和监管有效性开展系统性研究；参与拟订金融业改革发展战略规划，参与起草银行业和保险业重要法律法规草案以及审慎监管和金融消费者保护基本制度；起草银行业和保险业其他法律法规草案，提出制定和修改建议；（3）依据审慎监管和金融消费者保护基本制度，制定银行业和保险业审慎监管与行为监管规则；制定小额贷款公司、融资性担保公司、典当行、融资租赁公司、商业保理公司、地方资产管理公司等其他类型机构的经营规则和监管规则；制定网络借贷信息中介机构业务活动的监管制度；（4）依法依规对银行业和保险业机构及其业务范围实行准入管理，审查高级管理人员任职资格;制定银行业和保险业从业人员行为管理规范;(5)对银行业和保险业机构的公司治理、风险管理、内部控制、资本充足状况、偿付能力、经营行为和信息披露等实施监管;(6)对银行业和保险业机构实行现场检查与非现场监管,开展风险与合规评估,保护金融消费者合法权益,依法查处违法违规行为;(7)负责统一编制全国银行业和保险业监管数据报表,按照国家有关规定予以发布,履行金融业综合统计相关工作职责;(8)建立银行业和保险业风险监控、评价和预警体系,跟踪分析、监测、预测银行业和保险业运行状况;(9)会同有关部门提出存款类金融机构和保险业机构紧急风险处置的意见和建议并组织实施;(10)依法依规打击非法金融活动,负责非法集资的认定、查处和取缔以及相关组织协调工作;(11)根据职责分工,负责指导和监督地方金融监管部门相关业务工作;(12)参加银行业和保险业国际组织与国际监管规则制定,开展银行业和保险业的对外交流与国际合作事务;(13)负责国有重点银行业金融机构监事会的日常管理工作(14)完成党中央、国务院交办的其他任务;(15)职能转变,围绕国家金融工作的指导方针和任务,进一步明确职能定位,强化监管职责,加强微观审慎监管、行为监管与金融消费者保护,守住不发生系统性金融风险的底线。按照简政放权要求,逐步减少并依法规范事前审批,加强事中事后监管,优化金融服务,向派出机构适当转移监管和服务职能,推动银行业和保险业机构业务和服务下沉,更好地发挥金融服务实体经济功能。

证监会的主要监管内容包括:(1)研究和拟订证券期货市场的方针政策、发展规划;起草证券期货市场的有关法律、法规,提出制定和修改的建议;制定有关证券期货市场监管的规章、规则和办法;(2)垂直领导全国证券期货监管机构,对证券期货市场实行集中统一监管;管理有关证券公司的领导班子和领导成员;(3)监管股票、可转换债券、证券公司债券和国务院确定由证监会负责的债券及其他证券的发行、上市、交易、托管和结算;监管证券投资基金活动;批准企业债券的上市;监管上市国债和企业债券的交易活动;(4)监管上市公司及其按法律法规必须履行有关义务的股东的证券市场行为;(5)监管境内期货合约的上市、交易和结算;按规定监管境内机构从事境外期货业务;(6)管理证券期货交易所;按规定管理证券期货交易所的高级管理人员;归口管理证券业、期货业协会;(7)监管证券期货经营机构、证券投资基金管理公司、证券登记结算公司、期货结算机构、证券期货投资咨询机构、证券资信评级机构；审批基金托管机构的资格并监管其基金托管业务；制定有关机构高级管理人员任职资格的管理办法并组织实施；指导中国证券业、期货业协会开展证券期货从业人员资格管理工作；(8) 监管境内企业直接或间接到境外发行股票、上市以及在境外上市的公司到境外发行可转换债券；监管境内证券、期货经营机构到境外设立证券、期货机构；监管境外机构到境内设立证券、期货机构，从事证券、期货业务；(9) 监管证券期货信息传播活动，负责证券期货市场的统计与信息资源管理；(10) 会同有关部门审批会计师事务所、资产评估机构及其成员从事证券期货中介业务的资格，并监管律师事务所、律师及有资格的会计师事务所、资产评估机构及其成员从事证券期货相关业务的活动；(11) 依法对证券期货违法违规行为进行调查、处罚；(12) 归口管理证券期货行业的对外交往和国际合作事务；(13) 承办国务院交办的其他事项。

延伸阅读

1. 刘倩、王遥、林宇威：《支撑中国低碳经济发展的碳金融机制研究》，东北财经大学出版社 2017 年版。

2. 秦颖、王凯：《中国碳交易制度设计与碳金融创新研究》，经济科学出版社 2017 年版。

3. 贾振虎、姚兴财、米君龙编著：《碳金融风险管理》，华南理工大学出版社 2016 年版。

4. 张运书：《碳金融监管法律制度研究》，法律出版社 2015 年版。

练习题

1. 列出碳市场在发展过程中可能遇到的主要风险并举例说明。
2. 碳金融监管体系的基本原则和目标有哪些？
3. 简述美国对碳市场监管主要关注方面。
4. 《多德-弗兰克法案》中与碳金融市场相关的规则主要包括哪些方面？
5. 传统金融市场中的气候金融风险主要有哪些？
6. 简述中国金融监管的范畴和内容。

附　　录

英文缩写对照表

AAU	Assigned Amount Units	分配数量单位
ADB	Asian Development Bank	亚洲开发银行
ADF	African Development Fund	非洲开发基金
AF	Adaptation Fund	适应基金
AFD	Agence Franaise de Développement	法国开发署
AfDB	African Development Bank	非洲开发银行
AFOLU	Agriculture, Forestry and Other Land Use	农业、林业和其他土地利用
AIG	American International Group	美国国际集团
AIIB	The Asian Infrastructure Investment Bank	亚洲基础设施投资银行
AMEX	American Stock Exchange	美国证券交易所
APEC	Asia-Pacific Economic Cooperation	亚洲太平洋经济合作组织
ASAP	Adaptation for Smallholder Agriculture Programme	适应小农农业计划
AU CPM	Australia Carbon Pricing Mechanism	澳大利亚碳价机制
BAU	Business as Usual	基准情景
BCCRF	Bangladesh Climate Change Resilience Fund	孟加拉国气候变化弹性基金
BFIs	Bilateral Financial Institutions	双边渠道的金融机构
BNDES	Brazilian Development Bank	巴西开发银行
CalPERS	The California Public Employees' Retirement System	加州公务员退休基金
CAMD	Clean Air Market Division	清洁空气市场部门
CBD	Convention on Biological Diversity	生物多样性公约
CBFF	Congo Basin Forest Fund	刚果盆地森林基金
CBOT	Chicago Board of Trade	芝加哥交易所

续表

CCR	Cost Containment Reserve	成本控制储备
CCRIF	Caribbean Catastrophe Risk Insurance Facility	加勒比巨灾风险保险基金
CCS	Carbon Capture and Storage	碳捕获与封存
CCX	Chicago Climate Exchange	芝加哥气候交易所
CD	Certificate of Deposit	存款证
CDM	Clean Development Mechanism	清洁发展机制
CDMF	Clean Development Mechanism Fund	中国清洁发展机制基金
CDP	Carbon Disclosure Project	碳排放披露
CDS	credit default swap	信用违约互换
CERs	Certified Emission Reduction	核证减排量
CFPB	Consumer Financial Protection Bureau	消费者金融保护局
CFTC	Commodity Futures Trading Commission	商品期货交易委员会
CITL	Community Independent Transaction Log	欧盟独立交易登记系统
COP	Conferences of the Parties	《联合国气候变化框架公约》缔约方大会
CR	Centre Re	中心再保险公司
CTF	Clean Technology Fund	清洁技术基金
DADB	National Allowance Data Base	国家配额数据库
DJSI	The Dow Jones Sustainability Indexes	道琼斯可持续发展指数
DOE	Designated Operational Entity	指定经营实体
EB	Executive Board	清洁发展机制执行理事会
EBRD	European Bank for Reconstruction and Development	欧洲复兴开发银行
ECAs	Export Credits Agencies	出口信贷机构
ECCD	Export Credit Guarantees Department	英国出口信贷担保部
ECX	European Climate Exchange	欧洲气候交易所
EEX	European Energy Exchange	欧洲能源交易所
EIB	European Investment Bank	欧洲投资银行
EIL	Environmental Impairment Liability Insurance	环境损害责任保险
EPA	Environmental Protection Agency	美国环境保护署
ERPA	Emission Reduction Purchase Agreement	减排量购买协议
ERUs	Emission Reduction Unit	联合履约机制下的配额

附录　英文缩写对照表　247

续表

缩写	英文	中文
ESG	Environmental, Social and Governance	环境、社会和治理
ET	Emission Trading	碳排放权交易机制
ETFs	Exchange-Traded Funds	交易所交易基金
ETS	Emission Trading System	排放权交易体系
EU ETS	European Union Emission Trading Scheme	欧盟排放权交易体系
EUA	European Union Allowance	欧盟碳交易市场的排放权配额
EUTL	European Union Transaction Log	欧盟交易日志
FCPF-RF	Forest Carbon Partnership Facility-Reserve Fund	森林碳伙伴基金－准备基金
FDI	Foreign Direct Investment	外商直接投资
FDIC	Federal Deposit Insurance Corporation	联邦存款保险公司
FERC	Federal Energy Regulatory Commission	联邦能源管理委员会
FINRA	Financial Industry Regulatory Authority	金融业监管局
FIO	Federal Insurance Office	联邦保险办公室
FIP	Forest Investment Program	森林投资计划
FNMC	National Fund on Climate Change	巴西国家气候变化基金
FRN	Floating-Rate Note	浮动利率票据
FRS	Federal Reserve System	美联储
FSA	Financial Services Authority	美国金融服务监管局
FSOC	Financial Stability Oversight Council	金融服务管理委员会
GCCA	GlobalClimate Change Alliance	全球气候变化联盟
GCF	Green Climate Fund	绿色气候基金
GEEREF	The Global Energy Efficiency and Renewable Energy Fund	全球能源效率和可再生能源基金
GEF	Global Environmental Facility	环球环境基金
GET	Green Economy Transition	绿色经济转型
GGAS	New South Wales Greenhouse Gas Reduction System	新南威尔士温室气体减排体系
GP	General Partners	普通合伙人
IADB	Inter-American Development Bank	泛美开发银行
IAIS	International Association of Insurance Supervisors	国际保险监督协会
IBRD	International Bank for Reconstruction and Development	国际复兴开发银行
ICCTF	Indonesia Climate Change Trust Fund	印度尼西亚气候变化信托基金
ICE	Intercontinental Exchange	洲际交易所

续表

ICSID	International Center for Settlement of Investment Disputes	解决投资争端国际中心
IDA	International Development Association	国际开发协会
IDB	Inter-American Development Bank	泛美开发银行
IEA	International Energy Agency	国际能源署
IFC	International Finance Corporation	国际金融公司
IMF	International Monetary Fund	国际货币基金组织
INDC	Intended Nationally Determined Contributions	国家自主决定贡献
IPCC	Intergovernmental Panel on Climate Change	政府间气候变化专门委员会
ISE	International Securities Exchange	国际证券交易所
ITL	Independent Transaction Log	联合国国际交易日志
JI	Joint Implementation	联合履约机制
KfW	Kreditanstalt für Wiederaufbau	德国复兴信贷银行
LDC	Least Developed Country	最不发达国家
LDCF	Least Developed Countries Fund	最不发达国家基金
LP	Limited Partners	有限合伙人
MAD	Market Abuse Directive	市场滥用指令
MDBs	Multilateral Development Banks	多边开发银行
MDG-F	Millennium Development Goals-Fund	千年发展目标基金
MFIs	Multilateral Financial Institutions	多边渠道的金融机构
MiFID	Market in Financial Instruments Directive	《金融工具市场法规》
MIGA	Multinational Investment Guarantee Agency	多边投资担保机构
MMDA	Money Market Deposit Account	货币市场存款账户
MP	Montreal Protocol	蒙特利尔议定书
MSRB	Municipal Securities Rulemaking Board	市政债券决策委员会
MTF	Multilateral Trading Facility	多边交易场所
NASD	National Association Of Securities Dealers	全美证券交易商协会
NASDAQ	National Association of Securities Dealers Automated Quotation	纳斯达克
NCF	National Climate Fund	国家气候基金
NDB	New Development Bank	新开发银行
NGO	Non-Governmental Organizations	非政府组织

续表

NTF	Nigeria Trust Fund	尼日利亚信托基金
NYSE	New York Stock Exchange	纽约证交所
NZ ETS	New Zealand ETS	新西兰碳交易体系
OCC	Office of Comptroller of Currency	美国货币监管署
ODA	Official Development Assistance	官方开发援助
OECD	Organization for Economic Cooperation and Development	经济合作与发展组织
OECD DAC	Organization for Economic Co-operation and Development Development Assistance Committee	经合组织发展援助委员会
OFR	Office of Financial Research	金融研究办公室
OTC	Over The Counter	场外市场
OTS	Office of Thrift Supervision	节俭监管办公室
PBW	PowerShares WilderHill Clean Energy Portfolio	强力共享维尔德赫尔清洁能源投资组合
PCR	Price Containment Reserve	价格控制储备
PFZW	Pensionenfonds Zorg En Welzijn	荷兰社保基金
PICC	People's Insurance Company (group) of China	中国人民保险集团股份有限公司
PMR	Partnership for Market Readiness	市场准备伙伴计划
POPs	Stockholm Convention on Persistent Organic Pollutants	关于持久性有机污染物的斯德哥尔摩公约
PPCR	Pilot Program for Climate Resilience	气候适应性试点计划
PPP	Public-Private Partnership	公私伙伴关系
RDBs	Regional Development Banks	区域开发银行
RDI	Research, Development and Innovation	研究、开发和创新
REDD	Reducing Emissions from Deforestation and Degradation	减少毁林和森林退化造成的碳排放
RGGI	Regional Greenhouse Gas Initiative	区域温室气体协议
RGGI COATS	CO_2 Allowance Tracking System	RGGI 碳配额跟踪系统
RLI	Replacement Lens Inc	美国换镜保险公司
SCCF	Special Climate Change Fund	气候变化特别基金
SDF	Supplemental Data. File	补充数据文件
SEC	the U. S. Securities and Exchange Commission	美国证券交易委员会
SGP	Small Grants Programme	小型赠款计划

续表

SID	small island developing states	小岛屿发展中国家
SPC	Special Purpose Company	特殊目的公司
SPE	Special Purpose Entity	特殊目的实体
SPV	Special Purpose Vehicle	特殊目的机构
SREP	Scaling-up Renewable Energy Program for Low-Income Countries	为低收入国家扩大可再生能源计划
SRI	Socially Responsible Investment	社会责任投资
SWFs	Sovereign Wealth Funds	主权财富基金
TCIP	Turkish Catastrophe Insurance Pool	土耳其巨灾保险联合体
TIPS	treasury inflation protection securities	财政通货膨胀保护证券
UNCCD	UN Convention to Combat Desertification	联合国防治荒漠化公约
UNEP	United Nations Environment Program	联合国环境规划署
UNEP FI	United Nations Environment Programme Finance Initiative	"可持续金融行动"部门
UNFCCC	United Nations Framework Convention on Climate Change	联合国气候变化框架公约
USAA	United Services Automobile Assn	联合汽车服务协会
USofA	Uniform System of Accounts	统一会计制度
VCM	Voluntary Carbon Market	自愿性碳市场
WB	World Bank	世界银行集团
WBG	World Bank Group	世界银行集团
WCI	Western Climate Initiative	北美西部气候行动